城市轨道交通运营智能化与数字化管理

陈玉艳　陈　青　赵玉曼　主编

吉林科学技术出版社

图书在版编目（CIP）数据

城市轨道交通运营智能化与数字化管理 / 陈玉艳，陈青，赵玉曼主编．-- 长春 : 吉林科学技术出版社，2024.3

ISBN 978-7-5744-1232-3

Ⅰ．①城… Ⅱ．①陈… ②陈… ③赵… Ⅲ．①城市铁路—交通运输管理 Ⅳ．①U239.5

中国国家版本馆 CIP 数据核字（2024）第 068642 号

城市轨道交通运营智能化与数字化管理

主　　编　陈玉艳　陈　青　赵玉曼

出 版 人　宛　霞

责任编辑　吕东伦

封面设计　树人教育

制　　版　树人教育

幅面尺寸　185mm×260mm

开　　本　16

字　　数　360 千字

印　　张　16.625

印　　数　1~1500 册

版　　次　2024 年 3 月第 1 版

印　　次　2024 年12月第 1 次印刷

出　　版　吉林科学技术出版社

发　　行　吉林科学技术出版社

地　　址　长春市福祉大路5788 号出版大厦A 座

邮　　编　130118

发行部电话/传真　0431-81629529 81629530 81629531 81629532 81629533 81629534

储运部电话　0431-86059116

编辑部电话　0431-81629510

印　　刷　廊坊市印艺阁数字科技有限公司

书　　号　ISBN 978-7-5744-1232-3

定　　价　98.00元

前 言

随着城市规模和人口的不断扩大，道路交通堵塞、空气和噪声污染等问题日益严重，20世纪初以来，轨道交通因其运量大、速度快、时间准、污染少等独特优势而备受世界各大城市的青睐，很多人口密集的大都市逐渐将轨道交通建设视为解决大城市交通问题的有效途径。

城市轨道交通运营管理是对城市轨道交通运营过程计划、组织、实施、控制及评价的结果和服务创造密切相关的各项管理工作的总称，城市轨道交通具有网络化运营系统间关联度高、各段路间联络密切、网络运营规模大、客流组织复杂度高的特点，以及运营主体对运营成本和运营效率的要求等，必然催生了其对城市轨道交通运营管理信息化和智能化的迫切需求。

城市轨道交通由于自身所具备的社会属性和经济属性，使之成为城市交通发展战略的重点，同时也被视为城市交通体系的骨干力量。因此，我国政府提出“科学制定城市轨道交通技术路线，规范建设标准，有序推进轻轨、地铁、有轨电车等城市轨道交通网络建设”的政策，并将城市轨道交通装备列为战略性新兴产业创新发展工程。在城市轨道交通的发展过程中，涌现了很多创新技术及先进施工、管理方法，有效地解决了城市轨道交通规划建设、运营和管理中的实际问题，也促进了我国城市轨道交通政策、法规和标准体系的建立。

由于城市轨道交通新技术涉及内容较多，而本书篇幅内容有限，加之撰写时间比较紧，笔者水平有限，在全书内容的组织及文献材料取舍方面，难免有不妥之处，敬请国内外同行、专家及各位读者批评指正。

目录

第一章　绪论

第一节　国外城市轨道交通的发展概况

一、轨道交通的产生

工业革命的发展带来的农村人口向城市转移，城市规模膨胀、扩大，亟待解决交通拥堵现象，使蒸汽机车进入市区几乎成为“必然”。众所周知，蒸汽机铁路是 19 世纪发明的。1804 年英国人特雷维西克试制了第一台行驶于轨道上的蒸汽机车，1825 年英国在大林顿到斯托克顿间修建了 21km 长的世界上第一条铁路。第一条城市间铁路服务是 1830 年在英国利物浦到曼彻斯特之间开始的，它使铁路主导着城市间运输达一个世纪之久。1838 年，伦敦开放了第一条严格意义上的市郊运输线路，大量市郊线网的建设则是在 1840~1875 年完成的，有些现在仍在使用。虽然铁路在欧美等国迅速发展，总里程超过 100000km，但其只是用于城市间的客货运输。这个时期，尽管铁路没有直接服务于城市交通，但是它使得城市发展从依靠水面而建的约束中摆脱出来，其腹地范围迅速扩大，不到半个世纪就扩大了 3~6 倍，大大促进了城市交通需求的发展。

城市快速轨道交通发展至今已有 100 多年的历史，其种类、形式繁多。按不同的标准可分为轮轨系统与磁悬浮系统、双轨系统与独轨系统等。一般从客运能力大小角度，可把城市轨道交通分为大运量的城市快速铁路、地下铁道系统，中运量的轻轨交通系统和小运量的独轨交通。

地铁的产生源于将蒸汽列车引入市中心的构想。特别在工业革命发源地的英国，自世界上第一条蒸汽机车的地铁线路于 1863 年 1 月 10 日在伦敦建成通车以来，英国人称之为“UndergroundRailway”，尽管造成了空气污染，乘坐起来并不舒服，但马上世界各主要工业化国家的大城市都效仿修建了地铁，美国称之为“Subway”，法国人称之为“Metro”。这些城市内的铁路采用了“UndergroundRailway”“Subway”，线路则根据需要可建于地面和高架上，芝加将进入市区的线路则高架依大楼而建，称之为“Loop”。城市轨道交通发展至今已有 150 余年的历史，开始是采用蒸汽机车牵引，1890 年改为电力牵引。1863~1899 年有 7 个城市修建了地下铁道，从 1900 年到 1949 年，世界上又有 13 个城市修建了地下铁道。但人们是在第二次世界大战结束后才开始重视并修建城市轨道交通系统。更进一步的想法是将蒸汽列车放到高架的街道上行驶。1868 年，查尔斯 · T. 哈维在纽约城的格林威治街建造了一条由电缆牵引的高架线。这些线路网一般均在 100 年前规划、设计、建造，都有独立的路权；都是建于客流集中的客运走廊中的，而且如上所述，城市轨道交通除了解决交通的基础性功能外，还有引导城市结构优化、建设生态城市的先导性功能。

二、电力驱动列车的诞生

世界上第一条（由第三轨）电力驱动的地铁是 1890 年在伦敦开通的。1896 年 5 月，布达佩斯的第一条地下线路开始运行。同年 12 月，格拉斯哥开通了一条 10.6km 的地下环线，它由电缆驱动，但不久便改造为电力驱动。世界上第一条电力高架线是芝加哥的都市西部高架线，于 1895 年 5 月 6 日运营，它用 1 台带有电机的机车可牵引 1~2 台无动力的拖车。美国第一个拥有电力驱动地下铁道系统的城市是波士顿。

三、列车组的出现

1897 年，芝加哥南部当局决定将高架铁路电气化，并与当时的工程技术专家斯卜拉格签订了合同。斯卜拉格做出的一个重要贡献就是发明了多单元动车系统。多单元列车的重要性体现为其可以在不减少列车牵引力的条件下增大列车编组，因为每辆车均有动力。牵引力是重量与驱动数量的函数，在多单元动车系统内，整个列车（而不是机车）的重量都施加于驱动轮对，故对每辆车来说，它可以有更大的加速度，从而可以增加列车平均速度，减少运营费用。动车组的出现对于城市铁路的发展具有非凡的意义，目前世界上几乎所有的地铁均采用这种驱动系统。

四、各国现状

美国发展较早的轨道交通系统是 1843 年从沃西斯特到波士顿开通的市郊铁路线路。纽约、费城、芝加哥等均建设了较大规模的城市铁路运输网络。美国其他几个城市包括洛杉矶也考虑了地铁建设的提案，但由于各种原因，部分计划流产了。欧洲在第二次世界大战前也有几个城市修建了地铁，但高架线路则不如美国常见。拉丁美洲的第一条地铁是 1913 年在布宜诺斯艾利斯开通的。非洲直到 1987 年开罗开通连接两个铁路车站的隧道服务后才有地铁系统。亚洲最早的地铁是日本东京 1927 年 12 月开通的浅草一涩谷线。随着道路交通污染的加剧和人类环境危机感的加强，越来越多的国家和地区意识到发展轨道交通系统的重要性。

二战后经过短暂经济恢复后，地下铁道建设随着全世界经济起飞而启动、加快。20 世纪 70 年代和 80 年代轨道交通系统在全世界范围内得到了进一步发展。发达国家的主要大城市如纽约、华盛顿、芝加哥、伦敦、巴黎、柏林、东京、莫斯科等已基本完成了地铁网络建设。但后起的中等发达国家和地区，特别是发展中国家的地铁建设却方兴未艾，比如亚洲共有25个城市有地下铁道。除了东京与大阪在二战前就建有地下铁道外，其余城市均是在战后建成的。1950年以后，随着世界经济的恢复，轨道交通重新得到了推广和发展，并在建设轨道交通时研制了许多新技术和新工艺。20世纪下半叶以来，城市人口逐渐上升，世界各国的城市区域逐渐扩大，城市经济日益发展。由于流动人口及道路车辆的增加，城市交通量急骤增长，城市道路的相对有限性带来了交通阻塞、车速下降、事故频发等一系列问题。行车难、乘车难，不仅成为市民工作和生活的一个突出问题，而且制约着城市经济的发展。汽车排放的废气、产生的噪声等污染也愈来愈引起人们的重视。在这样的背景下，世界各国纷纷开始采用立体化的快速轨道交通来解决日益恶化的城市交通问题。大城市逐步形成了目前以地下铁道为主体、多种轨道交通类型并存的现代城市轨道交通新格局。

20世纪70年代，世界上有29个城市建设了快速轨道交通。20世纪80年代以来，发达国家已将城市交通建设的重点集中到了发展大容量公共交通方面，而且轨道交通建设所取得的成绩是很大的，全世界有70多个城市建设了轨道交通。目前，建设快速轨道交通的城市已有100多个，并从过去单一的地铁发展到轻轨、单轨等多种形式。世界主要大城市大多已有比较成熟与完整的轨道交通系统。有些城市轨道交通运量占城市公交运量的50%以上，有的甚至达70%以上，如巴黎轨道交通承担70%的公交运量，东京是86%，莫斯科和香港是55%。

亚洲的地下铁道兴建高潮大体比欧美发达国家兴建高潮晚10年左右，香港也是如此。事实上，东京和大阪的大部分地下铁道也是在20世纪60年代以后建成的（东京二战前建成16.5km，战后建成213.8km；大阪二战前仅建成8.8km，战后建成84.2km），而我国其余大城市晚20~30年。但是可以肯定地讲，21世纪将是发展中国家修建地下铁道的高潮。亚洲最早的地铁是日本东京于1927年12月开通的浅草—涩谷线（银座线）。至2005年，东京的轨道交通公司有27家，经营着总长度为2292.5km的轨道交通线路，轨道交通路网密度为L171km/km，居世界之首。在其整个轨道网络中，包括城市铁路、市区地铁、市区轻轨3种系统形式，其中城市铁路线占网络总长度的82%，地铁线路（大都分布在山手线以内的城市中心区）占网络总长度的14%。东京的一些地铁线路也同时运行着快速列车和普通列车，采用的是同向共线、越站运行的方式。东京的车辆制式种类繁多，有普通轮轨地铁、直线电机地铁、普通轮轨轻轨、跨座式单轨、AGT等多种车辆制式。

英、美、法、德、日、西班牙以及俄罗斯等发达国家的20个城市在二次大战前就已经开始了地铁建设，到1999年末，总里程已达2840km左右。全世界其余95个城市的近7000km地铁均为战后所建，总里程约为4200km。

20世纪初是有轨电车的黄金时代，在发展地铁交通系统的同时，发展了有轨电车系统。德国在1881年建成了世界上第一条电气化铁路，在柏林工业博览会期间，一辆只能乘坐6

人的有轨电车在400m长的轨道上展示。世界上第一个投入商业运行有轨电车系统的城市是在1888年美国弗吉尼亚州里士满市。20世纪初,有轨电车系统发展很快。在20世纪20年代,美国的有轨电车线路总长25000km。到了30年代,欧洲、日本、印度和中国的有轨电车有了很大的发展。1908年中国第一条有轨电车在上海建成通车,1909年大连市也建设了有轨电车,随后,北京、天津、沈阳、哈尔滨、长春等城市都相继修建了有轨电车,在当时的城市公共交通中发挥了很大作用。

旧式有轨电车与其他车辆混合行驶,要受路口红绿灯的控制,运行速度慢,正点率低,噪声大,加减速性能差。随着汽车工业的迅速发展,西方国家私人小汽车数量急骤增长,大量汽车涌上街头,城市道路面积明显不够用。20世纪50年代开始,世界各国大城市都纷纷拆除有轨电车线路,这阵风也波及了中国。到50年代末,我国各大城市的有轨电车线路基本拆完,仅剩下大连、长春个别线路没有拆光,并一直保留至今,继续承担着正常公共客运任务。

20世纪70年代石油危机之后,人们对原来有轨电车的低污染和节能性能有了新的认识。20世纪六七十年代处于地下铁道建设高潮期,由于地下铁道造价昂贵,建设进度受财政和其他政策制约,西方大城市在建设地下铁道的同时,又重新把注意力转移到地面轨道上,利用现代高科技开发了新一代噪声低、速度高、走行部转弯灵活、乘客上下方便,甚至照顾到老人和残疾人的低地板新型有轨电车。在线路结构上,也采用了降噪声技术措施。在速度要求较高的线路上,采用专用车道,在与繁忙道路交叉处,进入半地下或高架交叉,互不影响;对速度要求不高的线路,可与道路平齐,与汽车混合运行。

20世纪60年代初是美国经济繁荣时期,其人口从1940年的1.13亿增加到1960年的1.8亿,城市人口从7800万增至1.25亿。受汽车发展的影响,公共交通持续衰退,具有经济实力的人移居郊外,城市向市郊发展,市中心则变成低收入的平民区。因此,在早晚高峰期,市中心和郊区间出现了长距离的大客流量,单纯依靠汽车已不能胜任这一任务。在这种情况下,美国首先提出发展新交通系统。到90年代,新交通系统在工业发达国家取得了较大进步,日本称为新交通系统,英文为New Transportation System;法国称为Light Automated Transit System,简称为VAL系统,是自动驾驶的轻型交通系统;美国称为People Mover,是指大众运输系统。

1978年3月国际公共交通联合会(EITP)在比利时首都举行的布鲁塞尔会议上,确定了新型有轨电车交通的统一名称,英文为Light Rail Transit,简称轻轨交通(LRT)。20世纪八九十年代,环保问题、能源结构问题日益突出,在可持续发展战略方针指导下,全世界又掀起了新一轮的轻轨交通系统的建设高潮。据粗略统计,有50个国家建成了360条轻轨线路,我国长春、大连、天津等城市也在近年建成了新型轻轨线路。例如长春轻轨所使用的车辆,由湘潭电机股份有限公司生产,可载员300人,低地板部分离地面只有350mm,极大地方便了乘客上下车。

目前,城市交通需求还在不断增长。对城市中心区来说,交通流量大,道路有限,发展轨道交通是未来城市交通的重要选择。从运输需求、提高地铁运营效率和降低建设费用的角度出发,国外开始研究小断面地铁、快速地铁、大深度地铁和城市内的磁浮系统,可以说,城市轨道交通有向多样化发展的趋势。

第二节 国内城市轨道交通的发展概况

自改革开放以来,我国的城市规模和经济建设都在飞速发展,城市化进程也在逐步加快,城市人口急剧增加,大量流动人口涌进城市,人员出行和物资交流频繁,使城市交通面临着严峻的局势。当前,全国大中城市普遍存在着道路拥挤、车辆堵塞、交通秩序混乱等现象。如何解决城市交通问题已成为全社会关注的焦点和大众的迫切呼声。

为了缓和与改善城市交通紧张的局面,不是仅仅靠拓宽马路就能解决问题的。现代城市需要有一个与其现代化生活相适应的现代化交通体系,要形成一个与城市发展布局高度协调的综合交通格局,要把长远规划目标同近期调整改善结合起来。近期应做好与城市交通量基本相适应的道路网络系统,逐步提高常规公共交通的服务管理质量,有机地配合好综合交通规划,拓展空间利用条件,重点发展以轨道交通为骨干的公共交通网络,积极引入具有大、中客运量的地铁和轻轨交通方式,这是必然的发展趋向。

我国人口众多,百万人以上大城市有 36 座之多,50 万 ~100 万人口的大城市有 43 座。但这些城市的公共交通方式绝大多数还是采用传统的运量不大的公共汽车和无轨电车。而现代城市在一天的客运高峰期间,旅客高度集中、流向大致相同的客流现象已很普遍,低运量的交通工具已远远不能满足民众出行的需要,这些都是造成城市交通局面越来越严峻的重要因素。

目前我国很多大城市都在纷纷策划修建大、中运量的地铁或轻轨交通项目,自改革开放以来,已有多座城市不同程度地开展了轨道交通项目前期工作和可行性研究。近年来,已有多个大城市不断投入大量人力和物力,进行了不同程度的轨道交通项目建设前期工作和可行性研究,但在项目选型、系统规模和建设标准等方面都还存在着一定问题。随着经济的发展,计划修建轨道交通的城市将越来越多。因此,急需要提出一些导向性的建设方针政策,做到宏观调控更有科学依据,使各地的建设单位和咨询设计部门对城市轨道交通的发展目标和要求都能建立在一个相对统一认识的基础上,避免在强调建设必要性的同时出现建设标准导向失误的不良后果。

目前,我国城市轨道交通发展的特点是:以政府主导型为主,当前规划建设城市轨道交通的基本是由政府出面规划负责进行的,在建设中也是由政府组织负责资金的筹措、工程的实施和建成后的运营工作;轨道交通线路基本上是单线路方式,既没有形成网络,也未和现有的城市公交系统、大交通系统形成相互衔接、无缝连接的综合运输体系；轨道交通技术引进多，国产化率低，轨道交通车辆和信号国产化方面没有突破性进展，关键技术和设备需要从国外进口；建设资金方面，来源于政府财政上的多，从市场上融资的少。

我国城市轨道交通建设新的动向。

一是，随着经济发展，城镇化速度不断加快，特别是东部沿海区域城镇化率不断增高，致使城市市区规模越来越大，某些地区城市体制的改变，城市规模也越来越大，城市轨道交通需求增大，城市轨道交通规划的范围、延伸的里程已覆盖了城市和乡镇的大部分区域，为城市轨道交通发展注入了新的活力。

二是，城市轨道交通不再单单以发展地铁为主，城市轻轨的加入加快了建设速度，科学技术的进步，不同类型的轨道交通也进入了并行发展时期，呈现多元化发展态势，并开始注承轨道交通与城市环境的协调发展。

三是，在经济特别发达的一些地区，如珠三角、长三角、京津冀经济区，城市轨道交通开始向城际轨道交通领域拓展，这三个地区都在以城市轨道交通的理念编制城际轨道交通发展建设的规划，为城市轨道交通发展拓展了更广阔的发展空间。

这些新的动向表明我国城市轨道交通建设的总规模还会扩大，发展前景是宏大的，建设市场是广阔的。

一、发展历史

我国城市轨道交通的建设事业起步较晚，其发展经历了一个相当曲折的过程，大致可分为 3 个发展阶段。

(一)20 世纪 50 年代的起步阶段

我国开始筹备北京地铁网络的建设，是在以“战备为主，兼顾交通”的建设原则下进行的。1969 年 10 月建成北京地铁 1 号线一期工程(从苹果园至北京火车站，全长 23.6km)，设 17 座车站，经历 51 个月的紧张施工，年均进度为 5.56km，于 1969 年 10 月 1 日通车。这是我国第一条地铁，是一条完全依靠国内设计和施工力量，完全采用国内生产的车辆和设备，完全由自己管理和运营的地铁，突破了我国地铁零公里的历史。随后我国建设了天津地铁(7.1km，现已拆除重建)、哈尔滨人防隧道等工程。

自 1969 年北京地下铁道第一条线路建成至 2000 年的 31 年间，我国共建成 143.4km 地铁线路。进入 21 世纪以来，城市轨道交通建设步入了快速发展的轨道，尤其是北京、上海分别以 2008 年奥运会和 2010 年世博会召开为契机，广州、深圳、南京、苏州、杭州等城市以珠江三角洲、长江三角洲地区的经济腾飞为时机，其地铁、轻轨等城市轨道交通的建设更趋活跃。我国于 1979 年在城市规划学术委员会下成立了“大城市交通规划学组”，自此开始，对城市交通的研究进入了一个有组织进行的阶段。当时其提出的建设性意见是：“交通规划是城市规划的组成部分，交通规划要与城市规划密切结合；由于交通速度和流量日益增长，要按功能划分街道，避免人为的交通矛盾；应明确不同车速的车辆分道行驶，作为发展方向；根据交通的性质、要求设计城市道路；城市道路规划要有远见，为将来的发展留有余地；充分利用现有设施来改善城市交通。”如何进一步努力探索我国城市交通发展的规律是学术组织的重要使命。目前，各国发展以城市快速铁路和地铁为主的快速轨道交通系统。我国许多大城市也出现了“轨道交通热”现象。

（二）20 世纪 80 年代的发展阶段

改革开放之后，经济迅速发展，与境外交往日益频繁，国外地铁的技术信息不断传入，使地铁建设者的思想观念发生了很大改变，提出了“以交通为主，兼顾人防”的建设原则，同时把地铁列为发展城市交通现代化、实现多层次交通的战略目标，在观念上产生了很大突破。随着国内城市建设的发展，上海、广州先后对地铁工程进行了可行性研究，20 世纪 80 年代末至 90 年代初，上海地铁、广州地铁相继开工建设，其他城市也紧锣密鼓开始筹备和研究，掀起了国内城市轨道交通的建设热潮，该阶段地铁建设开始了真正以城市交通为主要目的。进入 20 世纪 90 年代，一批省会城市开始筹划建设地铁。由于项目多且造价高，1995 年 12 月国务院发布国办 60 号文件暂停了地铁项目的审批。同时，国家计委开始研究制定地铁交通设备国产化政策。

该阶段为政府通过研究制定相关政策来指导地铁的规划和建设。

（三）1997 年以后的建设高潮阶段

以抓建设标准、抓车辆和设备国产化为建设原则，以此作为新的启动点，以降低地铁造价为目标，相继以上海轨道交通明珠线、深圳地铁 1 号线、广州地铁 2 号线和南京地铁 1 号线为国产化依托项目，探索我国地铁建设发展之路，并借此拉动国民经济主要产业的发展，推动高新科技的发展，为地铁建设事业带来新的生机和希望。在这段时间，国家政策是逐步鼓励大中城市发展地铁交通。随着各大城市经济实力不断增强，城市轨道交通建设管理水平不断提高，我国进入城市轨道交通建设的高潮期，迈入城市轨道交通网络化建设与运营的时代。全国已建有地铁的城市达 10 个，新申请立项准备建设城市有 23 个，该阶段地铁建设速度大大超过了之前的 30 年。

二、发展现状

我国地铁建设事业起步较晚，改革开放以来，随着国民经济的不断发展，我国的城市化进程也在逐步加快。经济的发展，人们生活水平的提高，城市规模的扩大，城市人口急剧增加，居民出行和物资交流的高度频繁，使城市交通面临严峻的局势。伴随着我国城市现代化、工业化进程，地铁这种动力大、不占用地面空间的交通运输设施正在大中城市建设中悄然兴起，并成为解决城市交通问题的最佳选择。

早在20世纪80年代中期，国家就推出在百万人口以上的大城市中逐步发展地铁交通的政策。随后在80年代末，国家制定的产业政策再次明确了其在基本建设中的重要地位。地铁交通以其速度快、运能大、污染少的优点，越来越受到人们的青睐。新世纪开始，国家首次把发展地铁交通列入国民经济"十五"计划发展纲要，并作为拉动国民经济持续发展的重大战略。

国内城市轨道交通建设以大城市和省会城市为主。目前，我国已经拥有地铁或在建地铁的城市分别是北京、上海、天津、广州、深圳、大连、武汉、南京、香港、台北、重庆、成都、苏州、杭州、无锡、宁波、沈阳、哈尔滨、乌鲁木齐、西安、郑州、南昌、长沙、合肥、青岛、福州、泉州、东莞、佛山、贵阳、昆明、南宁、澳门。

截至2022年底，中国大陆地区（以下文中涉及全国数据均指中国大陆地区，不含港澳台）共有55个城市开通城市轨道交通（以下简称城轨交通）运营线路308条，运营线路总长度10287.45公里。其中，地铁运营线路8008.17公里，占比77.84%；其他制式城轨交通运营线路2279.28公里，占比22.16%。当年新增运营线路长度1080.63公里。

拥有4条及以上运营线路，且换乘站3座及以上的城市26个，占已开通城轨交通运营城市总数的47.27%。2022年全年累计完成客运量193.02亿人次，同比下降18.54%；总进站量为116.56亿人次，同比下降20.35%；总客运周转量为1584.37亿人次公里，同比下降20.05%；与上年同期相比全年客运水平整体下降。

2022年城轨交通客运量占公共交通客运总量的分担比率为45.82%，比上年提升2.45个百分点，其中上海、深圳、广州、杭州、成都、南京、南宁、南昌、北京、武汉10个城市城轨交通客运量占公共交通的分担比率均超过50%。

2022年全年共完成建设投资5443.97亿元，年度完成建设投资额同比略有下降，在建项目的可研批复投资累计46208.39亿元，在建线路总长6350.55公里，其中市域快轨线路占比明显增加。

截至2022年底，城轨交通线网建设规划在实施的城市共计50个，在实施的建设规划线路总长6675.57公里（不含统计期末已开通运营线路）；可统计的在实施建设规划项目可研批复总投资额合计为41688.79亿元。2022年当年，共有两个城市的新一轮城轨交通建设规划和3个城市的城市轨道交通建设规划调整方案获国家发改委批复，获批项目中涉及新增线路长度约330公里，新增计划投资额约2600亿元。

2022年，中国内地城轨交通运营线路规模迈进10000公里大关，运营城市达到55个，城市轨道交通规模持续扩大。已投运城轨交通线路系统制式达到9种，其中，地铁占比略有下降，市域快轨增长较快，中运能城轨交通系统稳步发展，新型低运能城轨交通系统研制成功并开工建设，城轨交通多制式协调发展。

预计"十四五"后三年城轨交通仍处于比较稳定的快速发展期，根据现有数据推算，"十四五"期末城轨交通运营线路规模将接近13000公里，运营城市有望超过60座，城市轨道交通运营规模持续扩大，在公共交通中发挥的骨干作用更加明显。在我国，随着经济迅速发展，单靠公共汽车单一地面交通无法承受城市交通需求增长的巨大压力。国家已经提出大城市应把发展轨道交通列为城市公共交通发展的重点，计划用 30~50 年时间，建成覆盖我国主要城市的现代化轨道交通网络，包括地铁、轻轨在内的轨道交通里程力争达到 2000km，力争使 50 万人口以上城市的轨道交通成为公共交通的主体，特大城市的轨道交通承运量达到公交总量的 60% 以上。

三、国内外轨道交通发展经验

1. 城市扩张应与发展轨道交通并行

20 世纪 60 年代以后，世界经济高速发展，城市迅速扩张，城市汽车拥有量快速增长。世界上许多大城市在城市扩张、道路建设的同时不断增加对轨道交通的投入，而一些曾经对轨道交通作用认识不足的地区和城市，如曼谷、洛杉矶，盲目鼓励城市机动车的发展，以致整个城市交通瘫痪与交通污染严重恶化，最终不得不重新审视交通发展战略，发展轨道交通。

2. 轨道交通必须科学规划，合理利用土地资源

土地资源稀缺、人口密度高的国家和地区十分重视对每一寸土地的合理规划，科学制定城市建设规划，在环境许可的条件下最大限度地利用土地资源，力争取得最大的经济效益和社会效益。同时，将城市轨道交通建设与城市开发经营有机结合起来，逐步建立一个高效的交通运输网络和综合交通体系。

3. 发展轨道交通必须与经济实力相匹配

有关资料表明，一个城市的基础设施投资占该城市 GDP 的 3%~5% 是比较合适的，而轨道交通约占基础设施投资的 20%，即占城市 GDP 的 0.7% 是合理且可以承受的。目前，地铁造价为 6 亿 ~7 亿元 /km，城市轻轨为 1.5 亿 ~2 亿元 /km，市郊铁路为 1000 万 ~2000 万元 /km，如果国产化进展顺利，地铁工程造价可以控制在 4 亿元 /km 左右，轻轨不超过 1 亿元 /km。据此，当城市每年 GDP 达到 500 亿元以上时，即有条件建设地铁；达到 300 亿元以上时，可以建设轻轨。

第三节 城市轨道交通系统的分类

一、城市轨道交通的定义

在城市的区域内利用车辆在固定导轨上运行、主要为客运服务的交通系统称为城市轨道交通。截至 2022 年底，全球已经累计有超过 170 个城市建设有地铁，其中中国已经有 40

多个城市建成地铁轨道网络,形成很多种类。世界各国根据线路敷设方式、运营范围、路权、车辆特征、系统运能等,提出了不同的分类,并起了各种名称。

二、城市轨道交通的分类

轨道交通基本类型通常包括地铁系统、轻轨系统、市郊铁路、单轨系统、新交通系统,有轨电车等六类。为了能够在不同的目标下合理地选择轨道交通系统形式,可以依据不同的标准对城市轨道交通基本类型进行分类。

1. 按交通容量分类

交通容量即运送能力,指单方向每小时的断面乘客通过量。按照不同的交通容量范围,轨道交通可分为特大、大、中、小容量四种系统。

特大容量系统一般指市郊铁路,其单向小时断面流量可达到 6 万 ~8 万人。大容量轨道交通通常指常规地铁;中容量轨道交通包括轻轨、单轨、小型地铁和新交通系统;小容量轨道交通系统则多指有轨电车。

2. 按敷设方式分类

根据不同的敷设方式,轨道交通系统可分为隧道(包括地下、水下)、高架和地面三种形式。

特大、大容量轨道交通在交通较为繁忙的地区多采用隧道或高架形式,在市郊则可采用全封闭的地面形式;中容量轨道交通也可兼有三种敷设形式,且通常不与机动车混行;小容量轨道交通系统一般采用地面形式,可与机动车混行,运输效率较低,相对于普通公交优势并不明显。

3. 按路权分类

路权是指轨道交通系统运行线路与其他交通的隔离程度。以此为依据,轨道交通系统可分为 A、B、C 三种基本类型。C 类,即开放式系统,代表地面混合交通,不具有实体分隔,轨道交通与其他交通混合出行,在路口按照交通信号规定驶停,也可享有一定的优先权,诸如用道路标线或特殊信号等保留车道,有轨电车通常使用此形式;B 类,即半封闭系统,沿行车方向采用条石、隔离栅、高差等措施与其他交通实体隔离,但在交叉路口仍与横向的人车平交混行,受信号系统控制,一般用于 1.6 万人 /h 以下的中等容量轨道交通系统;A 类,即全封闭系统,与其他交通完全隔离,不受平交道和人车的干扰,一般用于高、大容量及 1.6 万人 /h 以上的中等容量轨道交通系统。

4. 按导向方式分类

根据不同的导向方式,轨道交通系统可分为轮轨导向及导向轮导向,一般钢轨钢轮系统(地铁、轻轨、有轨电车)属于前一类型,其启动较快;单轨及新交通系统等胶轮车辆属于后一类型。

5. 按轮轨支撑形式分类

轮轨支撑形式，即车辆与转移车重的行驶表面之间的垂直接触与运行方式。从这一标准出发，轨道交通系统可分为钢轮钢轨系统、胶轮混凝土轨系统以及特殊系统。钢轮钢轨系统包括市郊铁路、地铁、轻轨、有轨电车，胶轮混凝土轨系统主要指单轨新交通系统，而特殊系统则包括支撑面置于车辆之上的悬挂式单轨系统、磁悬浮式轨道系统等。

三、城市轨道交通的系统制式

从目前国内外城市轨道交通的发展状况来看，城市轨道交通的系统制式主要有地铁、轻轨、独轨、自动导轨、城市铁路，磁悬浮交通等。大部分城市主要还是以地铁和轻轨两种轨道交通为主要的轨道交通制式。各种制式的主要特征如下。

1. 地铁

地铁是各国大城市市区公共交通系统的最佳选择，最近 30 年发展尤其快，成为城市活动的命脉。有些城市地铁在客流高峰时占了全市客流量的 40% 以上，如果地铁停运，整个城市将陷入瘫痪状态。

地铁作为特大城市快速轨道交通的主要形式，其发展必然对城市的发展产生巨大影响。主要表现在以下方面：可缓解地面交通的堵塞；可充分利用城市的地下空间；可提高沿线土地的实用价值，加速城市中心区的改造，使城市布局更加合理；可促进公共事业、商业等服务业的发展。

地铁是一种独立的有轨交通系统，其不受地面道路情况的影响，能够按照设计的方式正常运行。地铁通常要与其他轨道交通全隔离，站间距在 0.5~1.0km（市中心）之间，在郊区可达 2km 左右，一般可延伸到离市中心 24km 左右。地铁是一种大运量的、快速的、全封闭的、线路全部或大部分位于市区内的城市轨道交通系统，在市中心区全部或大部分位于地下隧道内，大运量、快速、安全、舒适地运送乘客是其本质特征，其效率高，无污染，能够实现大运量的要求，具有良好的社会效益。但建设成本高，一般认为，人口超过 100 万的大城市就应考虑修建地铁。地铁的车体较宽（2.8~3.0m），速度较快（80km/h 及以上），轴重普遍大于 13t，线路的平面曲线半径不小于 300m，每列车的编组数也比较多（4~10 节车厢），在高峰小时内，其单向运输能力可以达到 3 万 ~7 万人次。

地铁在许多城市交通中已担负起主要的客运任务。莫斯科地铁是世界上最繁忙的地铁之一，莫斯科市民平均每人每天要乘一次地铁，地铁担负了该市客运总量的 44%；东京地铁的营运里程和客运量与莫斯科地铁十分接近；巴黎地铁的日客运量已经超过 1000 万人次；纽约地铁的营运线路总长居世界首位，日客运总量已达到 2000 万人次，占该市各种交通工具运量的 60%；香港地铁总长虽然只有 43.2km，但日客运量高达 220 万人次，最高时达到 280 万人次。

地铁中还有一种线性地铁，即小断面地铁。它的特点是断面较一般地铁要小，可降低建设成本。此外,它可以采用较小的曲线半径和较大的坡道,也可高架,维护较易。在北美,与地铁类似的轨道交通系统也被称为重型轨道交通。重轨最初的含义是指在市中心提供运输服务,尽管新系统常常延伸到郊区。重轨系统的车站间距比较紧密,平均间距大概为16km.重轨线路或在地下,或在街道之上,现在常见的场合是将它们放在地面,尤其是在高速公路的中间地带。“重轨”一词的应用是相对于轻轨而言的,因为“重轨”的设备本身还是轻于一般的城市间铁路与市郊铁路的,有时也称其为快速轨道运输系统,欧洲则普遍采用“Metro”一词。

地铁是有轨交通,其运输组织、功能实现、安全保证均应遵循有轨交通的客观规律。在运输组织上要实行集中调度、统一指挥、按运行图组织行车;在功能实现方面,各有关专业如隧道、线路、供电、车辆、通信、信号、车站机电设备及消防系统均应保证状态良好,运行正常;在安全保证方面,主要依靠行车组织和设备正常运行来保证必要的行车间隔和正确的行车径路。

为了保证地铁列车运行安全、正点,在集中调度、统一指挥的原则下,行车组织、设备、车辆检修、设备运行管理,安全保证等均由一系列规章制度来规范。地铁是一个多专业多工种配合工作、围绕安全行车这一中心而组成的有序联动、时效性极强的系统。

地铁中采用了以电子计算机处理技术为核心的各种自动化设备,从而代替人工的、机械的、电气的行车组织、设备运行和安全保证系统。如ATC(列车自动控制)系统可以实现列车自动驾驶、自动跟踪、自动调度;SCADA(供电系统管理自动化)系统可以实现主变电所、牵引变电所、降压变电所设备系统的遥控、遥信、遥测;BAS(环境监控系统)和FAS(火灾报警系统)可以实现车站环境控制的自动化和消防、报警系统的自动化;AFC(自动售检票系统)可以实现自动售票、检票、分类等。这些系统全线各自形成网络,均在OCC(控制中心)设中心计算机,实行统一指挥、分级控制。

地铁路网的基本形式有单线式、单环线式、多线式、蛛网式。每一条地铁线路都是由区间隧道(地面上为地面线路或高架线路)、车站及附属建筑物组成。车站按其功能分为四种。

(1)中间站:只供乘客乘降用,此类车站数量最多。

(2)折返站:在中间站设有折返线路设备即称为折返站,一般在市区客流最大的区段设立,可以满足乘客需要,同时节省运营开支。

(3)换乘站:既用于乘客乘降,又为乘客提供换乘的车站。

(4)终点站:地铁线路两端的车站,除了供乘客上下或换乘外,通常还供列车停留、折返、临修及检修使用。

2.轻轨系统

城市轻轨运输系统是城市轨道建设的一种重要形式,它是一个范围较宽的概念,是在有轨电车的基础上发展起来的城市轨道交通系统,也是当今世界上发展最为迅猛的轨道交通形式,是对传统的有轨电车系统利用现代科技进行改造后各类有轨电车系统的总称。一般地，轻轨要求有至少40%的轨道与道路完全隔离，以避免拥挤，这也是它不同于有轨电车之处。与地铁相比，其运量比地铁小，一般为1万~3万人次/h，轴重普遍小于13t，施加在轨道上的荷载相对于城市铁路和地铁的荷载来说比较轻，因而称之为轻轨。其线路的平面半径一般在100~200m之间，每列车的编组数也比较少（2~4节车厢），在高峰小时内，其单向运输能力仅仅只有0.6万~2万人次。站台标准有高低之分，路权形式也有多种。快速轻轨交通是指具有专用路权的轻轨系统，其可分为旧车改造型、新线建设型及新交通系统型三种。

按车辆走行部分的不同，轻轨交通可分为两大类：一类是在原有的有轨电车基础上发展起来的钢轮、钢轨轻轨交通系统；另一类是采用橡胶轮的单轨和新交通系统。目前世界上绝大多数还是采用钢轮、钢轨轻轨系统，其造价只有地铁的1/7~1/5。

钢轮、钢轨轻轨系统，这种系统吸取了地铁在车辆和信号等方面的技术，但由于它是在有轨电车基础上发展起来的，所以在许多方面与有轨电车系统相似。但其在采用一系列高新技术后，其运输能力、技术性能、环保水平、便捷程度等方面已远非老式有轨电车所及，深受各城市欢迎。

线路可分为地面、地下和高架三种形式，在欧洲大多为地面形式。速度要求较高的，采用专用道路；在交通繁忙的交叉路口采用半地下或简易高架线路，专用车道。为降低噪声和造价，一般采用与路面相平的整体道床结构，便于轨道车辆和汽车同时使用。为降低噪声，轨道结构均采用焊接长钢轨。与地铁不同的是，轻轨铁路可以满足城市道路的需要，做成50m的小半径曲线，个别在降低速度运行的条件下可实现25m的小半径曲线。

车辆可由4轴或6轴甚至8轴交接车单节运行，也可由2辆至4辆组成列车方式运行。为了适应小曲线半径的需要，降低小曲线半径通过时产生的磨耗和尖叫声，采用了较小的定距和轴距，并采用径向转向架、独立轮对转向架和具有阻尼性的橡胶车轮。与地铁车辆不同的是增设了磁轨制动装置，紧急制动减速度大，能达到3m/s2轻轨车辆的供电电压一般为DC600~750V。为方便乘客上下车和老人、儿童、残疾人乘用，广泛采用低地板车辆，地板高度为300~350mm。

轻轨系统有好几种类型：一种是德国的轻轨系统，基本上是从有轨电车改造而成；第二种轻轨是大部分新建的，如道克兰轻轨；第三种是利用原有城市间铁路或市郊铁路线路。轻轨系统的优点主要有：比重轨安全；在建设上比重轨更灵活；更适合低运量场合；大部分线路按隔离设计，在混合交通条件下的平均速度可以更高，从而比巴士更具吸引力；轻轨铁路技术成熟，并已有丰富经验，无机械风险或大的费用过度问题。

轻轨（LRT）系统从20世纪80年代中期开始，在西欧、北美已成为新一轮城市公共交通投资的主流，它的最大特点在于成本低廉。一般而言，行驶于专用车道的轻轨系统拥有90%以上地铁的速度和可靠度，却只需要1/3以下的建设成本和运营成本。其施工容易，工期较短，运量也不低。许多人还认为它是最尊重集体利益、最公平的交通形式。

近年来，随着我国城市化步伐的加快，重庆、上海，北京等城市纷纷兴建城市轻轨。一时间，轻轨成为都市人的时髦话题。城市轻轨具有运量大、速度快、污染小、能耗少、准点运行，安全性高等优点。城市轻轨与地下铁道、城市铁路及其他轨道交通形式构成城市快速轨道交通体系，它可以有效缓解人口与交通资源、汽车与交通设施之间的紧张关系。轻轨作为改善城市交通现状的有效载体，成为现代化大都市的重要选择，在极大程度上方便了乘客出行，使居民享受到了更高品质的生活。轻轨更符合绿色交通的标准，轨道延伸之处的大规模市政配套设施建设，更有利于环境综合治理。

3. 独轨交通

独轨交通是车辆在一条轨道上运行的轨道交通系统，也称单轨交通。单轨系统与传统的钢轮、钢轨系统是完全不相同的交通工具，它由特制车辆与专用的轨道组合而成，其轨道梁不仅是车辆承载结构，而且是车辆走行的导向轨道。单轨系统通常有两种类型：一种是跨座式车辆系统，其轨道梁通常用混凝土做成；另一种是悬挂式车辆系统，其轨道通常用钢材制成。两种形式的单轨车辆都采用橡胶轮胎来承载，而且配置了相应的橡胶轮系，实现车辆的平衡和稳定。因此，车辆的转向架结构较为复杂，一个跨座式车辆的二轴转向架，在很小的空间内就要配置 10 个橡胶轮胎。一般采用跨座式，运输能力为 5000~20000 人次 /h，轨道梁、转辙机、转向架是独轨系统的关键技术。单轨铁路一般使用道路上部空间，故土地占用较少。大多数单轨系统采用橡胶轮胎，因而车体结构必须轻量化，轨道梁和支座材料的耐温、耐潮湿、耐酸性要求也较高，可以适应急弯及大坡度，对复杂地形有较好的适应性，从而减少拆迁量。同时，单轨系统建设工期较短，投资也小于地铁系统。单轨系统的不足是运营费用偏高，而且目前已投产的单轨系统的运量很少能达到设计运能。重庆市轨道交通采用的就是这种制式。该系统目前一般多用于运动会、体育场、机场和大型展览会等场所与市区的短途联系。

单轨车辆是在专用的高架线路上运行的车辆，与其他交通方式互不干扰，可以达到安全、准点、快速和舒适的服务目标。但是单轨系统属中等客运量交通工具，尤其是悬挂单轨车辆，客运能力很低，在考虑作为公共交通时，应慎重分析和做好充分技术经济比较。除日本外，大多数国家均将其作为游览观光用。跨座式单轨系统属于中等运量范畴，最大高峰运量每小时 1 万 ~2.5 万人次，运输能力和灵活性不及地面轻轨系统，但对于经济实力强大、土地资源贫乏的城市，也不失为一种可以考虑采纳的方案。

4. 自动导向系统

自动导向系统是一种通过非驱动的专用轨道引导列车运行的轨道交通，一般是指带小型轻量橡胶轮的车辆沿导轨行驶在专用混凝土轨道上的客运系统。典型的 AGT 系统由计算机进行全自动控制，因此可以实现无人驾驶的高密度列车运营。按照专用轨的位置，AGT 系统可以分为两种形式：一是轨道中央引导方式；二是侧向引导方式。AGT 一般采用 ATS/ATC 单人驾驶或 ATO 无人驾驶，单线或复线线路，平均站间距为 650~1400m，采用直流 750V 或三相交流 600V 供电方式，最小曲线半径为 25~60m，最大坡度为 4.5%~6.9%。AGT

列车一般编组为 2~6 节，最高速度为 50~63km/h，运行间隔为 3~8min。

5. 直线电机列车轻轨系统

直线电机列车轨道运输系统是加拿大在 20 世纪 80 年代研制开发而成的。直线电机是根据传统的电动机传动原理，将电动机的转子和定子的转动半径设计为无穷大（转子和定子相当于两个平行的水平面），然后将展平的定子安装在车辆底部，再把转子装在两根钢轨之间的枕木上，并沿轨道长度全线铺设，通电后即可驱动列车。

由于车辆底部转向架上不再安装传统的牵引电机，因而可缩小车轮，降低车辆高度，车辆自重也大大减轻。若将常规的地铁车辆与直线电机列车相比，当车厢的有效容积相当时，直线电机列车占用的隧道建筑面要比常规地铁隧道断面小 25%~30%。直线电机列车爬坡能力强，最大允许坡道可达 60%~80%，而最小允许曲线半径可达 50m。

直线电机列车系统仍为钢轮、钢轨系统，列车编组与行车密度可根据城市容量的需要来确定。其最大单向高峰客运能力目前可达到每小时 4 万人次。

加拿大的温哥华、多伦多市修建了高架轨道的直线电机列车，而日本专家看到了其用于修建地下铁路的优点，在大阪、东京、福冈修建了直线电机列车系统（大阪在 1990 年修建了 7 号地铁线，长 15km；东京建成的 12 号环线地铁线，长 41km，就是采用了直线电机系统）。

6. 有轨电车

1881 年在德国柏林工业博览会期间，在 400m 长的轨道上展示了一列三辆编组的有轨电车，只能乘坐 6 人，世界上第一个投入商业运行的是 1888 年美国弗吉尼亚州里士满市的有轨电车系统。到 20 世纪 20 年代，美国有轨电车线路总长达 25000km。

1908 年我国第一辆有轨电车在上海建成通车，1909 年大连市也建成了有轨电车，随后北京、天津、沈阳、哈尔滨、长春等城市都相继修建了有轨电车线路，在当时的城市公共交通中发挥了很大作用。

随着汽车工业的迅速发展，大量汽车拥上街头，城市道路面积明显不够用，因此从 20 世纪 50 年代开始，世界上各大城市都纷纷拆除有轨电车线路，这股风也波及中国。到 50 年代末，仅剩下大连、长春个别城市没有拆光，并一直保留至今。

7. 城市铁路

在城市区域内承担城市交通功能、线路大多位于地上的铁路系统，又称市郊铁路。与城市间铁路相比，其最高运行速度比干线铁路要低，一般为 120km/h（平均运行速度 40km/h）；但其启动、制动加速度远高于干线列车，站间距离也比干线铁路短，一般为 1~3km。其主要特征是全部或绝大部分位于地面以上，这样可以使其建设成本及运营成本比地铁小得多。城市铁路的站间距：市区一般为 1km，郊区一般为 3~5km。

8. 磁悬浮交通

与轮轨列车的区别：由于不受轮轨黏着极限速度的限制，其运行速度可以达到 500km/h 以上；由于不存在轮轨间的摩擦与冲击振动，因此不会带来滚动和冲击噪声，当磁悬浮列车以每小时 300km 行驶时，其噪声是普通火车每小时行驶 160km 所发出噪声的一半；磁悬浮列车也无废气污染，至于电磁污染，采用磁屏蔽的方法能使车内磁场强度降低到接近地球磁场水平，所以人体健康不会受到影响；磁悬浮列车的爬坡能力允许 10% 的坡度，而铁路的允许坡度为 4%；磁悬浮列车的加速能力强，可以在 2min 内行驶 5km，将速度从零上升到每小时 300km；由于磁浮运输系统采用导轨结构，所以不会发生脱轨、颠覆事故，安全性好。

磁悬浮列车没有钢轨、车轮、接触导线、受流器等摩擦部件，可免除这方面的维修工作；由于无磨损，其运营和维修成本可降低，并可实现完全自动化运行；由于磁悬浮线路是分段供电。在相同运行速度条件下，磁悬浮列车每个座席、每公里所消耗的能源为飞机的 1/3，高速火车的 2/3。

磁悬浮技术分为常导和超导两种。德国的 TR 型和日本的 HSST 型采用的是“常导”磁悬浮技术；日本的 MLU 型则是利用浸入低温（-268.8° C）槽内的超导材料制成电磁线圈，由于此时电阻为零，可产生更大磁场，然后依靠两大电磁铁之间的斥力使列车浮起，所以称为“超导”磁悬浮技术。美国有专家在研究相对高温超导的新技术，这种超导磁悬浮技术有可能在若干年后进入实用化阶段。

磁悬浮车辆的推进原理与线性电机相同，都是采用线性电机驱动车辆前进，只是线性电机车没有离开轨道，而磁悬浮车辆距离轨道有一定的间隙，实现了无接触运行。用于城市交通的磁悬浮系统大多为中低速，速度一般在 100km/h 左右，如长沙的磁悬浮系统、英国伯明翰的 Maglev 系统、日本的 HSST-100；也有少数的高速磁悬浮系统，如上海浦东机场磁悬浮专用线，运行速度在 350km/h 左右。

9. 橡胶轮胎铁路

除了上述基于钢轮钢轨的铁路系统外，现代城市交通中还有一种采用轮胎车辆的铁路系统，即橡胶轮胎铁路。橡胶轮胎铁路中，线路可以采用钢轨，也可以采用混凝土路面。线路与街道的交叉可通过地下或高架方式。橡胶轮胎铁路可以分为 3 种类型：轮胎地铁、轮胎单轨、轮胎高架铁路。这 3 种方式的共同特点是多节轮胎电车交接在一起形成列车，就像钢轨形式的城市快速铁路一样。一般情况下，车辆都是由电力驱动的。轮胎铁路系统能力可以通过增加列车编组来提高，但由于其车辆承重有限，折返能力也难以提高，其最终能力一般小于钢轨铁路系统。一般来说，橡胶轮胎铁路输送能力为钢轨铁路的 1/3~1/2，单向小时能力最大在 20000~30000 人。

10. 市郊铁路

如美国科学史学者 J.Trefil 所述：蒸汽火车出现的时候城市的规模都不大，城市半径不超过 5km，火车联系着相邻的市镇，火车站都建于当时的城市边缘。如巴黎共有 6 个车站，这些车站目前已是地道的“Downtown”，大巴黎区内各市镇或居民点的市民乘市郊铁路到巴黎，而且这些站也是地铁网中重要的换乘站，高速铁路（TGV）也直接进入这些车站。法国国铁（SNCF）所属的铁路网均纳入巴黎市郊铁路网。市郊铁路一般站距较长、时间间隔较大。

由市郊铁路联系的较重要的城镇，则将市郊铁路升级为市域快速铁路（RER）。城市扩大了以后，新旧市镇与 downtown 之间的联系很多就采用了以前铁路大发展时代留下来的铁路用作市郊铁路，如旧金山、洛杉矶、芝加哥等城市。

市郊铁路在铁路运输发达的国家，是沟通城市边缘与远郊区的手段，也是旅游运输的主要形式，它与城市间的长距离铁路相同，欧洲、日本铁路旅客运输的平均距离仅 30~60km。中国铁路失去了市郊铁路发展的历史机遇，主要是中长途运输，旅客平均运输距离达 440km。

市郊铁路主要为通勤者提供运输服务，故有时也称通勤铁路或地区铁路，由于市郊铁路服务于人口密度相对稀疏的郊区，站间距比较大，它使得列车的运行速度可以提高许多。目前城市间高速铁路的商业速度已达到 250km/h 以上，一般地，市郊铁路线路的最高速度可达到 120km/h 以上，比干线铁路要低，但其启动、制动加速度远高于干线列车。

市郊铁路编组灵活，可适应通勤出行的时间集中性和方向性，根据客流大小调整编组数及发车间隔，有较高的加减性能和较好的运行秩序，能实现高效运输。在高峰期，市郊铁路可按 10~12 辆编组，单向每小时最大运送能力可达 6 万 ~8 万人，属于城市轨道交通中的高容量系统。

与地铁、轻轨等轨道交通形式相比，市郊铁路具有大站高速的特点，市区内站间距 5~3km，郊区 5~10km，运营速度可达到 80km/h 以上，因而可大大缩短中远途出行时间。市郊铁路一般与干线铁路相接，采用干线铁路的技术标准修建。市郊铁路多采用电力机车牵引，轮轨导向，启动快，对环境无有毒废气排放，空气污染少，噪声小。同时市郊铁路的能耗也较低，与环境的协调性较好。市郊铁路的车辆类型、线路特征均接近大铁路，往往与之有便利的联络线或设备共用。在郊区建设时，还可利用既有铁路设施稍加改进成为全封闭的地面轨道，同时站间距长。车站结构简单，因而投资少，工程费用仅为地铁工程费用的 1/5 或高架铁路费用的 1/2。市郊铁路的特点是装备重型化，最高速度较大，加、减速度较低，线路长度一般在 40~80km。虽然市郊铁路的终点站可引入市中心区，但大多数车站仍在郊区。这种方式的一个显著特点是高质量的服务。

市郊铁路还有两种情况：一种是连接市中心与城市边缘及 20km 左右居民区的铁路，其站间距离为 1000~1500m；另一种是连接市中心与卫星城市的铁路，距离长达 40~50km，其站间距离较长（3000~4000m）。市郊铁路是居民区合理分布、建立卫星城镇、调整产业结构的一种重要手段，是深受市民欢迎的一种交通方式。

此外，市郊铁路的建设对城市形态合理发展也具有良好的作用。一方面，市郊铁路运量大、运距长、准点率高，可有效缓解目前城区向外扩展过程中新开发区与市中心区的道路交通拥挤现象，解决卫星城居民的通勤通学问题，提高新开发居住区、工业区吸引力，刺激市郊进一步开发，有利于卫星城的形成；另一方面，市郊铁路的建设加快了城市中心区向新建城区和郊区疏散，减少了市中心区人口，为旧城改造减少了拆迁工作量，有利于中心区改建。

11. 直线电机

直线电机轮轨交通系统因其技术先进、安全可靠、工程造价低(尤其是土建工程部分)、环保性能好、线路适用性强、养护维修简单、噪声低等优点,适合市内和市郊的中等运量运输。直线电机用于城市轨道交通,其运行速度一般为 30~70km/h,最高车速可达 110km/h。更容易实现小编组、高密度、自动驾驶的运行模式,最小发车间隔可控制在 -3min,并可以 2~6 辆灵活编组,适应不同的客运量需求。按 6 辆编组、每小时 40 对列车密度计算,最大单向运输能力可达 4 万人次。

车辆的运动采用直线电机所产生的电磁力驱动,车轮仅起到支撑作用,不传递动力,列车的牵引力不再受黏着条件的影响。所以,列车可以获得很强的爬坡能力及启动、加速度和制动性能,其线路的坡度最大可以达到 100%,最小转弯半径可以控制在 70~100m,而传统的轮轨交通一般大于 250m。直线电机对线路纵断面大坡度、横截面小隧道、水平断面小曲线的选线条件和大运量、高密度、小编组的运营条件具有很强的适应性。不足的是,直线电机运载系统是一个专用系统,不能与传统的城市地铁交通系统通用。因此,能否科学地规划城市轨道交通系统网是制约直线电机驱动系统的关键。

城市轨道交通一般是在地下或高架需要考虑无障碍交通出行,方便残疾人和行动不便者的使用。在医院、车站和学校附近的轨道交通站点有大量的病人和拖带行李者,需要有良好的无障碍交通环境设计,保证他们不受物理的阻隔,能够最便捷地乘坐轨道交通。即便是在路面上的轨道交通,如新型有轨电车,也有站台和过街的问题需要考虑。

12. 新交通系统

所谓新交通系统,目前还没有统一和严格的定义。从广义来讲,是那些与现有运输模式不同的各种短距离新交通方式的总称。但狭义上,通常把由电气牵引,计算机控制,具有特殊导向,自动驾驶功能的胶轮车辆单车或数辆车编组运行在专用轨道梁上的中、小运量运输系统称为新交通系统。

新交通系统与其他交通方式立体交叉,故对其他交通方式不产生影响。它有特殊的专用车道,采用橡胶轮,电力牵引,特殊的车下侧受电方式,无人自动驾驶,其运行速度一般在 30km/h 左右。

四、系统制式选择研究

陆梁(1999)提出系统制式选择应从容量、经济、目的、环境等几方面统筹考虑、科学决策,并提出了系统制式选择的一般步骤:确定线路的走向,确定线路的规模,确定线路的封闭程度,确定线路的敷设方式,确定线路的特殊要求,进而选定合适的系统制式和车辆制式。

周翙民(2001)在分析了各种系统制式特点的基础上,从平均运行速度、最小行车间隔、编组数、线路形式、平均站间距、运输能力等方面归纳出各种系统制式的技术参数,为系统选型提供了参考。此外,还总结出各种系统制式的适用车型 .

岳集德、马超、张晓东(2001)将城市分为特大城市、大城市和中等城市、山城和沿海城市三大类,然后从不同类型城市特征出发,结合各系统制式的特点选择适宜各类城市的系统制式:特大城市应以地铁为主,轻轨为辅;大城市和中等城市适宜轻轨系统或者是单轨系统;山城和沿海城市适宜单轨系统。

李海用(2003)通过介绍重庆单轨交通系统的结构形式和特点,分析了选用单轨交通的依据,并将单轨交通与其他城市轨道交通如地铁、轻轨、磁悬浮等的性能进行了比较。

施栩、魏庆朝(2004)通过对日本现有系统制式的分析,对我国系统制式的选择提出如下建议:系统制式结合城市自身的地形、地貌和地质特点,城市客流特点和经济实力进行合理的选择,并满足了总体规划和资源共享的要求。

第二章　城市轨道交通运营管理概述

第一节　城市轨道交通的产生与发展

一、城市轨道交通的产生

城市轨道交通是指服务于城市范围内客运、电力驱动的列车（车辆）在钢轨上或沿导向轨运行的城市公共交通系统。

1825 年，英国在达林顿到斯托克顿间修建了世界上第一条铁路，主要用于城市间的客货运输。虽然铁路没有直接服务于城市交通，但是它使得城市发展摆脱了依水而建的传统模式，其腹地范围迅速扩大，在不到半个世纪的时间内扩大了 3~6 倍，大大促进了城市交通需求的发展。

随着城市规模的逐渐扩大，传统的步行出行方式已成为城市内部交通的瓶颈，城市公共交通的改进是通过马车来实现的。1829 年和 1831 年，巴黎和纽约分别引入了公共马车，但这种车辆缺点较多，如缓慢、颠簸、不舒适，且容易造成街道的车辆拥挤及阻塞。基于马车的诸多缺点，人们想到把马车放在钢轨上行驶，那样就可以提高马车速度及平稳性，还可以利用由多匹马组成的马队来提高牵引力，扩大车辆规模，降低运输成本及票价，于是出现了马拉的城市街道铁路。1832 年，在美国纽约第四大街建立了第一条市区有轨电车的线路并开始运营。直到 1855 年，这种有轨道的马车才开始大规模地替代公共马车，在美国及欧洲迅速扩展，至 1890 年其总轨道里程达到 9900km。

随着城市化进程的加快，城市人口及车辆增加，在许多平交道口出现了交通阻塞，在较大城市中，这种情况非常严重，因此需要通过立交形式的快速交通系统来避免铁道上或街道上的拥挤。人们考虑采用机车代替马车来牵引，进一步增加了车辆运营速度。1863 年，第 1 条快速轨道交通线在伦敦运营，线路位于地下隧道内，用蒸汽机车牵引，称为地下铁道，简称地铁。从此，铁路技术开始用来解决人们在城市内的出行。

二、城市轨道交通的发展

地铁的产生源于将蒸汽列车引入市中心的构想。1863 年 1 月，世界上最早的地铁在伦敦开通，这条线路长 5.9km，由蒸汽机车驱动。由于列车在地下隧道内运行，隆道里烟雾熏天，但还是受到了众多的伦敦市民甚至皇亲显贵的欢迎。这是因为在拥挤不堪的伦敦地面街道上乘坐公共马车，速度远远不如乘坐地铁列车。

1866 年，德国工程师西门子发明了强力发电机并用于机车，从此铁路由蒸汽时代进入电力时代。电力机车的发明和应用，很快生产出可应用于城市街道的有轨电车。1881 年，德国柏林工业博览会期间，展示了一列三辆电车编组的小型有轨电车，它只能乘坐 6 人，在 400m 长的轨道上演示，这次演示给世人提供了重要启示。1888 年，世界上第一条商业运行的有轨电车线在美国弗吉尼亚州的首府里士满市开通。至 1890 年年底，有轨电车迅速替代了有轨马车及缆索铁道。此后，有轨电车发展很快，至 20 世纪 20 年代，美国的有轨电车线路总长达到 25000km；到了 20 世纪 30 年代，欧洲、日本、印度和中国的有轨电车都有了很大发展。

1879 年，芝加哥进行高架铁路电气化的建设，于 1895 年 5 月投入运营，采用多单元动车系统，利用 1 台带有电机的机车，牵引 1~2 台无动力的拖车。动车组的出现对于世界城市轨道交通的发展具有重要的意义，目前，世界上几乎所有的地铁和轻轨系统均采用了这种驱动系统。

1896 年，布达佩斯修建了欧洲最早的电气化地铁，解决了地铁通道的空气污染问题。从此，巴黎（1900 年）、柏林（1902 年）、纽约（1904 年）、东京（1927 年）等发达城市纷纷建设地铁。20 世纪初的 25 年是世界地铁建设史上的第一次高潮，至 1935 年，欧美有近 20 个城市建设了地铁，总里程约 1400km。

第二次世界大战以后的 20 余年中，各国又有一批城市建设地铁，包括加拿大的多伦多、蒙特利尔，意大利的罗马、米兰，美国的费城、旧金山，日本的名古屋、横滨，韩国的汉城（现称首尔）等约 30 个城市相继建成了地铁。20 世纪 70 年代能源危机之后，我们迎来了世界第二次地铁建设高潮。一方面，包括日本、韩国等一些新兴的发达国家的大城市开始快速发展地铁网络；另一方面，欧美等发达国家也从 20 世纪 70 年代能源危机中醒悟过来，重新提倡发展公共交通，大力扩展地铁网络。据 2018 年的统计表明，世界上已有 180 多个城市建成了地铁系统，线路总长度接近 11000km。当今世界的大城市和特大城市中，城市轨道交通已在公共交通系统中处于骨干（又称主动脉）地位。

北京是我国第一个修建地铁的城市，规划于 1953 年，始建于 1965 年，竣工于 1969 年，运营于 1971 年，正式对外开放于 1981 年。截至 2023 年 3 月，北京地铁运营线路共有 27 条，运营里程 807.0 千米，车站 475 座（其中换乘站 81 座）。

第二节　城市轨道交通的类型

城市轨道交通依据不同的分类标准，可以分为不同的类型。

一、按历史沿革分类

按历史沿革及技术特征，轨道交通主要有市郊铁路、地铁、轻轨、单轨和自动导向交通五种类型。

1. 市郊铁路

市郊铁路是位于城市范围内，连接市区与郊区，或连接中心城市与卫星城镇的铁路，市郊铁路具有干线铁路的技术特征，主要提供通勤服务。

2. 地铁

一方面，地铁从早期单一地下隧道线路发展成地下隧道、高架和地面线路相结合的线路系统；另一方面，地铁从早期单一的重型地铁发展成包括重型地铁、轻型地铁和微型地铁在内的地铁家族。

(1)重型地铁

即传统的普通地铁，轨道基本采用干线铁路技术标准，线路以地下隧道和高架线路为主，仅在郊区地段采用地面线路，路权专用，运量最大。

(2)轻型地铁

一种在轻轨线路、车辆等技术设备、工艺基础上发展起来的地铁类型，路权专用，运量较大，采用高站台。

(3)微型地铁

也称小断面地铁，采用直线电机驱动，隧道断面、车柄轮径和电动机尺寸均小于普通地铁，路权专用，运量中等，行车自动化程度较高。

3. 轻轨

轻轨是从旧式有轨电车发展而来的。轻轨车辆的容量相对较小，与市郊列车和地铁列车相比较，轻轨列车对轨道施加的荷载相对较小。轻轨是一种技术标准涵盖范围较宽的轨道交通方式，高标准的轻轨接近于轻型地铁，而低标准的轻轨则接近于现代有轨电车。

轻轨线路敷设往往是因地制宜，既可修建在市区街道下，也可修建在地下隧道或高架轨道上。地面轻轨线路有三种形式：无平面交叉的路权专用线路、有平面交叉的路权专用线路、有平面交叉的路权共用线路。

4. 单轨

单轨线路通常为高架结构，橡胶轮胎车辆在梁轨合一的单根轨道梁上(下)运行，有跨座式与悬挂式两种。

单轨的特点是占地少、噪声低，能适应小半径（30~50m）和大坡度（60%~100%）线路，但小时运能、运行速度低于地铁。

5. 自动导向交通

自动导向交通指新交通系统中利用导轨导向、自动控制运行的新型轨道交通。导向运行方式有中央导向和侧面导向两种。导向公共汽车在普通道路上以人工驾驶方式行驶，在导向线路上借助不同的导向控制技术导向行驶，所采用的导向控制技术主要有导轨导向、电磁导向和光电导向三种。

二、按支承与导向制式分类

按支承与导向制式，轨道交通主要有钢轮钢轨、胶轮单轨和胶轮导轨三种类型。

1. 钢轮钢轨系统

钢轮钢轨系统线路采用两根钢轨，车辆采用钢制车轮，支承与导向合一，钢轮与钢轨起支承、导向作用，利用轮轨黏着力驱动车辆，如地铁、市郊铁路、有轨电车、轻轨等。

2. 胶轮单轨系统

胶轮单轨系统线路以高架结构为主，梁轨合一，车辆采用橡胶轮胎，支承与导向分开，走行轮与轨道梁起支承作用，导向轮与轨道梁起导向作用，如单轨交通系统。

3. 胶轮导轨系统

胶轮导轨系统线路多采用高架混凝土轨道，车辆采用橡胶轮胎，支承与导向分开，走行轮与轨道面起支撑作用、导向轮与导向轨起导向作用，根据导向轨的位置，导向方式有中央导向和侧面导向两种，如 PRT 和 PM 系统。

三、按小时单向运能分类

轨道交通按小时单向运能主要有大运量、中运量和小运量三种类型。

1. 大运量系统

小时单向运能为 3 万人次以下，如地铁和市郊铁路。

2. 中运量系统

小时单向运能为 1.5 万 ~3 万人次，如微型地铁、单轨、路权专用轻轨。

3. 小运量系统

小时单向运能为 0.5 万 ~1.5 万人次，如路权共用轻轨和自动导向交通。

需要注意的是，决定小时单向运能的基本参数是列车间隔、车辆定员与列车编组辆数。

因此，按小时单向运能对轨道交通进行分类并不是绝对的。同一轨道交通类型、不同线路的运能相差较大，甚至处于不同的运量等级也并非罕见情况。

四、按路权专用程度分类

轨道交通按路权专用程度主要有全封闭、半封闭和不封闭三种类型。

1. 线路全封闭型

线路全封闭，路权专用，轨道交通与其他交通无平面交叉。列车或车辆按信号指挥运行，行车速度高、安全性好，如地铁、市郊铁路、高标准轻轨、单轨和自动导向交通。

2. 线路半封闭型

线路半封闭，大部分路权专用，但轨道交通与其他交通有平面交叉，平交道口设置防护信号，轨道交通列车按设定条件优先通过，如中等技术标准的轻轨。

3. 线路不封闭型

线路不封闭，路权共用，轨道交通与其他交通车辆混合行驶，受到的干扰多，行车速度较低，如低技术标准的轻轨。

五、按线路服务区域分类

按线路服务区域，轨道交通主要有市区线、市域线和区域线三种类型。

1. 市区线

线路的起讫点在中心城内，为市区范围的出行提供客运服务。

2. 市域线

线路穿越中心城，但线路的起讫点在中心城外围（近郊区），为市区与近郊区、近郊区与近郊区之间的出行提供客运服务。

3. 区域线

线路呈放射状，线路的一端通常位于中心城或中心城外围的轨道交通环线上，另一端位于远郊区或都市圈卫星城镇，为中心城与远郊区、中心城与都市圈卫星城镇间的出行提供客运服务。

第三节　城市轨道交通主要技术设备

轨道交通的主要技术设备有五大类：线路、车站、车辆及车辆基地、控制系统、其他重要的设备系统。

一、线路

1. 线路种类

按其在运营中的作用,轨道交通线路分为正线、辅助线和车场线三类。

(1)正线

正线是连接两个车站并从区间伸入或贯穿车站、行驶载客列车(载客列车行驶速度快,对线路道岔技术要求更高)的线路,包括区间正线和车站正线。

(2)辅助线

辅助线指车站内进行列车到发、通过、折返作业的线路,停放列车的线路,列车进出车辆段(停车场)的线路, 以及将线网中的不同线路、车辆段与铁路连接起来的线路。一般不行驶载客列车(一般作业速度偏慢,可采用更低技术标准的线路道岔),包括车站侧线、折返线、渡线、存车线、出入段线、安全线和联络线等。

(3)车场线

车场线是车辆段(停车场)内进行车辆停放、编组、列检、检修、清洗和调试等作业的线路,包括停车线、列检线、洗车线、牵出线和试车线等。

4. 线路敷设方式

轨道交通线路敷设有地下、高架和地面三种方式。

(1)地下线路敷设

地下线路敷设按埋设深度有浅埋、中埋和深埋等情形。隧道横断面形式有单跨矩形、双跨矩形、圆形和马蹄形等,采用无渣轨道结构和"高站位、低区间"的节能纵坡纵断面设计。

(2)高架线路敷设

高架线路敷设在高架桥上,大都采用混凝土结构,其墩柱应具有足够强度和稳定性,造型设计还应与城市景观协调。

(3)地面线路敷设

地面线路敷设有路权共用和路权专用两类。路权共用的地面线路通常敷设在街道上,有布置在道路两侧、道路一侧,道路中央等情形。

5. 线路主要技术标准

按远期高峰小时单向运输能力,大运量轨道交通通常采用 A 型车或 B 型车,中运量轨道交通通常采用 C 型车(见表 2-1)。

表 2–1　轨道交通车型及线路

基本车型	线路类别	A 型车（3 m 宽）	B 型车（2.8m 宽）	C 型车（2.6m 宽）
最小曲线半径 /m	正线 辅助线	300~350 150~250	250~300 150~200	50 ~100 25 ~80
最大坡度 /‰	正线 辅助线	30 ~35	30~35 40	60 60
钢轨质量 /（kg/m）	正线 辅助线	≥60 ≥50	50~60 ≥50	≥50 50

由于小半径曲线有许多缺点，如轮轨磨耗大、噪声大等，实践中应尽量避免采用小半径曲线。

车站应尽可能设置在直线上，高架车站与地面车站的线路一般应采用平坡，地下车站的线路应考虑排水需要，需设置 2‰ ~3‰的坡度等。

6. 限界

限界是指为了保证列车在线路上的运行安全，防止车辆与沿线设备、建筑物发生碰撞而规定的车辆、设备和建筑物不得超出或侵入的轮廓尺寸线，是工程建设、设备和管线安装等必须遵守的依据。

车辆限界是车辆在正常状态下的最大动态轮廓尺寸线。

设备限界介于车辆限界与建筑限界之间，是安装沿线设备不得侵入的轮廓尺寸线。

建筑限界是线路必须具有的最小有效断面的轮廓尺寸线。

所有限界均按列车以计算速度在直线段运行条件进行确定。

二、车站

轨道交通车站是乘客上下车、换乘的场所，也是列车到发、通过、折返或临时停车的地点。

1. 车站的分类

车站可以从不同角度进行分类。

按运营功能分为终点站、中间站、折返站和换乘站。

按是否具有站控功能分为集中控制站和非集中控制站。

按站台形式分为岛式站台车站、侧式站台车站和岛侧混合式车站。

按客流量大小分为不同等级的车站。

按是否有人管理分为有人管理站和无人管理站。

按线路敷设方式分为地下站、高架站和地面站。

2. 车站的选址

车站选址应考虑沿线土地利用规划，将车站设置在大型客流集散点，并尽可能与附近的交通枢纽、商业中心融为一体，以吸引客流，缓解地面交通压力。

站间距的合理确定要基于对乘客出行时间、车站造价和运营费用的综合考虑。延长站间距会增加乘客到站距离，从而增加到站时间，但能提高列车运行速度，减少乘车时间，还能减少车站数量和列车停站次数，从而降低车站造价和运营费用。

站间距确定的原则：在市区客流较大区段，站间距可适当较短，约为1000m；在郊区客流较少的区段，站间距宜适当延长，为1500~2000m。

此外，车站选址还应考虑地质、地形、景观、施工难易程度、拆迁工作量等因素。

3. 车站基本构成

车站一般由出入口、站厅、站台和生产用房等组成，通道、扶梯和自动扶梯将出入口、站厅和站台连接起来。在决定车站规模和设备容量的各项因素中，最重要的因素是车站远期高峰小时最大客流量。

（1）出入口

出入口是乘客由地面进入站厅或由站厅到达地面的通道。出入口的位置应满足城市规划、交通功能的要求，与客流进出主要方向一致，并尽可能与换乘枢纽、商场、办公楼，停车场等相连通。

（2）站厅

站厅区域可分为非收费区、收费区、作业管理区、机电设备区等。

（3）站台

站台供列车停靠和乘客候车、上下车使用。站台长度按远期列车长度加上停车预留距离确定。站台宽度根据类型、高峰客流量、列车间隔时间和楼梯位置等因素决定。站台高度有高站台和低站台两种。

（4）生产用房

生产用房主要有作业用房、管理用房和设备用房三类。

作业用房包括车站控制室、售票室、广播室、问讯处和休息室等。

管理用房包括站长室、站务室、票务室、警务室和储存室等。

设备用房包括通信、信号、自动售检票、变电、环控、屏蔽门、防灾和给排水等设备用房。

三、车辆及车辆基地

1. 车辆

车辆是输送乘客的运载工具，轨道交通车辆不但应保证安全、快速、大容量等功能，具有良好、舒适的乘车环境，还应节能，并在外观设计方面有助于美化城市景观、环境。

轨道车辆大都采用电力牵引，但市郊铁路也有采用内燃机车牵引的情况。车辆通常是编组成列车运行，并且大都采用动拖组合、全列贯通的编组形式。例如，地铁列车在6节编组时，列车中的动拖组合可以是Tc-Mp-M-M-Mp-Tc形式（Tc是带司机室拖车，Mp是带受电弓动车，M是不带受电弓动车）。

2. 车辆分类

按技术特征的不同分为地铁车辆、轻轨车辆、单轨车辆等。

按支承、导向制式的不同分为钢轮车辆、胶轮车辆。

按容量的不同分为大容量车辆、中容量车辆、小容量车辆。

按车辆质量不同分为重型车辆、轻型车辆。

按牵引动力配置的不同分为动车、拖车。

按牵引电机种类不同分为旋转电机车辆、直线电机车辆。

3. 车辆基本构造

车辆的基本构造包括车体及附属设备、走行部（转向架）、牵引动力装置、制动装置、车钩缓冲装置和电气系统等。

（1）车体及附属设备

车体是车辆中乘坐乘客、司机驾驶的部分，分为司机室车体和无司机室车体两种。车体由底架、侧墙、端墙、顶板、车门与车窗等组成。车体一般采用轻质合金材料，以降低车辆自重。

附属设备有两类：一类是与乘车环境有关的设备，包括座椅、拉手、照明、空调、通风设备等；另一类是与车辆运行、控制有关的设备，包括蓄电池、继电器箱、主控制器箱、空气压缩机、牵引箱等。

（2）走行部

走行部又称转向架，是引导车辆沿钢轨或轨道（梁）运行，将荷载、冲击力等传递给轨道，分为动车转向架和拖车转向架、钢轮转向架和胶轮转向架。转向架一般由构架、轮对轴箱装置和弹簧减振装置等组成，动车转向架还装有牵引电动机及传动装置。

（3）牵引动力装置

牵引动力装置主要是受流器与牵引电动机。受流器是从接触网或导电轨将牵引电流引入动车的装置，有受电弓受流器和第三轨受流器两种。牵引电动机是动车上产生驱动力的装置，有旋转电机和直线电机两大类。

（4）制动装置

制动装置的作用是产生制动力，使列车减速或在规定的地点前停车，制动装置的性能对列车运行安全、提高运行速度及通过能力有直接影响。

车辆制动主要有电气制动（动力制动）与机械制动（摩擦制动）两类，一般制动时优先采用电气制动，制动力不足时辅以机械制动，车辆的机械制动装置采用空气制动机。

列车的制动有以下几种模式。

常用制动：正常运行时使用的制动方式。在常用制动时，优先使用电制动，电制动中优先使用再生制动。电制动不能满足要求时，空气制动能够迅速、平滑地补充，实现混合制动。

保压制动：列车低速运行时，电制动退出，空气制动接替。列车停止时仍保持一定的空气制动，使列车在超载情况下，保持在 3.8% 的坡度上不会溜车。

紧急制动：紧急情况下使用，列车以最大制动力制动并落下受电弓，紧急制动为空气制动。

快速制动：是一种特殊的制动，是常用制动的属性，但具有紧急制动的最大制动力。与紧急制动不同，快速制动不落下受电弓。

停放制动：是被动制动。

（5）车钩缓冲装置

车钩缓冲装置由车钩、缓冲器、电路与气路连接设备组成。其作用首先是实现车辆与车辆的机械、电路与气路的连接，使车辆编组成列车，并传递动车牵引力；其次是吸收与缓和因列车加减速而引起的车辆间纵向冲击力，从而延长车辆使用寿命。

（6）电气系统

电气系统包括车辆上的各种电气设备及其控制电路，可分为主电路、辅助电路和控制电路三个子系统。

主电路是车辆上高电压、大电流、大功率的动力通路。主电路的作用是将电能转变为动能，驱动车辆运行，或通过电气制动将车辆的动能转变为电能，使车辆减速制动。

北京地铁为直流 750V，上海地铁为直流 1500V。受流装置从接触网或第三轨引入车辆内部，供给辅助逆变器和牵引逆变器，牵引逆变器为牵引电机提供电源，辅助逆变器为车辆电气设备提供电源。

辅助电路是为车辆上的空气压缩机、通风机、空调装置和照明设备等提供用电的子系统。

辅助逆变器提供三种电源：为列车上所有三相负载提供 380V/50Hz 三相交流电源，如风机、空调、空气压缩机等；提供 220V/50Hz 的交流电源，如插座、照明等；110V 直流辅助电压为 110V 的直流负载供电并为蓄电池充电。

控制电路是实现司机或列车自动驾驶系统（ATO）对主电路与辅助电路中各种电气设备的控制。

4. 车辆基地

（1）车辆基地的构成

车辆基地是车辆段与停车场的统称。车辆段是车辆运用、停放、检修，以及进行列车技术检查、车辆清扫洗刷等日常保养维修作业的场所。停车场除不承担车辆定期检修作业外，其余功能与手柄段相同。

车辆段的设施从使用功能上分为生产设施、辅助生产设施和办公生活设施三部分。其中，生产设施又分为运用设施和检修设施两类。运用设施包括停车库、列椅库、停车线、列检线、洗车线、出入段线、牵出线和信号楼等。检修设施包括定修库、架修库、定修线、架修线、临修线、静调线和试车线等。

（2）车辆基地的设置

原则上每条线路设置一个车辆段，在线路长度超过 20km 时，按"一段一场"设置。

在轨道交通线网多线运营的情况下从控制轨道交通建设投资、车辆检修设备的资源共享，以及减少车辆基地用地的目的出发，两条以上线路合用车辆基地检修设施已受到重视。段场合建是指将不同线路的两个车辆基地合建在一起，通过段、场之间的地面联络线，实现不同线路之间的连通，从而实现两个车辆基地运用、检修设施的资源共享。

（3）车辆基地的选址

车辆基地的选址应遵循以下原则：

①符合城市总体规划与轨道交通线网规划；

②避开地质不良地区，具有良好的自然排水条件；

③便于几条线路合用车辆基地；

④尽量靠近正线，缩短列车出入段距离；

⑤留有远期发展余地。

四、控制系统

控制系统的作用是保障列车运行安全、提高线路通过能力、保证作业协调与提高运营效率。控制系统主要由信号系统、通信系统和控制中心构成。

1. 信号系统

广义的信号系统是信号设备、联锁设备和闭塞设备的总称。

（1）信号设备

为了适应列车速度的提高与列车间隔的缩短，新建轨道交通线路大都采用列车自动控制（ATC）系统。ATC 系统是在传统的信联闭设备（即信号、联锁、闭塞设备）、调度集中系统基础上，应用信息、通信、计算机、自动控制等先进技术，以列车速度自动控制为核心的新型信号系统。

信号设备主要是指视觉信号设备，包括车载信号设备、色灯信号机、信号灯和信号旗等。

车载信号设备是安装在车辆上的信号设备，通过轨道电路等接收来自地面的信息，控制列车安全地追踪运行，以速度码显示。

色灯信号机设置在正线、车站和车辆段的特定位置，用于指示列车运行或车辆调移的命令，有出站信号机、防护信号机、进场信号机、出场信号机、阻挡信号机等。

信号灯和信号旗在显示手信号时采用，一般昼间使用信号旗、夜间使用信号灯，地面站按夜间办理。

信号表示器不具有防护功能，侧重于指示行车设备的位置、状态和信号显示的某种附加含义，有发车表示器、进路表示器、道岔表示器和车挡表示器等。

信号标志设置在线路一侧，用来表示所在位置的某些状态或要求，有停车位置标、警冲标、站界标和司机鸣笛标等。

（2）联锁设备

联锁设备设置在有道岔车站和车场范围内，在道岔、信号机、进路之间建立起一种相互制约的联锁关系，保证列车运行与调车作业的安全。有电气集中联锁设备和微机联锁设备两种。

采用电气集中联锁设备时，道岔、信号机的控制、进路的排列均集中在控制中心及车站控制室和车辆段信号楼。

微机联锁设备包括硬件和软件两部分。微机联锁设备具有排列进路速度快、可靠性与安全性高、便于增加新功能，能降低投资费用与减少维护工作量等优点，因此是联锁设备的发展方向。

（3）闭塞设备

为防止同向列车追尾或对向列车冲撞，正常情况下，在线路上运行的列车通过行车闭塞来实现按空间间隔法行车，实现行车闭塞的设备称为闭塞设备，有固定闭塞设备和移动闭塞设备两类。

采用固定闭塞设备时，区间线路划分为若干个固定的闭塞分区，闭塞分区内设有轨道电路。追踪运行列车的间隔为若干个固定的闭塞分区或轨道电路区段。地对车的信息传输通过轨道电路实现，有三显示带防护区段自动闭塞设备和四显示自动闭塞设备等类型。

在采用移动闭塞设备时，区间线路不划分固定的闭塞分区，不设置固定的制动减速点。追踪运行列车的间隔为后行列车制动距离加上安全防护距离。车地间双向信息传输通过交叉感应环线或无线通信技术实现。

由于移动闭塞设备能实现连续、双向信息传输和列车运行控制，并在确保安全前提下提高通过能力，所以是闭塞方式的发展趋势。

2. 通信系统

通信系统由光纤数字传输、专用通信、公分通信、无线通信、闭路电视监控和有线广播等子系统组成，是轨道交通实现安全高效的调动指挥与运营管理，确保各部门、各单位间公务联系，以及向乘客提供信息、提高其服务水平的必备手段。

（1）光纤数字传输系统

光纤数字传输系统由光缆、电端机和光端机组成，为程控交换网、无线通信、闭路电视监控和车站广播等系统提供信道，为电力、环控、防灾报警和自动售检票等设备的数据传输提供信道。

（2）调度指挥通信系统

此系统为专用通信系统，它为列车运行组织有关的作业联系提供通信手段，包括有线调度电话、站间行车电话、站内直通电话和区间轨旁电话。

(3)有线调度电话

根据城市轨道交通列车运行和业务管理要求,设置列车调度电话、电力调度电话、防灾环控调度电话。

(4)站间行车电话

站间行车电话又称闭塞电话,是相邻车站值班员间办理行车业务时使用的直通电话,由总机、分机和传输通道三部分组成。

(5)区间轨旁电话

区间轨旁电话供区间列车司机和维修人员与相邻行车值班员及相关部门紧急联系或通活使用,由电话机箱、便携式电话机和传输线路组成。

(6)公务通信系统

公务通信系统为轨道交通各单位、各部门之间以及轨道交通与外部的公务联系提供通信手段,能直接接入市内电话网。

(7)无线通信系统

无线通信系统为流动作业人员(如列车司机、设备维修人员和抢险救灾人员等)提供通信手段。它是双向无线通信,通常采用几个不同的频率来分别服务于不同覆盖范围内的业务联系。

(8)闭路电视监控系统

设置闭路电视监控系统是为了向行车、安全有关人员提供列车和车站的各种监控画面,以便行车与安全有关人员及时发现,并处理可能危及行车安全与乘客安全的突发事件。

(9)有线广播系统

主要用于控制中心和车站对乘客和工作人员进行广播。

3. 控制中心

运营控制中心是行车组织、电力监控、车站设备监控和防灾报警监控的调度指挥中枢,同时也是通信枢纽与信息交换处理中心。

控制中心具有行车调度、电力调度、环控调度和维修调度等调度指挥职能。在事故、灾害情况下,控制中心还是突发事件处理指挥中心。

正常情况下,列车运行由 ATC 系统自动监控。列车按自动列车监控系统(ATS)指令,在列车自动保护系统(ArP)的防护下由 ATC 实现列车自动驾驶,列车进路按 ATS 的指令、由车站联锁设备自动排列,列车调度员监控列车的运行。在列车运行秩序紊乱不能进行列车运行自动调整或者发生其他系统不能进行自行处理的特殊情况时,列车调度员可人工介入。

电力调度系统对变电所、接触网设备进行实时监控和数据采集,掌握和处理供电设备的各种故障,保证供电的可靠性与安全性。

环控调度系统负责监控全线各站典型区域的温度、湿度、二氧化碳等环境参数和各区间的危险水位报警信号；监控全线车站的通风、空调和给排水设备，以及屏蔽门、自动扶梯和防淹门的运行。根据具体情况下的环控要求，向车站下达区间隧道通风设备的运行模式。

在轨道交通线网多线运营的情况下，合用控制中心有助于资源共享，提高轨道交通投资建设与运营管理的效率。控制中心的资源共享包括土地与空间、人力与物力、信息管理三方面的资源共享。

五、其他重要的设备系统

1. 供电系统

供电系统由外部电源、主变电所、牵引供电系统、动力照明供电系统和电力监控系统组成。

（1）外部电源

城市电源经轨道交通主变电所降压后分别以不同的电压等级对牵引和降压变电所供电，这种供电方式称为集中式供电，上海轨道交通采用此种方式。

由城市电源直接对轨道交通牵引变电所和降压变电所供电，这种供电方式叫分散式供电，北京、天津轨道交通采用了此种方式。

供电电源取自城市电网，通过城市电网一次电力系统和轨道交通供电系统实现输送或变换，然后以适当的电压等级供给轨道交通各类用电设备。城市轨道交通供电属于城市电网一级负荷，由两路独立的电源供电。

（2）主变电所

主变电所是由城市电网获得高压电源（一般为 110kV），经降压后以中压电压等级供给牵引变电所和降压变电所的一种变电所。

（3）牵引供电系统

牵引供电系统由牵引变电所、接触网、馈电线、回流线和电分段组成。牵引变电所是指供给轨道交通一定区域内牵引电能的变电所。接触网是指经过电动列车的受电弓向列车供给电能的导电网。馈电线是指从牵引变电所向接触网输送牵引电能的导线。网流线是指供牵引电流返回牵引变电所的导线。电分段是指为便于检修和缩小事故范围，而将接触网分成若干段。

牵引变电所从城市电源或轨道交通主变电所获得电能，经过降压和整流变成 750V 或 1500V 的直流电流。

牵引变电所的容量和设置距离根据牵引供电计算结果得来，一般设置在沿线车站及车辆段附近，相邻牵引变电所间距 2~4km。一般市区线路两站设一牵引变电所，郊区线路长大区间还需设置区间牵引变电所。每个牵引变电所按其所需容量设置两组整流机组并列运行，任一牵引变电所发生故障，由两侧相邻的牵引变电所承担该区段的全部牵引负荷。

牵引变电所通过接触网向电动列车供电，分为单边供电和双边供电。接触网在每个牵引变电所附近断开，分成两个供电分区，如果每个供电分区仅从一个牵引变电所获得电能，称为单边供电；如果一个供电分区同时从相邻两个牵引变电所获得电能，则称为双边供电。

接触网按结构分为接触轨式和架空式。接触轨式的优点是隧道净空高度要求低，结构简单，造价低；缺点是人身和防火方面安全性差。

接触网的电分段是保证供电可靠性和灵活性的有效措施。分段的接触网既可以通过联络闸刀连接起来，又叫在故障或检修时缩小故障影响及检修停电范围。

在电流牵引供电系统中，牵引电流并非全部由钢轨流回牵引变电所，有一部分由钢轨杂散流入大地，再由大地流回钢轨和牵引变电所。走行钢轨中牵引电流越大或钢轨对地绝缘程度越差，地下杂散电流也就相应增大，这种杂散电流称为迷流。迷流会对城市轨道交通系统本身和附近的地下金属管道、电缆和其他金属构件产生电腐蚀。设备在长期的电腐蚀作用下将受到严重的损坏。

（4）动力照明供电系统

动力照明供电系统提供车站和区间各类照明、自动扶梯、风机、水泵等动力机械设备以及通信、信号、自动化等设备的电源，由降压变电所和动力照明配电线路组成。

每个车站应设变电所，地下车站负荷较大，一般设于站台两端，其中一端可以和牵引变电所合建为混合变电所。地面车站负荷较小，通常只设一个变电所。

降压变电所的作用是将从城市电网或主变电站获得的电能降压为低压三相 380V 或 220V 交流电，供车站设备使用。

动力照明设备大部分集中在车站，仅有少部分分散在区间隧道内，所以降压变电所一般设置在车站附近，此外，车辆段和控制中心专设降压变电所。动力照明等设备根据其重要性分为一级、二级和三级负荷。

（5）电力监控系统（SCADA）

SCADA 保证控制中心对供电系统的主变电所、牵引变电所、降压变电所用电设备的运行状态进行监视、控制和数据采集。由控制中心主机、设在各变电所的远程控制终端和连接终端与中心的通信网络三部分组成。

2. 环控系统

设置环控系统是为了提高地下车站与区间隧道内的空气质量、温度和湿度环境，以及在发生火灾事故时排烟送风，使乘客能安全撤离。

环控系统包括车站通风空调和隧道通风两个子系统。

车站通风空调除为乘客、作业人员提供舒适的候车环境与工作环境，还为车站设备提供了所需要的运行环境。

站台屏蔽门将站台与隧道隔开，降低热交换，使车站空调负荷降低，节省运营费用。此外，还有助于发挥列车在隧道内运行时的活塞通风作用，提高乘客在站台候车时的舒适度与安全性。

区间隧道通风系统在运营开始前、结束后进行机械通风，排除隧道内的余热、余湿；在运营开始后，区间隧道通风系统停止运行，车站隧道通风系统投入运行。

环控系统设中央、车站和就地三级控制。对于高架线和地面线车站，站厅和站台一般采用自然通风，必要时也可设置机械通风或空调系统。

3. 防灾报警系统

轨道交通可能发生的灾害包括火灾、水灾、大风、雷击和地震等。在各种灾害中，火灾占的比例最高，因此，防灾报警的重点是火灾报警。

火灾报警系统（FAS）由监控工作站、火灾报警控制器、各种火灾探测器、手动报警按钮、报警电话和光纤环网等组成，实现中央和车站两级监控。

中央监控设在中央控制室，主要功能为对全线所有报警、消防设备进行监控，接收火灾报警，并向车站控制室发出防火救灾和安全疏散的指令。

车站监控设在车站控制室，主要功能为对车站报警、消防设备进行监控，接收火灾自动报警，并将信息上传至控制中心，接收控制中心发出的相关指令，通过火灾报警控制器向机电设备监控系统发出模式指令，并由该系统启动消防设备。

第四节　城市轨道交通的运营特性

一、网络化运营

随着管辖线路里程和线路数量的不断增加，城市轨道交通系统将会由单线独立运营管理向多线综合运营管理的方向发展，由简单的单线系统逐步形成网络化系统，由单线运作模式逐步迈入网络化运营管理新时代。网络化运营随之也带来了许多新问题：网络化运营管理体制、换乘枢纽的管理、系统互联互通、设施设备资源共享、线路间运力协调、不同线路行车方案之间的协调与配合等问题。

（1）网络结构复杂化，如交通网络中有连通型的线路、城南环线、大型换乘枢纽、多线换乘等。

（2）城市轨道交通形式、功能和制式多样化，如分别服务于市域和市区、市郊功能的地铁线路、轻轨线路、市郊铁路、有轨电车等多种形式并存。

（3）网络化运营带来的客运需求的高增长和波动性，使客流量迅速增长。

（4）列车运行方式的多样化，如列车共线运行方式、大小交路方式、分段交路方式，甚至杂交路等。

（5）故障会由单线向邻近线路蔓延，进而影响整个网络的稳定性和可靠性。

（6）与其他交通方式衔接需求的多重性，如与未来常规铁路、高速铁路、城际城市轨道交通、机场、高速公路等对外交通以及与地面公交的衔接配合等。

二、系统联动

城市轨道交通系统建设和运营的目的是为乘客提供快速、安全、准时、舒适、便利的运输服务，能够使乘客便利地进站购票、安全而舒适地乘车、快速而准确地到达目的地，以完成整个乘客运输过程。

完成这个任务需要行车工作安全、正点地按设定的列车运行图执行，并为乘客提供良好的服务。安全运行和优质服务的基础是：城市轨道交通各专业系统同时进行协调地运行，保障城市轨道交通 30 余项不同的专业设施、设备每天 24 小时正常而协调地运行。

各种专业设施设备的运行均有各自的特点，动态的，如车辆；看似静态的，如供电、通信、信号、接触网、线路、隧道、车站等。各种设施设备之间在正常运行时具有相互依托的关系，并要求设备之间有严格的技术配合流程。如列车和钢轨，列车和接触网，列车和信号、列车和通信、供电和通信信号，通信和信号，供电和自动售检票，等等。

可以说在列车运行时，系统中的各个设备之间互为联系，共同保证列车正常运行和良好的服务。任何一环出现故障都会使列车的正常运行受到不同程度的影响，严重的甚至造成列车停运。这些设施、设备系统在建设阶段和停运检修是各自独立的个体，一旦建成（修复）投入运行，它们就成为链轮和链条，共同维持城市轨道交通系统的正常运行。

三、时空安排

城市轨道交通企业根据乘客的出行需要安排列车运行，营业时间多集中在 3：30~23：30。市中心的旅行速度一般为 30~40km/h，市郊为 60km/h（线路最高行车速度可达到 100km/h 以上），最小行车间隔为 2min。

高速度、高密度的列车安全运行，形成了城市轨道交通运营企业和一般的制造业明显不同的时间和空间的概念。其产品是人的移动而不是物的加工，使时空概念变得尤为重要。其相应的时间和空间在城市轨道交通运营系统中不可储存，一旦失去势必造成列车运行晚点，严重的就会发生事故。

具体讲，城市轨道交通系统在营业时间内要求安全、高效地运行，以完成乘客运输任务；在夜间非运营时段，系统也是十分繁忙的，主要是安排试车作业或检修、维护作业。各专业进行检修都必须提前报计划经批准后才能进行，并根据规定的程序进行施工作业。由于夜间允许检修工作的时间又很短（一般为 24：00~4：00），需统一指挥，还要严格按照时间完成，否则就可能发生人员和设备事故或者影响列车正常运行。

有的设备检修只要单一专业人员就可以完成，而有些设备的维修需要专业人员之间相互协调，有关专业人员需同时到场联合作业，如在进行车辆检查时，车辆通信、信号检修人员需要同时到场，并排定三者的作业程序。因此，在城市轨道交通运营企业中，时间和空间的概念是必备的。

四、统一指挥

城市轨道交通系统的正常运行需要多专业、多工种联合运行，对于时间、空间概念要求非常高，需要严格的、高效率的统一指挥。控制中心（调度所）就是为行车工作而设置的。正常情况下，现代城市轨道交通的自动化系统均可根据设定模式运行，列车在驾驶员的监护下进行必要的操作并正常驾驶。同时，还要检查运行的信息如列车位置、列车间隔及是否偏离设定的运行图、供电及环控系统运行状态在显示屏上实时显示，调度员可随时监视、掌握列车及有关系统的运行状况。调度员还可以利用有线及无线通信系统随时和有关人员（列车驾驶员及行车、供电、环控等系统工作人员）联系了解有关情况。

出现一般问题时，如列车晚点、供电设备故障，系统设备自动调整运行或自动进行设备切换运行。遇有重大事故，如列车故障停运或牵引供电设备故障停运等，则由各专业调度员按照预案或紧急抢修方案有步骤地指挥有关的列车驾驶员、车站行车值班员、牵引变电所值班员、环控值班人员、事故现场抢修人员等，采取必要的措施迅速进行抢修。有关车站按照指令进行客运组织工作，在确保乘客安全的前提下，要尽快恢复设备和列车的正常运行。必要时一边抢修，一边组织行车作业，缩小事故影响范围，并疏散滞留乘客。因此，城市轨道交通系统必须遵循统一指挥的原则，以保证指挥的严肃性和有效性。

第五节　城市轨道交通的运营管理模式

一、运营管理模式的分类

从城市轨道交通管理的角度分类，运营管理模式有一体化管理模式和多主体管理模式。

一体化管理模式：是由 1 个法人单位统一实施城市轨道交通投融资、建设、运营、资源开发等管理工作，多主体管理模式是指由多个法人单位分别实施城市轨道交通的投融资、建设、运营、资源开发等业务的管理。

从城市轨道交通线网的角度出发，体化管理模式可分为垄断一体化模式和竞争一体化模式。垄断一体化模式由 1 个法人单位负责整个城市轨道交通线网的投融资、建设、运营、资源开发工作。竞争一体化模式由多个法人单位分别负责城市轨道交通线网 1 条线或多条线的投融资、建设、运营、资源开发工作。多主体管理模式在城南轨道交通线网条件下，可由

1 个或数个主体单位负责城市轨道交通所有线路建设管理，1 个或数个公司负责城市轨道交通所有线路的运营，1 个或数个公司负责城市轨道交通所有线路的资源开发，等等。1 个城市的城市轨道交通线网可采用一体化和多主体相结合的管理模式；1 条线路采用一体化管理模式，其他线路采用多主体管理模式。

1. 一体化管理模式

一体化管理模式是城市轨道交通运营管理的常用模式，我国已运营轨道交通的城市在起始阶段几乎均采用一体化管理模式。一体化管理模式在我国投资主体单一的国情下，在城市轨道交通线网投融资、建设、运营、资源开发各环节的协调方面，决策快、掣肘少，具有无可比拟的成本优势。在纷繁复杂的城市轨道交通工程中，一体化管理模式可以从全局观念出发、综合协调、整体推进、集中资源处理随时出现的各类问题。在线网规划、设计、运营互联互通、票务清分、资源共享、应急救援、突发事件处理的实施方面，在建设期枢纽站及换乘站的建设方面，在建设为运营创造条件及交接方面，在运营为建设反馈需求及工程质量把关方面，在建设为资源开发创造条件及运营拓展资源开发收益方面，均具有较低的协调成本。

同时，一体化管理模式：便于城市轨道交通的建设资金的跟踪和效益分析，便于对运营资产进行全寿命的分析和管理。但是，一体化管理模式使城市轨道公司缺乏竞争和成本控制的动力，投资效益得不到有效提高，机构庞大、臃肿，存在着管理不细、粗放式经营的趋势，容易滋生凡事推诿、官僚作风严重的风气。在我国有些城市采用了竞争一体化模式，引入了不同主体间在线路建设、运营方面的竞争关系，不同主体间存在着建设进度、质量、安全、投资、成本方面的竞争，这有助于城市轨道交通的管理体制创新和服务创新。但竞争一体化模式的缺点很明显，即不利于技术标准的统一、不利于线网的互联互通、不利于线网资源的统一规划和调配，都需要市政府统一建设标准，对不同主体的行为进行规范。

2. 多主体管理模式

多主体管理模式是一种基于竞争和专业化管理的模式，建设公司专注于工程建设，运营公司专注于轨道交通的运营。在多线建设的情形下，可由两家或多家公司承担建设任务；在多线运营的情形下，可由两家或多家运营公司从事运营任务；工程建设融资也可由专门的公司承担。

多主体管理模式对主体单位具有较强的激励作用，可以促使其加强管理、降低成本、提高效率。可以鼓励更多的社会公司投身城市轨道交通的建设、运营当中，使城市轨道交通的市场更具活力和创新；有更多的社会资金流入城市轨道交通行业，使城市轨道交通后续线路的建设和运营有充分的资金保障，有助于打破单纯政府投资的现状。但是，该模式出于各主体单位的目标不一，特别是融资主体、建设主体、运营主体的目标甚至相左，使相关接口之间的协调出现困难，建设主体之间在枢纽建设、客流衔接等方面也存在协调难度大的问题，运营主体之间存在着票务清分、资源调配、应急指挥等方面的协调问题。

二、不同管理模式的运营管理

1. 一体化管理模式下的运营管理

在一体化管理模式下，总公司负责运营政策、服务指标的制定、运营计划的审批、运营业务的监管和负责主要管理人员的任免。该模式主要适用于运营筹备或运营阶段，该阶段的特点是运营架构基本成形、人员基本到位及业务基本展开。

运营管理在城市轨道交通公司的定位可分为职能部、事业部、分公司三种不同形式。职能部属于公司组织机构体系的一个部门，一般是适用于运营筹备的前期阶段，业务主要集中在前期调研、策划文件的编制；事业部的职能及自主权大于职能部，运营业务可以独立开展，组织机构根据需要设置，独立核算成本和利润，人事、财务管理可以独立进行，也可由公司派遣机构完成；分公司的职权与事业部相当，可以在工商局注册成立非法人单位的营业执照，可实行独立核算，运营业务、人员招聘、财务预算可独立进行，能够适用于轨道交通单线或线网运营。

2. 多主体管理模式下的运营管理

在多主体管理模式下，运营管理一般由具有独立法人资格的公司承担，依照企业管理的原则运作，运营公司具有独立的决策权、人事权。该模式适用于轨道交通单线或线网运营。运营公司的确定包括产权人自行成立、产权人委托专业公司、产权人租赁专业公司及专业公司特许运营四种方式。

在我国在建城市轨道交通的城市中，大多采用一体化管理模式，较少采用多主体管理模式，多主体管理模式更适宜在城市轨道交通线网已成规模时采用。这两种管理模式各有优缺点，在轨道交通管理的演变中，一些新的管理模式逐步出现。有的城市在一体化管理模式的基础上，成立了城市轨道交通集团公司，下设建设、运营、资源、融资等子公司或控股公司，汲取多主体管理模式的优点。有的城市在多主体管理模式的基础上，由市政府成立独立的线网公司负责整个城市的整体规划、线网管理和各建设、运营单位之间关系的协调，规避了多主体管理模式的缺陷。

三、城市轨道交通企业管理模式的变化与选择

1. 城市轨道交通企业管理模式的变化

城市轨道交通企业的发展历程一般要经过创始期、成长期、成熟期。在不同阶段，企业面临的环境、承担的使命、组织机构均会不一致，需要根据企业所处的阶段和面临的环境，随时进行调整。城市轨道交通企业则需要根据业务的发展和网络运营的形成，还要调整自身的组织机构和运行机制。在城市轨道交通从单线到网络的形成过程中，管理模式一般遵从一体化到多主体管理模式的转化，从垄断性一体化到竞争性一体化的转化。运营管理模式

一般遵从职能部、事业部、分公司、公司的转化顺序。具体到某个城市，根据城市的社会文化、经济、政策法规、初始选择的不同而出现差异。上述的转化顺序也未必会表明转化后的模式优越于前者，采用何种模式，主要视各城市的具体情况来确定。

2. 城市轨道交通企业管理模式的选择

影响城市轨道交通企业管理模式的闪索众多，一般包括当地社会经济状况、城市轨道交通自身的属性、企业运营管理水平、经营策略、政治因素、城市轨道交通规划、公司属性、演化历史、建设运营现状等。其中，当地社会经济状况和城市轨道交通自身属性应起决定性作用，企业的运营管理水平和经营策略、政治因素等也对管理模式选择起着重要的作用。

（1）当地社会经济状况影响

当一个地方的市场经济发达、市场竞争充分、资源配置主要是由市场来决定时，城市轨道交通建设运营市场化的呼声较高，此时社会资源进入的压力也较大。城市轨道交通管理模式存在一体化管理向多主体管理模式转变、垄断性向竞争性一体化转变的趋势，运营模式应存在职能部门向事业部、事业部向分公司、分公司向公司制的转变趋势。

（2）城市轨道交通自身的属性

城市轨道交通自身具有的公益性和外部性两种特性，对运营管理模式的选择存在潜在影响。城市轨道交通的公益性是指城市轨道交通具有公共产品的属性，像城市道路、照明、绿化、公园一样，属于政府财政负责为社会公众提供的产品和服务。但它的建设、运营成本巨大，使得地方政府财政压力巨大。各项成本又不能完全由使用者负担，否则，高昂的票价将会导致城市轨道交通无人乘坐，城市道路拥堵和空气污染问题也得不到解决。城市轨道交通的外部性是指城市轨道交通带来的效益，不仅仅体现在运营企业的票务收入和为公众提供的便捷、快速、舒适服务上，而且还体现在城市轨道交通沿线的物业、商贸和土地的升值及城市环境质量的提高上。这部分升值并不能回馈到城市轨道交通的内部财务报表上，所以，城市轨道交通具有很好的社会效益和较差的内部财务报表的特性。城市轨道交通的公益性和外部性特性，导致各城市的城市轨道交通一般由政府投资兴建，而社会投资的积极性不高。城市轨道交通的管理模式由政府决策，政府如需引进社会投资，则需要选择相应的管理模式及提供优惠政策。

（3）企业的运营管理水平和经营策略

现代化高水平的运营管理是城市轨道交通安全畅通和优质服务的保证，城市轨道交通要取得良好的运营效果和经济效益，就必须讲究经营策略。企业运营管理水平和经营策略的选择，都会对城市轨道交通企业模式的选择产生重要的影响，对于刚起步的城市轨道交通企业，运营管理水平相对偏低，经营策略也更为保守，更多选择一体化的管理模式。随着运营管理水平的提高，经营策略的转变，企业管理模式也会随之变化。

（4）政治因素（与政府的关系）

在城市轨道交通建设、运营的各个阶段中，政府始终处于举足轻重的地位，尤其企业的运营管理离不开政府的政策导向、政策支持乃至资金的扶持。在修建城市轨道交通时，政府要给予一定的资金支持以用作资本金。另外，政府还应给予城市轨道交通企业一定的优惠政策，如运营亏损补贴或者是线路沿线周边划拨一定的土地作为城市轨道交通开发房地产项目。因此，政府对城市轨道交通企业的政策支持、投资、期望在一定程度上决定了城市轨道交通企业的管理模式。

第六节 城市轨道交通行车组织与调度调整

正常情况是指在营业时间内采用基本的行车闭塞方法和行车指挥方式。轨道交通采用的基本闭塞法主要有自动闭塞和区间闭塞两种，采用的行车指挥方式主要有行车指挥自动化、调度集中和调度监督三种。在采用行车指挥自动化的情况下，列车运行控制功能通常是通过 ATC 系统实现。

鉴于采用自动闭塞与 ATC 系统已是国内既有与新建轨道交通线路首选的列车运行控制技术，因此，在行车指挥自动化时的列车运行组织是本节内容的重点。

一、行车组织

（一）行车组织指挥层次

轨道交通行车组织实行集中领导、单一指挥。控制中心代表运营公司总经理领导、指挥日常运营工作；值班主任是调度班组长，负责领导、指挥和协调本班的运营工作；行车调度员是列车运行的组织、领导和指挥者，所有与列车运行有关的作业人员都必须服从行车调度员指挥、执行行车调度员命令，行车调度员应严格按图指挥行车。

在车站，行车组织工作由值班站长领导、车站值班员指挥；在车辆段，行车组织工作由运转值班员领导，调车进路和列车进路办理由信号楼值班员指挥，调车作业由调车指挥；列车在区间时，客运列车由司机指挥，施工列车由车长指挥；列车在车站时，接受行车调度员或车站值班员指挥；行车设备在运营时间内发生故障时，由行车调度员通知维修调度、组织抢修。

（二）行车指挥自动化时的列车运行组织

1. 控制中心 ATS 简介

控制中心 ATS 有在线控制、模拟运行和运行复示三种运行模式。

（1）在线控制模式

在线控制模式是指系统实时监控列车运行，是系统的主要运行模式。在线控制时，两台计算机同时处于在线控制状态，一主一备，一旦主机出现故障，备机立即接替控制。

（2）模拟运行模式

模拟运行模式是指系统模拟在线控制运行，是系统的辅助运行模式，用于系统调试、演示和培训。模拟运行能模拟在线控制模式中的所有功能，但与现场没有任何信息和控制命令的交换。

（3）运行复示模式

运行复示模式是指系统真实地再现此前 72h 的系统运行情况。系统可选择重放其中任意一个小时的运行记录，也可按事件或按秒重放运行记录。在线控制和模拟运行两种模式的运行记录均可重放。

2. 在线控制功能

系统有时刻表管理、列车描述、列工运行控制和列车运行调整四项在线控制功能。

（1）时刻表管理

时刻表管理是指对计划时刻表和使用时刻表进行编辑和修改，该项控制功能仅供行车调度员使用。计划时刻表源于基本时刻表，是建立使用时刻表的基础。使用时刻表是指在线控制使用的时刻表。

列车时刻表管理包括：建立计划时刻表，对计划时刻表进行编辑生成使用时刻表，可以删除计划时刻表和使用时刻表，在计划时刻表和使用时刻表中增加或删除列车，将计划时刻表和使用时刻表中的一部分列车平移一段时间，显示和打印计划和实际列车运行图。

（2）列车描述

列车描述的主要功能是设置或修改列车的车次号、司机号和车辆号。

车次号是由 5 位数组成，前 3 位是运行号，后 2 位是目的地号。运行号是列车的标识，是系统与列车时刻表相联系的基础，也是系统掌握列车运行状态的基础。目的地号指明列车的终到站，系统把目的地号传送给列车，列车在运行中又将目的地号传送给车站联锁设备。根据列车的目的地号，车站联锁设备为列车排列进路。

司机号和车辆号各由 5 位数组成。设置司机号是为了使系统能跟踪司机的行车过程，从而产生司机运行报告。设置车辆号是为了使系统能跟踪车辆的运行过程，从而产生车辆的运行报告。

（3）列车运行控制

提供控制列车运行的各种系统参数的设置功能。

①设置控制模式

设置控制模式是指对中央控制或车站控制模式的设置。在车站控制时，系统处于运行监督状态，所有对车站进路的控制功能均不能执行。在中央控制时，系统能执行它的所有控制功能。控制模式的转换必须经过控制中心和车站双方确认后方能进行。在必要时，车站可实施紧急站控，但紧急站控结束后只能转回车站控制，不能直接转回中央控制。

②设置自动控制

设置自动控制是指启动、取消或恢复系统对列车的自动控制。系统对列车的自动控制分为两个方面：一个是自动调度列车出车辆段，进入正线运行；另一个是对正线运行的列车进行自动控制。图定列车取消自动控制后，该列车将暂时从列车时刻表中删除，变为非图定列车；在恢复自动控制后，该列车又进入列车时刻表，变为图定列车，系统恢复对它的自动控制。

③设置信号控制

设置信号控制是指自动信号、通过信号的设置或取消。自动信号是指以该信号机为始端的进路为自动进路，车站联锁设备根据列车的目的地号，自动为列车排列进路。通过信号是指该信号机为始端的进路为通过进路，在列车通过该进路后，进路将再次自动排列。为安全起见，系统不直接控制信号机的开关，信号机随进路的排列而开放，随进路的占用而关闭。

④设置进路控制

设置进路控制是指设置或取消列车进路。为了安全起见，系统不直接控制道岔转换。系统也不直接自动排列进路，而是通过设置通过信号或自动信号，由车站联锁设备自动排列进路。行车调度员可采用人工进路控制功能，通过系统终端方式设置或取消进路。

⑤设置折返模式

设置折返模式是指选择折返站的列车折返进路。在设置了折返模式和相应的自动信号后，车站联锁设备将根据列车的目的地号自动为折返列车排列进路。通常，系统设定优先采用折返模式。

⑥设置折返顺序

针对系统的自动控制功能，有列车模式和顺序模式两种。列车模式是指在折返站按列车的车次号调度列车，顺序模式是指在折返站按列车的先后顺序调度列车。

（4）列车运行调整

根据系统自动控制功能实现的程度，列车运行调整可设置四种模式。

①全人工模式

在系统没有自动控制功能情况下，人工进行列车运行调整。

②人工调度模式

在系统具有自动排列进路功能，以及具有对列车时刻表和车次号进行管理的功能情况下，人工进行列车运行调整。

③非自动调整模式

在系统具有人工调度模式全部功能，以及自动调度列车从终点站（包括车辆段出口处）出发的功能情况下，需要人工进行列车运行调整。

④自动调整模式

在系统具有自动控制功能情况下，自动进行列车运行调整。

设置调整措施,是指对列车运行调整措施的选择,具体包括如下功能。

①显示列车停站时间和等级

显示正在起作用的列车停站时间和运行等级。

②设置列车停站时间

有人工和自动两个选项。如选择人工选项,则可以人工设定一个新的停站时间;如选择自动选项,则停站时间由系统根据列车时刻表和列车早、晚点情况自动设定。

③设置列车运行等级

有人工和自动两个选项。如选择人工选项,则可以人工设定一个新的运行等级;如选择自动选项,则运行等级需要由系统根据列车时刻表和列车早、晚点情况自动设定。

④设置列车跳停

设置列车跳停是指设置或取消列车在某个站不停车通过,跳停功能必须要在列车由前一车站发车前设置才有效。

⑤扣车和终止停站

扣车是指使发车表示器不显示,列车不能发车。终止停站则是指行车调度员进行催发车,发车表示器显示发车信号。组合使用这两个功能控制列车停站时间。

3. 在线控制操作

(1)进入系统

系统维护员启动系统,工作站显示语言选择街口后,行车调度员操作步骤如下:第一,选择中文或英文用户界面;第二,输入用户名和密码,进入系统;第三,选择运行模式,在三种运行模式中选择一种;第四,选择用户等级,应选择行车调度员等级。

(2)建立使用时刻表

每次运营前,必须建立使用时刻表。可以先建立计划时刻表,再建立使用时刻表,也可以直接建立使用时刻表。

计划时刻表是从5个基本时刻表中选择一个,可以通过增加或删除列车、列车平移功能对计划时刻表进行修改。

使用时刻表是从5个基本时刻表和计划时刻表中选择一个,也可以通过增加或删除列车、列车平移功能对使用时刻表进行修改。

(3)设置系统工作模式

①设置控制模式,在中央控制或车站控制中选择。在车站控制时,折返模式、信号控制和列车停站时间均按车站控制设置。

②设置信号控制,在自动信号或通过信号中选择。

③设置折返模式,通常选择优先采用的折返模式。

④设置折返顺序,在列车模式和顺序模式中选择,通常选择顺序模式。

⑤设置调整模式,在全人工模式、人工调度模式、非自动调整模式和自动调整模式中选

择,进行人工调整时通常选择人工调度模式,自动调整时则选择自动调整模式。

（4）设置列车停站时间和运行等级

系统根据使用时刻表，为每个站台设置列车停站时间和运行等级。在采用自动调整模式时，应选择自动项；在采用其他调整模式时，应设置具体的列车停站时间，并在四个列车运行等级中选择一个。

（5）调度列车由车辆段进入正线

每日列车应按时刻表的要求及时到达并停在车辆段出口处。显示时刻表中下一出段列车的车次号与时间。如不对，采用列车描述和指定下一车次号功能并以车地通信方式发送图定车次号给列车。自动控制时，系统将自动排列进路，指挥列车进入正线，也可使用人工控制方法使列车进入正线。

（6）调度列车从始发站出发

显示时刻表中始发站下一出发列车的车次号与发车时间。如不对，采用列车描述和指定下一车次号功能,对停在折返线上的列车设置或者修改车次号。如列车已有车次号,并让系统处于非全人工模式,系统将自动修改列车的目的地号。自动控制时,系统将自动排列进路,指挥列车出发,也可使用人工控制方法使列车出发。

（7）监控列车运行

每日使用显示下一车次号功能，查看各始发站下一列车的车次号与发车时间；也可打开下一车次号监视窗，连续地监视各始发站的列车出发情况。通过告警信息窗，随时了解列车晚点情况和设备故障情况。使用进路控制功能排列进路；在设置为通过信号和自动信号时，进路自动排列；在车站控制时，进路由车站排列。通过设置列车进站时间和运行等级功能，调整列车停站时间和区间运行时间，使列车按图正点运行。在系统采用自动调整模式,并且列车停站时间和运行等级设置选择自动项时,系统将自动调整列车停站时间和运行等级。

（8）列车运行调整

显示在列车早、晚点时间超出了允许范围时,采用下列措施进行列车运行调整。

①列车晚点，可采用缩短列车停站时间、提高列车运行速度、跳停等列车运行调整措施。②列车早点，可采用延长列车停站时间、降低列车运行速度等列车运行调整措施。③早、晚点列车较多，可采用增加或删除列车、列车平移功能等对使用时刻表进行修改，恢复列车运行秩序。

（9）常见异常情况处理

①当车次号跟踪不上列车或车次号跟踪产生错位时，可使用移动车次号功能使跟踪正常。

②当某图定列车故障、无法继续运行时,可使用取消自动控制功能将该列车变成非图定列车,然后人工控制该列车退出运行。

③当控制中心显示的 ATP 模式与列车的实际情况不一致时，可使用设置 ATP 模式功能加以纠正。

（10）运行结果处理

①打印所需的运营报告。

②绘制所需的列车运行图。

③删除使用的时刻表。

4. 列车正线运行

（1）列车运行的条件

每日运营前，行车调度员应检查运营前准备工作，列车运行的必要条件如下。

①检修施工注销，线路空闲，无异物侵入限界。

② ATe 系统、车辆、通信设备、牵引供电等设备技术状态良好。

③车站道岔位置与信号显示屏蔽门、供电、环控等设备功能正常。

④有道岔并配有联锁设备的车站处于中央控制状态。

⑤建立和确认使用时刻表。

（2）列车进入区间

列车占用区间的行车凭证为列车收到的速度码。因 ATP 故障而切除 ATP 时，列车占用区间的行车凭证为调度命令。

列车的发车凭证为出站信号开放（发车表示器显示稳定白色灯光）。如出站信号故障无显示，列车的发车凭证为调度命令。

（3）列车区间运行

双线情况下，列车按正向右侧运行。

在 ATC 正常时，列车驾驶模式为 ATP 防护的 ATO 驾驶，列车运行速度控制根据 ATP 限速与 ATS 速度执行，追踪列车的安全间隔由 ATP 自动实现。

列车驾驶模式除了 ATP 防护下的 AT。驾驶外，还有 ATP 防护下的人工驾驶和 ATP 切除的人工驾驶等。

（4）列车到达车站

列车必须以规定速度进站，如 ATP 限速低于规定速度，则按 ATP 限速执行。车站不办理接车作业，不显示接车信号。

在 ATS 正常时，车站不向行车调度员报列车到、发点。列车停站时间延长 30s 以上时，车站要向行车调度员报告原因。使用时刻表未规定或无调度命令，司机不得驾驶列车通过车站。

（5）列车折返作业

①列车折返进路由中央 ATS 自动排列或行车调度员人工排列。

②在车站有数条折返进路时，应规定优先采用的列车折返模式。

③列车在进行折返作业前,应清客与关车门。

④列车进出折返线凭调车信号机的显示。

5. 列车出入车辆段

原则上列车应经由出段线驶出车辆段,由入段线驶入车辆段。但在图定或行车调度员准许的情况下不受上述规定限制。

出、入段线视为区间,属于行车调度员管辖范围,列车出入车辆段凭防护信号机的显示。

在出、入段线的有码(速度码)区,列车按人工 ATP 方式运行;在出、入段线的无码区,列车必须按限速人工驾驶方式运行。

6. 列车运行调整

山于设备故障、乘降拥挤、途中运缓或作业延误等原因,难免出现列车运行晚点的情形。此时,行车调度员应根据列车运行的实际情况,按恢复正点和行车安全兼顾的原则,根据规定的列车等级进行运行调整,要尽可能在最短时间内使晚点列车恢复正点运行。

列车的等级依次为专运列车、客运列车、调试列车、空驶列车和其他列车。在抢险救灾情况下,优先放行救援列车。按同一等级的客运列车,可根据列车的接续车次和载客人数等情况进行运行调整。

在 ATS 时,列车运行调整有自动调整和人工调整两种。根据 ATS 自动控制功能实现的程度,人工调整可设置几种模式。例如,在系统没有自动控制功能情况下进行人工调整称为全人工模式;在系统具有自动排列进路功能,以及具有对列车时刻表和车次号进行管理功能的情况下进行人工调整称为人工调度模式等。

(1)自动列车运行调整

在 ATS 设置为自动调整模式时,系统根据使用时刻表对早、晚点时间在一定范围内的图定列车自动进行列车运行调整。

基本原理:列车运行的自动调整,通过改变列车停站时间和列车运行等级来实现。系统将车站的列车实际到达时间与图定到达时间进行比较,如果列车早点或晚点,首先调整早、晚点列车在该站的停站时间。如果调整区间运行时间后仍未能恢复列车正点运行,则要进一步调整前方车站的列车停站时间和前方区间的列车运行时间,直至列车早、晚点时间缩短到一定时间以内。

区间运行时间的调整实质上就是列车运行速度的调整,而列车运行等级的自动降低或升高就可实现列车运行速度的自动控制。

(2)人工列车运行调整

在列车早点早于太早、晚点晚于太晚时,由列车调度员进行人工列车运行调整。行车调度员可在自动调整模式下进行人工列车运行调整。此时,人工调整优先于自动调整。

但人工调整时设定的列车停站时间和列车运行等级仅对经过指定车站的指定列车一次有效。当该次列车经过指定车站时,系统将自动恢复对经过该站的后续列车进行自动列车运行调整。

在列车运行秩序较紊乱时,应退出自动调整模式,进行人工列车运行调整。待列车运行基本恢复正常后,再使用自动调整模式。

在自动调整模式下,人工列车运行调整的措施有以下几种:

①设置列车停站时间;

②设置列车运行等级;

③设置列车跳停;

④实施扣车;

⑤调整列车在始发站的出发时刻;

⑥组织列车加速运行;

⑦组织乘客快速乘降,压缩列车停站时间;

⑧延长列车停站时间;

⑨变更列车运行交路,组织列车在具备条件的中间站折返;

⑩组织列车反方向运行;

停运部分列车。

(三)调度集中时的列车运行组织

在实行调度集中控制时,正常情况下主要由行车调度员人工排列列车进路,指挥列车运行,以及进行人工列车运行调整。

行车调度员主要是通过进路控制终端键盘输入各种控制命令,控制管辖线路上的信号机、道岔和排列列车进路;通过显示盘掌握车站信号机显示状态和道岔开通位置、区间和站内线路的占用情况,以及线路上列车运行和分布情况。列车运行调整人工进行,采用的调整措施参见行车指挥自动化时的相关内容。

在调度集中、自动闭塞行车时,列车占用区间的行车凭证为出站信号机的绿灯显示。如出站信号机故障,行车凭证为行车调度员下达的调度命令。追踪列车的安全间隔由自动闭塞设备实现。

(四)调度监督时的列车运行组织

在实行调度监督控制时,调度监督设备只起监督作用,不具有行车调度员直接控制功能。基本闭塞法通常采用双区间闭塞,即列车间隔按两个区间内只准有一列列车占用进行控制。行车调度员可以通过显示盘监督出站信号开闭、区间占用情况和列车运行状态,组织指挥列车运行,并按规定收记列车到、发点和绘制实际列车运行图。

在调度监督、双区间闭塞行车时,列车占用区间的行车凭证为出站信号机的绿灯显示,凭助理值班员的手信号发车。如出站信号机故障,行车凭证为行车调度员下达的调度命令。连发列车的安全间隔由双区间闭塞设备实现。

在列车晚点或列车运行秩序紊乱时,行车调度员应及时进行列车运行调整,尽快按图行车，可采用的列车运行调整措施与调度集中控制时相同。但应强调，在调度监督控制时，对采取列车跳停、反方向运行等运行调整措施有更严格的控制。

在调度指挥过程中，如发现车站值班员或列车司机有违章作业情况，行车调度员应及时下令纠正，以确保行车安全。

（五）移动闭塞 ATC 系统故障时行车

非正常情况是指列车运行控制设备等出现故障，采用代用闭塞法或车站控制。轨道交通采用的代用闭塞法主要是电话闭塞法。

从行车指挥的角度，行车指挥自动化、调度集中或调度监督均会发生控制权下放的情形。

1. 控制中心 ATS 设备故障

控制中心 ATS 故障或者控制中心与车站间数据传输故障时，控制权下放给集中站（联锁站）。此时，可采用将列车时刻表下载到车站 ATS 分机的方式来自动排列进路，也可根据接收到的列车目的地号及列车运行位置信息来自动排列进路。此时，系统一般不能进行自动列车运行调整。

2. 车站 ATS 分机故障

在车站 ATS 分机产生故障时，可以通过联锁工作站人工排列进路。在联锁设备人工控制的情况下，可在联锁工作站上将信号机（进路）设定为自动进路状态，当列车运行至接近信号机的某一位置时会自动触发联锁设备为列车排出一条进路。此时，不能进行自动列车运行调整，但列车仍在 ATP 防护下自动运行。

3.ATP 设备故障

车载设备故障：车载 ATP 设备故障或者车—地数据传输故障时，司机应立即向行车调度员报告。列车以人工驾驶方式、按地面信号显示运行，直至退出运营。此时，行车调度员应采取有效措施，确保后行列车的运行安全。

轨旁设备故障：轨旁 ATP 设备故障时，故障区域内停用移动闭塞，改用站间闭塞。列车进路由车站值班员人工排列。列车以人工驾驶方式、按地面信号显示运行。

4.ATO 设备故障

ATO 设备故障时，列车改为 ATP 防护下的人工驾驶。行车调度员应安排备用列车替换 ATO 设备故障列车。

（六）固定闭塞 ATC 系统故障时行车

1. 控制中心 ATS 设备故障

可以控制中心 ATS 自动功能故障时，由行车调度员人工排列进路和进行列车运行调整，以及通知折返列车司机输入新的车次号。控制中心 ATS 显示功能故障时，控制权下放给集中站，由车站值班员在联锁工作站上排列进路。

2. 车站联锁设备故障

集中站联锁设备故障时，行车调度员下达按电话闭塞法行车的调度命令，控制权下放给集中站。

车站正线上的道岔均应开通正线。控制中心和车站共同确认按电话闭塞法行车的第一趟列车运行前方区间和车站空闲，车站值班员手，信号接发列车，列车在故障区间以限速人工驾驶方式运行。

3.ATP 设备故障

车载设备故障：车载 ATP 设备故障时，司机应向行车调度员报告，切除车载 ATP，以限速人工驾驶方式（限速 20km/h）运行至前方站，在清客后以双区间间隔、人工驾驶方式运行至就近有折返线或入段线的车站。

轨旁设备故障：小范围轨旁设备故障时，由行车调度员确认故障区间空闲后，向司机发布调度命令，列车不切除车载 ATP，在故障区间以限速人工驾驶方式运行，并且在故障区间只准一个列车占用。

大范围轨旁设备故障时，由行车调度员发布调度命令，停止使用基本闭塞法，按电话闭塞法行车。列车切除车载 ATP，以人工驾驶方式运行。列车占用区间的行车凭证为路票，车站值班员手信号接发列车。

4.ATO 设备故障

ATO 设备故障时，列车改为 ATP 防护下的人工驾驶。列车在区间运行速度按 ATP 速度码执行。列车进入通过式车站的限速为 45km/h，列车进入尽头式车站的限速为 30km/h。

（七）电话闭塞法行车

在停用基本闭塞设备、车站联锁设备故障、列车反方向运行、开行施工列车和轨道车时，均应停止使用基本闭塞法，改用电话闭塞法行车。

电话闭塞法是在没有机械、电气设备控制的条件下，仅凭站间行车电话联系来保证列车空间间隔的一种临时代用的行车闭塞法。改用电话闭塞法或恢复基本闭塞法行车，均应有行车调度员发布的调度命令。电话闭塞法行车时，列车占用区间的行车凭证为路票，列车发车凭证为车站值班员的手信号。

在改用电话闭塞法行车时，行车调度员应及时调整使用时刻表，车站值班员根据调整后的使用时刻表，严格按照规定的作业程序与要求办理闭塞、准备进路、显示信号和接发列车。

电话闭塞法行车时，行车凭证为路票。路票在确认闭塞区间空闲并取得接车站承认闭塞后方可填发。为了确保行车安全，原则上，路票应由车站值班员亲自填写。

路票填写应内容齐全、字迹清楚，涂改无效。对无效路票应注销，重新填写。车站值班员应将填写的路票与电话记录号码进行核对，确认无误并签名后方可交给司机。

电话记录号码每站一组，按日循环使用：相邻站不使用相同的号码；每个号码在一次循环内只使用一次，号码一经发出，无论生效与否，都不得重复使用。

（八）特殊情况下的列车运行

1. 列车反方向运行

所谓列车反方向运行是指下行列车在上行线运行或上行列车在下行线运行的情形。列车反方向运行，应按规定程序进行审批，以行车调度员的调度命令下达执行。行车调度员应对反方向运行列车进行重点监控，以确保行车安全。

列车反方向运行的作业办法，根据采用设备类型的不同有以下两种情形。

采用自动闭塞和 ATP 设备：反方向运行区段有 ATP 速度码时，列车以 ATP 防护下的人工驾驶方式运行，行车凭证为列车收到的 ATP 速度码，发车凭证为调度命令。反方向运行区段无 ATP 速度码时，列车以双区间间隔、人工驾驶方式运行，行车凭证为调度命令，列车的区间运行限速为 60km/h，进入车站限速为 30km/h。

采用自动闭塞设备：反方向运行区段无闭塞设备控制时，控制权下放，改用电话闭塞法行车，列车应按规定限速运行。此时，列车占用区间的行车凭证为路票。

2. 列车退行

列车因故需要退行时，司机应立即向行车调度员报告。行车调度员在确认列车退行进路空闲和车站广播通告乘客注意安全的情况下，需要下达准许列车退行的调度命令。

退行列车在进站位置处应一度停车，由接车人员手信号引导进站。站台服务人员负责列车退行的安全防护。退行列车进站后，司机立即向行车调度员报告。

在实行电话闭塞法行车时，列车出发后退回发车站，由发车站发出电话记录号码作为与邻站取消闭塞的依据。

3. 救援列车开行

在接到司机的救援请求后，如果确定由在线列车担当救援任务，行车调度员应尽可能根据正向救援的原则指派救援列车，并及时向担当救援任务的列车司机下达调度命令，以及向有关车站值班员下达封锁区间的调度命令。

在线列车担当救援任务时，原则上应先清客，后担当救援任务。有关车站应根据救援命令，适时进行扣车、准备列车进路，并做好客运的组织工作。

向封锁区间开行救援列车，不办理行车闭塞手续，以调度命令作为进入封锁区间的凭证，手信号发车。救援列车接近被救援列车时应一度停车，然后与被救援列车安全连挂。救援列车牵引运行时采用 ATP 防护下的人工驾驶方式，推进运行时采用人工驾驶方式，正线运行限速分别为 40km/h 和 30km/h。

（九）检修施工时列车运行

除了必须中断列车运行的设备抢修和必须利用列车间隔来排除设备故障外，轨道交通的检修施工作业原则上安排在非运营时间进行。在确认进行夜间检修施工时，行车调度员既要根据检修施工计划的安排，保证检修施工作业能顺利完成，又要确保次日运营能正常进行。

为减少施工列车占用正线，在需要开行施工列车时，各部门应周密计划，尽量合并装运、压缩开行列次，行车调度员在满足检修施工作业的前提下，应该尽量缩小线路封锁或线路封闭的范围。

向封锁区间开行施工列车时，按电话闭塞法行车或根据调度命令办理。施工列车推进运行时应在列车前部设专人引导。到达检修施工地段后，应在防护人员显示的停车手信号前停车，然后再按调车作业办法进入指定地点。

为了简化作业手续、提高作业效率，当封锁区间内只有一辆施工列车，但该列车需多次往返运行时，可采用封闭区间运行的办法。采用该办法，除应有调度命令准许外，还必须做到：封闭区间内无其他检修施工作业，封闭区间内所有道岔均开通于施工列车运行方向，施工列车不准越出封闭区间，施工列车按调度命令指定时间离开封闭区间。

在检修施工中发生设备损坏、人员伤亡或不能按时完成检修施工作业时，行车调度员应立即报告值班主任，采取有效措施确保次日运营能正常进行。检修施工结束后，行车调度员根据车站值班员的报告，在确认行车设备完好、检修施工人员和机具撤离后，下达调度命令，以同意注销检修施工。

（十）时间间隔法行车

在按电话闭塞法行车时，如果车站一切电话中断，为了维持列车运行，双线线路可采用时间间隔法行车。此时，列车占用区间的行车凭证是红色许可证，凭车站值班员手信号发车。车站值班员应指定按时间间隔法行车的第一趟列车司机将实行时间间隔法的情况通告前方车站。

为了保证行车安全，中间站道岔均应开通列车运行方向，应该禁止办理影响正线列车运行的调车作业。此外，连续发出两列列车的间隔时间和列车运行速度均应符合《地下铁道技术管理规程》的规定。

在电话通信恢复正常时，车站值班员向行车调度员汇报列车运行情况，并根据调度命令恢复原行车闭塞法。

二、行车调度控制方式

城市轨道交通系统的行车调度控制方式主要与采用的行车调度指挥设备类型有关。随着科学技术的发展，城市轨道交通系统运行控制设备正逐步向自动化、远程化、计算机化发展，行车调度工作逐步由人工调度指挥系统向电子调度集中系统和行车指挥自动化控制系统发展。

（一）人工调度指挥系统

人工调度指挥系统主要包括控制调度中心设备（包括调度电话、无线调度电话、传输线路）、车站设备（包括调度电话、传输线路）、列车设备（包括无线调度电话）。人工调度指挥系统只起督导作用，不具备直接控制功能。

人工调度指挥系统主要是由行车调度员通过调度电话向车站值班员直接发布指令，按电话闭塞法组织行车。车站值班员主要负责排列接发列车进路，调度员通过与车站值班员联系，掌握列车到达、出发信息，下达列车运行调整调度命令。调度员通过无线调度电话呼叫列车驾驶员，发布调度指令，指挥列车运行。列车运行图由行车调度员手工绘制。这种方式通常在线路开通初期，设施设备尚未到位等特殊情况下才使用。

（二）电子调度集中系统

电子调度集中系统主要包括调度控制中心设备（包括调度集中总机、运行显示屏、运行图自动控制仪等）、车站设备（包括调度集中分机、传输线路）、机车设备（包括无线调度电话、信息接收装置）。由行车调度员人工排列列车进路，组织指挥列车运行。控制中心行车调度员利用计重设备对车站上列车的到发、通过、折返等作业进行远程控制和调整。行车调度员是唯一的行车指挥者和操作者，车站一般不参与行车指挥工作，只是对有关作业进行监督。

调度集中控制设备是一种远程控制的信号设备，目前能实现运行调度指挥的遥信和遥控两大远程控制功能。它的特点是区间采用自动闭塞，车站采用电气集中联锁，并利用电缆引接到指挥控制中心。控制中心的行车调度员通过中央 ATS 工作站对车站进行集中控制，可以直接排列进路，还可以直接指挥列车的运行调整，并通过运行显示屏监控列车到达、出发及途中运行情况，能够及时掌握线路上列车运行及分布情况、各信号机的显示状态和道岔开通位置，确保列车运行秩序正常。基本闭塞方法为自动闭塞法，列车运行采用口动驾驶。必要时，可由调度集中控制改为车站控制，即将列车运行进路排列权限下放给车站，由车站值班员操作。

（三）行车指挥自动化控制系统

行车指挥自动化控制系统是一个实时控制系统，一般主要是由调度控制和数据传输电子计算机、工作站、显示盘、绘图仪等构成，电子计算机按双机冗余配置。

行车指挥自动化控制系统是目前城市轨道交通采用的主要列车运行方式。它是利用计算机技术对列车实行自动指挥和自动运行监护，并利用列车自动防护系统保护列车运行安全。在正常情况下，系统能够根据列车运行图自动排列车站的接发车进路。列车运行一般采用 ATO 模式，必要时可以转换为人工控制，列车占用区间的凭证为列车收到的速度码。ATP 系统为列车运行安全提供保证，使前后列车保持必要的间隔。

行车指挥自动化控制系统主要有如下功能。

（1）具有运行显示及人工控制功能。

（2）能发出控制需求信息，并从轨道线路及信号设备上接收信息。

（3）由行车调度员人工或自动地将调度指挥信息（如停站时间、运行等级）传递至各集中站 ATC 设备上。

（4）实现了列车的动态显示，如列车位置、车站到发时分、车次号等。

（5）能储存多套列车运行图，如基本运行图、双休日运行图、客流组织运行图，并按照当前使用的运行图调整。

（6）监督列车运行，调整列车发车时刻，控制列车停站时分和终点站列车折返方式。

（7）自动进行列车运行调查，自动绘制列车运行图并生成各种运行报告。

第三章 城市轨道交通全自动运行系统

第一节 全自动运行系统的必要性和可行性

一、全自动运行系统的优势

1. 提升运营的安全性

全自动运行系统可以通过新增和增强多重的安全保障策略，以确保列车运行安全、设备运营安全、系统功能安全、应急保障安全以及运营环境安全等。

1）采用充分冗余配置，提升可用性和可靠性

全自动运行系统的控制中心、车辆、信号等关键运行设备均采用冗余技术，减少了运行故障，完善的故障自诊断和自愈功能更是提高了整个系统的可用性和可靠性。

信号在既有设备冗余的基础上，增强了冗余配置，包括车载控制器头尾设备冗余、与车辆接口冗余等。车辆不仅加强了双网冗余控制，而且增加与信号、PIS 的接口冗余配置。

如上海地铁 10 号线逐步实施采用全自动运行系统后，运营可靠度实现大幅度提高。

2）增加安全防护设施，提高安全防护能力

全自动运行系统对列车运行全过程进行安全防护，主要包括以下功能。

（1）增强运营人员防护功能：在车站及车辆段增设人员防护开关，对进入正线及车场全自动运行区域人员进行安全防护。

（2）增强乘客防护功能：通过车门与站台门的对位隔离功能、站台门防夹人检测功能对乘客上下车进行安全防护。

（3）扩大了 ATP 的防护范围：车场全自动运行区域内列车运行 ATP 防护。

（4）增加了列车轨道障碍物、脱轨检测功能：列车加装障碍物检测装置和脱轨检测装置，实现轨道障碍物和脱轨检测功能。

（5）增强了应急情况下的各系统联动功能。

（6）增加中心处理突发情况的防护能力，包括远程紧急制动及缓解、远程扣车、雨雪模式、远程复位等。

3）减少人为误操作，提升系统安全性能

列车人工操作易受主观和外界因素干扰，从而在安全性方面存在不确定性和不稳定

性，这将会成为导致轨道交通故障或事故的原因。特别是在网络化运营后，任何设备故障或操作失误，将严重影响正常运营秩序。据不完全统计，传统的城市轨道交通线路中有50%~60%的意外事件是由于人的疏忽导致。

全自动运行系统利用先进的自动控制技术、智能运转的功能保障，能够结合人工监视、干预的机制，减少不必要的误操作；建立应急预案，具备灾害情况下的快速反应能力，大大提高了安全性。

2. 提升运营组织灵活性

1）有助于实现 7×24h 不间断运营

全自动运行摆脱了有人驾驶系统司机配置和周转的制约，不受司乘人员的限制，可以实现全天不间断的运输服务，有助于实现 24h 不间断的运输服务。

2）更灵活地调整运营策略

根据运输需求灵活地调整运营间隔，随时增、减列车，提高系统对突发大客流（大型活动，如体育比赛）的响应能力。

3. 提高运营能力

全自动运行系统可以缩短车站的停站时间，提高行车密度和全线的旅行速度，缩短行车间隔，提高运能。常规地铁系统实际最小运营间隔在现有技术条件下较难达到 2min 以下，要解决特大城市地铁客流，特别是早、晚高峰时期客流需求，必须切实研究新技术，全自动运行技术可以提高行车密度，实现最小运营间隔小于 2min，以提高运营能力，挖掘地铁运输潜能。

国内外大客流的线路实施全自动运行系统的主要包括以下线路。

（1）上海地铁 10 号线：2010 年开通运营，2014 年实现全自动运行；线路长度 36.95km，车站 31 座，配属列车 41 列（6 辆编组）；10 号线日均客流 90 万，单日客流极值达到 106.7 万；平均准点率 99.99%，时刻表兑现率 99.9%。

（2）巴黎地铁 1 号线：巴黎最繁忙的线路，2011 年升级为全自动无人驾驶系统（UTO），线路长度 16.4km，车站 25 座，配属列车 41 列（6 辆编组），列车运营间隔 85 秒，高峰小时最大断面客流 2.4 万人，日均客流 72.5 万人。

（3）巴黎地铁 14 号线：巴黎地铁新建线路，是法国第一条 UTO 线路，线路长度 8km，车站 9 座，配属列车 21 列（6 辆编组），列车运营间隔 85s，高峰小时最大断面客流 4 万人。

（4）新加坡地铁东北线：2003 年开通运营，是全球首条无人驾驶大客流地铁线；线路长度 20km，车站 16 座，车辆段 1 座，配属列车 40 列（6 辆编组），列车运营间隔 90s。

4. 降低运营成本

全自动运行系统自动化程度较高，节省了人力、物力。虽然初期建设成本较常规地铁要略高，但后期可较大程度地降低运营维护成本。

（1）全自动运行系统比常规的有人驾驶系统减少了人为因素，提高了设备的可靠性，缩短了车站的停站时间，提高行车密度和全线的旅行速度，缩短行车间隔，能增加运能，减少了在线运营车辆配置数量。根据上海 10 号线运营经验，全自动运行系统可使线路旅行速度提升约 9.35%，平均出入库时间减少 130s，平均折返时间减少 60s，站台乘降作业时间缩短 25s，保持相同运营间隔情况下减少两辆列车上线，降低了空驶里程，优化了车辆修程。

（2）全自动运行系统的列车有更高的牵引和制动控制精度，可以避免不必要的加速和减速，使列车运行趋于理想的运行曲线，同时也可根据运行工况有效地调节列车空调、照明的工况，从而减少能耗，降低运营成本。根据上海 10 号线运营经验，全自动运行系统正线平均节能 15%~20%，车场内节能 20%~30%。

（3）全自动运行系统可以减少驾驶员数量，在系统稳定的情况下，甚至可以取消上线运行列车的驾驶员配置，同时全自动运行系统减少了对于车场服务人员、车站服务人员等需求，一定程度上能够降低运营成本。上海 10 号线开通后，从 ATO 运营模式到 UTO 模式，运营人员配置从 52 人 / km 减少到了 39 人 / km，人员数量减少约 30%（含司机）；在 2020 年减少至约 32 人 /km。

5. 降低运营人员劳动强度

目前轨道交通人员，特别是司机的劳动强度已接近极限状态，全自动运行系统不仅提高了系统的自动化程度，而且还增强设备的自诊断功能，运营维护功能得到加强，降低了运营人员劳动强度，特别是将司机从重复作业中解放出来。列车上可以配置乘务人员，在为乘客服务的同时，监视列车运行状态，其劳动强度将极大减低，同时也提高了对乘客的服务质量。

二、城市、国家、企业发展需要

全自动运行技术是国内轨道交通建设发展趋势和技术制高点。全自动运行系统引入了自动控制、信息通信、计算机等领域的最新技术，将会全面提升轨道交通的自动化程度，满足国家创新发展的要求，满足人民群众对幸福生活的需求，满足企业快速发展的需求，并对轨道交通产业化有很大的提升作用。

1. 落实国家技术创新规划的要求

（1）发展先进适用城市轨道交通装备。研制中国标准城市轨道车辆及牵引、信号等关键系统，完善技术标准体系，推动互联互通和装备统型。加强全自动运行、综合运营管理与服务、主动安全检测与维护等智能化系统及装备研制，积极开展示范应用。必须加快研制 160km/h 中速磁悬浮列车、跨座式单轨列车等自主化产品及核心系统部件，满足多样化市场需求。开发城市轨道交通综合检测列车及专业检测装备，可以提高综合检测和安全保障能力。

（2）构建新型技术装备研发试验检测平台。建设轨道交通研发平台，围绕智能车间、智能工厂建设，重点研制机车车辆、列车控制系统、高速道岔等智能制造系统及装备，形成人机一体、集约高效的新型制造模式。建设高铁关键系统及部件试验检测平台，提升高铁车辆、列车控制系统、信号系统试验检测能力，满足新技术、新产品试验检测及认证需要。建设城市轨道车辆及关键系统试验检测平台，提高多品种、多制式装备试验检测能力，形成行业技术服务体系，满足新产品开发及认证需要。

2.《新一代人工智能发展规划》要求

2017 年 7 月，国务院关于印发《新一代人工智能发展规划》的通知，对我国新一代人工智能的战略态势、总体要求、重点任务、资源配置、保障措施、组织实施等方面提出具体要求。

文件要求："以人工智能技术突破带动国家创新能力全面提升，引领建设世界科技强国进程；通过壮大智能产业、培育智能经济，为我国未来十几年乃至几十年经济繁荣创造一个新的增长周期；以建设智能社会促进民生福祉改善，落实以人民为中心的发展思想。"

文件要求建立新一代人工智能关键共性技术体系，自主无人系统的智能技术。重点是需要突破自主无人系统计算架构、复杂动态场景感知与理解、实时精准定位、面向复杂环境的适应性智能导航等共性技术，无人机自主控制以及汽车、船舶和轨道交通自动驾驶等智能技术，服务机器人、特种机器人等核心技术，支撑无人系统应用和产业发展。

文件要求大力发展人工智能新兴产业。发展智能运载工具，发展自动驾驶汽车和轨道交通系统，加强车载感知、自动驾驶、车联网、物联网等技术集成和配套，开发交通智能感知系统，形成我国自主的自动驾驶平台技术体系和产品总成能力。

3.《促进新一代人工智能产业发展三年行动计划》要求

文件要求深入实施智能制造，能够鼓励新一代人工智能技术在工业领域各环节的探索应用，支持重点领域算法突破与应用创新，系统提升制造装备、制造过程、行业应用的智能化水平。着重在智能制造关键技术装备方面率先取得突破：实现了智能传感与控制装备在机床、机器人、石油化工、轨道交通等领域的集成应用。

4. 对轨道交通行业建设发展新趋势的要求

1）我国轨道交通建设的需要

随着我国轨道交通网络化进程的不断推进，特大型城市轨道交通路网初具规模，传统的线路行车运营方式将不能有效满足日益增长的交通客流和逐渐上升的运营成本，需要采用新的技术，以提高轨道交通网络建设的先进性。全自动运行技术在世界城市轨道交通建设中已被广泛应用，当前我国正在大规模建设城市轨道交通，若此时不做全自动运行系统，将错过追赶国际先进技术的机会。

2）自主创新对国家发展战略的需要

自主创新、发展智能化轨道交通是我国城市轨道交通发展趋势，我国城市轨道交通经过多年发展，已经积累了雄厚的技术基础，客观上为自主创新发展智能化交通创造了必要的条件。全自动运行系统建设有助于推动轨道交通技术自主创新进程。

3）提高轨道交通技术先进性的需要

轨道交通技术发展已经证明，全自动运行是未来重要的技术发展方向和目标。全自动运行系统在降低运营成本同时提高轨道交通路网建设的先进性和轨道交通系统整体自动化水平。

三、全自动运行在新线建设的可行性分析

1. 全自动运行技术难度可控

截至2021年年末，中国内地已运营、在建及规划城轨全自动运行系统的城市有北京、上海、深圳、广州、武汉、成都等28座城市，线路共计85条，其中已运营线路30条，规划线路9条。换言之，全自动运行系统技术已非常成熟。国内有关全自动运行的规范、建设标准等近两年也陆续颁布。实现全自动运行的核心系统，诸如信号、通信、综合监控、站台门、车辆等主流厂家均有成熟的全自动线路的实施经验。此外，从事轨道交通设计的各大设计院均有参与全自动运行线路的设计经验。

2. 全自动运行运营管理水平可控

西安地铁目前已经开通的8条线路均采用了CBTC，全功能一次性开通的宝贵经验也使得西安地铁运营人员的能力得到有效验证。同时，国内已经有更多的全自动运行线路开通运营可供借鉴。这为西安第三轮线路乃至后续远景线路采用全自动运行技术建设、运营提供了良好的运营保障和技术储备。

3. 全自动运行建设难度可控

目前，西安地铁建设分公司已经成功建成8条线路，经过了十几年的管理和技术沉淀，形成了一套高效、科学合理的建设管理办法和一支业务水平高、团结协作的建设团队；在管控土建工程、系统设计、用户需求书编制、招标配合、设计联络、安装督导和检查、系统调试等方面，积累了丰富的建设管理经验，针对全自动运行线路，建设分公司定期组织学习、讨论，还派技术骨干赴北京、上海学习交流建设管理经验。

但是近年来，我国国内高校及自主企业打破国外企业垄断，研发出具有我国自主产权的CBTC信号系统，已在我国城市轨道交通中得到普遍应用，并较好地服务于城市轨道交通的发展。现在，国内外全自动运行系统的厂家已经形成较为完整和成熟的竞争模式，不存在技术垄断、技术门槛等问题。

随着对信号系统核心技术的不断钻研，国内企业在逐渐赢得客户认可之后，进一步研究国际先进甚至处于空白的全自动运行列车控制技术，取得了一定的成绩和进展，面向我国需求的中国版FAO系统体系已经基本构建。当前，我国已经在关键技术的研发和自主产品的市场化方面取得突破，如首条采用自主化全自动运行技术的北京地铁燕房线，在性能、功能及运营指标方面均优于引进FAO系统，已大大降低了全自动运行系统的建设难度和建设门槛。

4. 全自动运行工程筹划可控

西安第三轮建设规划中的线路计划开通时间基本集中于2024~2025年，根据上阶段对

其他城市全自动运行线路的考察、调研情况及与集成商技术交流情况，全自动运行线路的系统实施、调试、安全评估及验收的时间较传统线路多半年左右。西安第三轮线路在科学进行工期筹划、合理安排调试时间的前提下，完全满足了全自动运行系统需求，可实现 GoA4 级下较高开通水平。

5. 全自动运行工程建设成本可控

根据目前的技术状态，国内已具备国产车辆、信号等关键系统的供货能力，各机电系统在提高可靠性、安全性等要求的情况下，可满足全自动运行系统运行的需要，这也促使国外的全自动运行系统厂家大幅度降低价格，报价已逐渐趋于合理。

第二节　全自动运行的运营管理模式

一、全自动运行的主要运营模式

全自动运行系统与传统驾驶系统的区别在于通过高度集成化、信息化、自动化的列车自动控制系统，由控制中心调度人员代替司机完成相关列车控制、乘客服务以及车辆设备状态的监控。相较常规运营模式，全自动运行系统加强了中央级的控制，减少或弱化了现场乘务组织的管理，能够进一步加强各系统间的关联性，从而提高在故障处理中的统筹协调能力。

（一）非全自动运行运营模式

1. 管理架构

常规线路的运营管理和维护管理均由运营中心负责，采用线路控制层、现场执行层的两层管理架构。常规的管理架构如图 3-1 所示

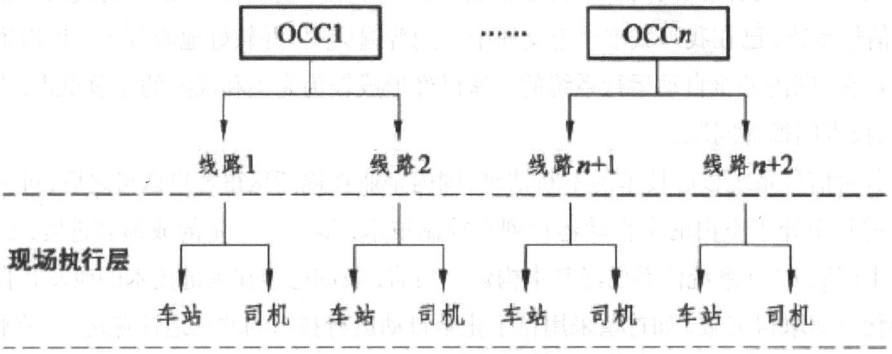

图 3-1　常规运营模式管理架构

2. 管理模式

列车运行主体是由运营中心负责，运营中心为所辖线路（含客运、乘务、设施）的一线生产组织责任主体，须执行线路运营计划，负责所辖线路的日常管理等。

控制中心（OCC）由值班主任统筹把控全线列车运行组织，配备电调、行调、环调、信息调度等岗位，协调线网各类故障维修、行车组织、信息上报等业务。客运管理采用线路直管车站、车站站长负责制模式进行管理，各线路由分部管理，分部配备主任、技术人员等，管理整条线路的车站管理、客运组织、票务服务等工作，车站配备站长、值班站长、值班员和站务员，实行站长负责制，承担车站管理、客运组织、应急处置等业务。上线列车司机由乘务部统一管理、调配，同时车辆段 / 停车场配备运转信号楼值班员，承担上线调试、检修、列车司机每日出入库等业务。设施设备部门（机电、通号、工电等）负责对全线设施设备进行维修、管理，车站专业性机电设备委托外单位进行维修。

（二）全自动运行下的初期运营模式

全自动运行线路在初期一般先执行 GoA3 等级的运营模式作为过渡，采用全自动列车运行方式（DTO），运行方式为有人值守下的列车自动运行（DTO），需要配备现场巡查人员。

1. 管理架构

两层管理架构，即为线路管理层和车站现场执行层。其中，线路管理层的职能得到强化，承担全线的行车组织、调度指挥、应急指挥、专业性维护（车辆、供电、通信和信号等）等线路系统级管理业务的运作；车站现场执行层作为现场执行主体，接受线路管理层指令，承担客流组织、客运服务、现场处置、一般性维护（车站设施设备维护、车辆基地维护等）等车站现场及管理业务的运作。

2. 管理模式

全自动运行线路的列车运行全过程是由控制中心远程控制，无需配备列车司机。

控制中心除配备行调、环调、电调、信息调度等调度员外，另增乘客调度与车辆调度，一方面进行远程车辆控制和乘客服务，另一方面承担列车的全自动运行以及列车在车场的调车作业。

车站配备站长、值班站长、值班员和站务员，实行站长负责制，承担车站管理、乘客管理、客运组织、应急处置等业务。车辆段 / 停车场配备车辆管理员、日常维护人员，承担车辆的日常检修和维护，但不包括定修和架大修。

传统电客车司机可转化为巡查人员或其他人员，工作职责是由驾驶列车转变为服务乘客、应急操作或其他岗位业务。

正常情况下全自动运行系统自动完成各项操作，紧急情况下由控制中心调度实现远程控制与干预处理，现场的故障处置主要由在站巡查人员或车站人员进行先期处置。

3. 运营模式

在 GoA3 等级下，列车运行方式为有人值守下的列车自动运行（DTO），人员配置方面配备巡查人员。

运营期间巡查人员负责所有车站和列车的巡视，并负责列车故障处置、人工驾驶、设施设备维修等业务。

（三）全自动运行下的中远期运营模式

中远期运营模式执行全自动运行 GoA4 等级，驾驶模式均为 FAO 模式，GoA4 等级下，列车运行方式为无人值守下的列车自动运行（UTO）且无巡查人员。对比 GoA3 等级的运行模式（DTO），其主要区别在于未配备巡查人员，因此管理架构与管理模式和初期运营模式基本一致。

GoA4 等级下，列车运行方式为无人值守下的列车自动运行（UTO），人员配置方面无巡查人员，因此运营管理中可组织成立多职能队伍。

每日运营前在线多职能队伍乘坐巡道车沿线巡视，自动检测轨道上是否有障碍物，测试列车内乘客是否能够通过乘客对讲电话与 OCC 人员进行通话，在隧道内停车时 OCC 能否立即向乘客发出通告。出现故障时，多职能队员可快速进行干预。

对于列车碰撞、火灾、触电、结构物坍塌、水淹、乘客跌落轨道、供乘客使用的设备失灵等事故或事件的预防和系统联动由全自动运行系统线路功能进行实现，配备相应的应急预案。

二、全自动运行与常规线路运营管理方面的区别

（一）运营生产管理区别

1. 组织架构及职责区别

常在规驾驶系统控制下，运营行车组织主要设置岗位：司机、行车调度员、车站站务人员。司机负责驾驶操纵列车及故障应急处置；行车调度员负责监视列车运行状态，保证按运行图行车，在出现故障情况下，通过调度命令指挥司机及相关专业人员处理；车站站务人员负责乘客乘降组织及故障协助现场处置。

全自动运行系统模式下，运营行车组织主要设置岗位：行车调度员、车辆调度员、客运调度员、车站站务人员。OCC 在原岗位设置基础上增加车辆调度员和客运调度员，其中车辆调度员负责车辆检修计划安排和调度工作；客运调度员主要负责车站内和列车内乘客联系，站内或车内信息广播等工作。OCC 调度员通过高度集成信息化系统替代司机完成相关行车控制、乘客服务以及车辆与设备状态的监控，可以直接远程控制列车运行，通过远程传输与列车内乘客直接对话，因此，在全自动运行模式下，控制中心的调度功能大大增强了。

2. 司乘人员配备区别

常规驾驶系统下，每列车需要安排司机值乘，根据列车上线数量、折返换乘点设置及行车间隔配备一定数量司机按照相关班制组织生产任务，需要司机数量较多。

全自动运行系统下，当 UTO 模式运行时，不需要每列车配备司机，正线设置多职能队伍分区段进行巡视，可以减少运营人员编制并减少了人力成本支出。

3. 司乘人员劳动强度及安全可靠性区别

在常规驾驶系统下，出入场段、正线站台作业、折返作业需要司机进行大量的手指、口呼

标准化作业。在列车发生故障后，也需要司机及时处理，司机劳动强度较大，误操作概率较高，因人为失误引发的安全事故比例较高，运营安全可靠性较低。

全自动运行系统采用先进的全自动运行控制系统，通过切实有效的控制策略确保运营安全，开通初期（有人值守）列车上安排司机巡视，正常情况下司机只是设备监视，如遇到突发情况才介入处理。全自动运行系统最高等级下，列车上不安排司机，只是在全线安排多职能队伍巡视，遇到较大故障时介入处理。全自动运行系统大大降低了司机劳动强度及司机误操作概率，运营安全可靠性较高。

4. 场段运作管理方面区别

常规驾驶系统模式下，一是场段运作由信号楼调度及检修调度统一负责组织，场段与正线具有明确的界限划分；二是组织列车出入场段时，场段信号楼值班员在微机操作台上排列进路组织，微机控制台故障时现场人工准备进路组织，行车组织效率及安全可靠性较低；三是常规驾驶系统场段未划分全自动运行区域（无人驾驶区）和非全自动运行区域（有人驾驶区），场段安全管理措施主要依靠人员标准化作业卡控，要求司机驾驶加强瞭望、场 / 段信号楼等相关作业人员须严格按章作业。

全自动运行系统模式下，一是列车自动运行控制范围由正线延伸覆盖至场段全自动运行区域，代替了常规驾驶系统下的场段信号楼部分行车组织功能，场 / 段划分为全自动运行区域（无人驾驶区）和非全自动运行区域（有人驾驶区）。其中，无人驾驶区包括运用库及出入场段线和咽喉区、转换轨、牵制线、洗车线、停车列检线等相关区域；有人驾驶区包括大架修线、定 / 临修线、链轮线、吹扫线、静调线、内燃机车线、特种车辆存放线、平板车停放线、材料线、检修牵出线等。整个场段纳入中央 ATS 系统监控，场段内设车站级 ATS 工作站，在正常情况下，全自动运行区域是由 OCC 控制，非自动运行区域由场段 DCC 控制室 ATS 终端控制，将场 / 段非全自动运行区域行车组织功能与场段检修调度合并。二是全自动运行系统取消了场段信号楼组织列车出入场 / 段功能，由系统自动组织列车出入场 / 段，避免了人工组织过程中失误导致接发车延误或者安全事故，提高了场 / 段行车组织效率及安全可靠性。三是全自动运行系统场段划分了全自动运行区域（无人驾驶区）和非全自动运行区域（有人驾驶区），全自动运行区域完全物理隔离，人员只能通过固定通道的门禁身份识别进入，为了保证安全，严格控制人员进入全自动运行区域，运用库列检区域需要划分成多个防护分区，并设置下穿轨道的地下通道，通常 2~3 股道设置为 1 个防护分区，各防护分区入口设置门禁，同时设置人员防护开关，当人员防护开关被激活时，该区域被封锁，禁止分区内的列车移动，该分区也不能接、发车或调车，在一定程度上降低了行车及作业人员冲突的安全风险。

5. 运营目标方面区别

相比常规驾驶系统，全自动运行系统节省时间，可以有效缩短行车间隔、提高旅行速度，加速车辆周转。据统计，上海地铁 10 号线采用无人驾驶运营，平均旅行速度提高了 8.8%，按每列车 6 人配置，每名司机年使用成本 10 万元，若远期无需随车人员，每年可减少 60 万

/列。全自动运行系统通过岗位综合减少定员，有效降低运营成本，上海地铁10号线目前每千米的运营人员是39人，较传统项目的52人/km有了明显降低，上海地铁全自动运行线路运营提出的目标是28人/km。

（二）重点运营环节区别

1. 列车库内启收车、检车方面

常规驾驶系统为司机人工操作上电、启车、检车及收车，包括静态检车及牵引制动方面动态检车。

全自动运行系统列车根据参数设定自动唤醒、自动休眠，自动启车、检车。

2. 空调、照明等乘客服务设备开关方面

常规驾驶系统为司机手动开关空调、照明等乘客服务设备。

全自动运行系统由中心设置参数，通过各工况进行自动控制，中心远程监控。

3. 列车站间运行方面

列车站间运行常规驾驶系统为ATO自动驾驶，当ATO自动驾驶不可用时，人工故障处理后采用人工驾驶模式。

全自动运行系统为FAM自动驾驶，FAM不可用，车辆与信号接口通信故障时，采用蠕动模式（CAM）组织列车至站台停车后打开车门，等待司机上车处理故障。

4. 列车进站停车方面

常规驾驶系统为ATO自动对位停车，若ATO没有准确对位停车，需要司机人工驾驶模式调整列车位置。

全自动运行系统为FAM自动对位停车，若一次停车没有对位，系统自动调整列车位置。

5. 开关车门、站台门方面

常规驾驶系统列车到达站台停稳后，车门将会自动打开、司机手动关门，车门与站台门联动开关，在车门或站台门故障情况下，司机进行手动开门控制。

全自动运行系统列车到达站台停稳后，系统自动打开车门、自动关闭车门，车门与站台门联动开关。全自动运行系统具备对位隔离功能，即故障车门对应的站台门不会打开，故障站台门对应的车门不会打开。

6. 终点站清客及折返作业方面

常规驾驶系统列车到达终点站后站务人员清客完毕，向司机显示“好了”信号，司机确认安全后关门并操作设备后进行自动折返。

全自动运行系统列车到达终点站后站务人员清客完毕，由站务人员操作站台清客完毕按钮，系统自动关门自动折返。

7. 轨道障碍物检测方面

常规驾驶系统主要依靠司机瞭望及观测，发现异物侵入，司机采取相应措施。

全自动运行系统通过轨道障碍物检测系统检测，检测发现障碍物后车辆施加紧急制动，车辆将障碍物信息传递给信号系统，信号系统输出紧急制动停车并汇报地面 ATP 以建立防护区域，并将信息向 OCC 报警反馈，同时联动区间 CCTV，OCC 调度查看现场情况，通知人员到事发地点处理。

8. 车门与站台门夹人夹物处理方面

常规驾驶系统主要依靠司机瞭望及观测，一旦发现夹人夹物，司机就会立即采取措施，并通知车站站务人员配合处理。

全自动运行系统通过异物检测系统检测，当异物检测系统判定有异物时，将结果传送至站台门系统，站台门保持打开状态，站台门将检测结果传送至综合监控，CCTV 切换至故障点，OCC 调度员组织车站站务人员将异物清除，站务人员关闭车门 / 站台门后动车。

9. 设备故障检测及排除方面

常规驾驶系统主要由司机负责处理车辆及车载信号设备故障。

全自动运行系统由 OCC 调度通过监控系统远程进行车辆及车载信号故障监视及处理，如远程无法处理时通知正线多职能队伍及专业人员上车处理。

10. 乘客广播服务方面

常规驾驶系统在广播故障情况下或突发应急情况下，由司机对乘客进行广播服务，OCC 负责向司机下达相关运营组织信息。全自动运行系统在广播故障情况下或突发应急情况下，由 OCC 直接对乘客进行广播。

11. 列车救援组织方面

常规驾驶系统在列车故障经司机处理无法动车时，由司机负责列车救援，OCC 通过向司机下达指令组织列车救援。全自动运行系统在列车故障时，OCC 通过远程调度救援，或安排人员上车救援。

12. 区间乘客疏散方面

常规驾驶系统在列车迫停区间由司机负责组织乘客疏散。全自动运行系统在列车迫停区间由 OCC 调度通过监控系统组织乘客疏散，包括逃生门与风机联动开启、广播引导等。

13. 场 / 段洗车组织方面

常规驾驶系统为场段信号楼及洗车库值班员组织列车洗车作业，司机驾驶列车按照场段信号楼及洗车库值班员指令进行洗车。全自动运行系统由场段调度将洗车计划导入系统，系统自动组织控制列车洗车，司机无需值乘。

三、全自动运行系统的运营组织架构研究

全自动运行系统是一项复杂的系统工程，车辆在控制中心的统一控制下实现了全自动运营（GoA4 等级），自动实现列车休眠、唤醒、准备、自检、自动运行、停车和开关车门，以及在出现故障情况下实现自动恢复等功能，最终实现列车整个运行过程全自动控制。全自动

运行系统的实现，进一步增强了城市轨道交通系统装备的可靠性、安全性、可用性和可维护性。

为了适应全自动运行模式下的运营管理需要，根据全自动运行系统高度集成、密切联系的特点，全自动运行系统运营组织架构按照以下思路进行设计。

（一）国内全自动运行线路组织架构情况

现以目前国内已开通的北京地铁燕房线、上海地铁 10 号线运营组织架构为例，对全自动运行系统的组织架构进行分析。

北京燕房线是国内第一条自主化全自动运行系统的线路，按照 GOA4 等级完成建设，现由北京市轨道交通运营管理有限公司运营管理，燕房线主要是由主线、支线两部分构成，其中主线长约 14.4km，共设 9 座高架车站，2017 年 12 月 30 日正式开通试运营。

北京市轨道交通运营管理有限公司的组织架构按照工作内容不同分为机关后勤、运营组织及设备维保三大板块。其中运营部下设站务部、乘务部、运营控制中心、票务部及运营支持部 5 个二级部门，负责燕房线的运营生产工作。设备部下设车辆部、土建线路部、供电机电部、通信信号部、技术支持部及新线业务部共 6 个二级部门，负责燕房线设备设施的维修维保工作。

上海地铁 10 号线是中国境内第一条全自动运行线路，按照 GOA4 等级完成建设，目前由上海申通地铁股份有限公司下设子公司上海第一运营有限公司运营管理。10 号线线路全长 36km，共设 31 座车站，2010 年 4 月正式开通试运营。

上海申通地铁股份有限公司运营线路 16 条，运营里程 643.58km，其运营组织架构根据工作内容不同分职能层、生产辅助层和生产核心分公司三项机构，除通用职能管理部门外，负责线网运营组织及维护管理的有运营公司、运管中心和维保中心三大模块。其中运营公司下设运营一公司负责上海地铁 1、5、9、10 号线的乘务、站务、车站设备设施维护等方面运营管理；运管中心负责线网总体行车组织和应急指挥，发挥管理协调职能；维保中心下设车辆分公司、信号分公司、通信分公司、轨道分公司、工务分公司、供电分公司 6 个分公司负责线网相关系统设备的维护保养。

为满足全自动运行运营管理专业统筹、精简高效的目标，同时也考虑全自动运行体系的差异性，10 号线成立运营维护管理部，整合 10 号线维保板块人员和业务，全面负责 10 号线控制中心、客运乘务及相关设施设备的全寿命管理等工作。运营维护管理部下设 8 个二级部门，具体负责 10 号线综合管理、行车指挥、客运服务以及机电、车辆、供电、通号专业的维保实施。

对比北京燕房线和上海地铁 10 号线运营组织架构，其线路总体架构均分为职能机构、线网运营和设备维保 3 个模块，3 个模块工作职能大致相同。

（二）西安地铁新线建设情况

1. 全自动线路规划情况

西安地铁第三期规划的线路包括 1 号线三期、2 号线南北延、8 号线、10 号线一期、14 号线、15 号线一期、16 号线一期共计 7 个项目。其中 1 号线三期、2 号线南北延、14 号线均为延长线（14 号线为原机场线东延段）。

经以上研究，西安地铁三期建设规划中的新建线路采用全自动运行系统是必要、可行的。因此，本章对全自动运行系统架构研究首先是基于 1 条线路全自动运行架构，然后引申至多条线采用全自动运行系统展开了研究。

2. 线网各控制中心建设情况

西安市地铁线路控制中心（OCC）的建设模式明确采用区域集中式控制中心的建设模式。全线网最终形成 4 处区域集中式控制中心，远期每座控制中心所管辖的线路为 4 条线至 8 条线，每处区域控制中心宜设置配套的运营管理架构。运营分公司可在每处区域控制中心设立运营分中心，负责本区域控制中心所管辖的线路运维。在三期建设规划线路中，除延长线外，8、10、15 号线由长鸣路控制中心管辖，16 号线近期纳入沙河滩控制中心管辖，远期计划搬迁至长鸣路控制中心。14 号线（机场线）目前独立位于渭河西控制中心，远期拟迁移至渭河控制中心。

（三）组织架构设置总体思想

1. 以运营管理定位为导向开展组织设计

运营需求是全自动运行系统设计的重要来源，一是不同的建设等级和运营模式与之相匹配的基础土建、组织架构、管理体系、制度支撑、人员岗位等模块均不相同；二是根据国内已开通全自动运行线路经验，全自动运行能力需要逐步养成，不同运营等级间的调整较为困难，运营过渡期较长，因而全自动系统组织前期设计必须以运营管理定位为导向，在设计初期确定运营等级，从而使后期设计匹配不同的运营目标。

2. 架构独立、便于调整

全自动运行系统是以运行场景和运营规则为主线进行设计，设备高度集成，接口众多，与常规运行管理模式区别较大，因而其组织架构的设计应不同于既有线路的运营组织模式。此外，全自动运行组织体系变化较大，管理规则不断优化，因此，全自动运行线路的组织架构设计要相对独立，便于架构的不断完善和调整。

3. 充分授权、灵活管理

全自动运行系统具有更安全、更可靠、更智能、效率更高等诸多优势，其运营组织模式的细微调整或变化，会带来运营管理体系较大的改变。一是为进一步发挥全自动线路系统优势，全自动线路的管理需充分授权。二是全自动系统导致了人机配合、操作规则等不断变化，也需要对全自动线路管理充分授权、灵活管理，以便流程再造和制度调整优化。

4. 超前思维,搭建基础

鉴于全自动运行线路具有研究性、示范性和推广性,因而架构设置不仅要参照实际的生产需要,而且在设置中需为后续的扩张做好准备,增强组织的扩张能力,为后续更多线路的全自动运行应用奠定基础。此外,架构的设置要按照精简机构,减少部门外部接口,将业务相近的专业进行整合,将专业接口下沉到部门内部,同时强调职能机构的服务性和支持性,从而可以提升部门之间的沟通、协作效率。

(四)组织架构方案

1. 方案概述

能够结合全自动运行线路运营特点,线路运营组织拟采用项目公司制,负责所辖线路运营组织和管理,其优点在于一是全自动运行系统对比传统线路,具有较强的独立性和差异性,该模式灵活性强,便于线路独立管控、自我变革;二是全自动系统内部深度集成、接口众多,更新优化较快,采用独立管控能够充分授权,不断优化;三是以项目公司模式经营,有利于运营业务本身不断深化,自主性及协调指挥能力较强,便于为后续全自动运行线路积累经验。

因西安地铁三期线路 15 号线、8 号线、10 号线、16 号线及其他可能采用全自动运行线路的运营主体及总体管理模式尚未明确,拟定以下两种管理方式对其组织架构进行研究。

一是全自动运行线路由目前西安市轨道集团运营分公司运营,其组织架构在运营分公司当前架构的基础上进行扩展设置。此种模式下分两种情况,情况一:多条线路采用全自动运行,运营分公司下单独成立全自动运行线路运营中心,统筹管辖几条全自动运行线路的运营工作,详见方案一;情况二:仅一条线路采用全自动运营,在运营分公司下成立单线路项目中心,其组织架构详见方案二。

二是考虑 PPP 运作模式,如全自动运行线路由 PPP 公司中标运营,此模式下分两种情况。情况一:三条线路由同一个 PPP 项目公司中标,其运营管理为一个项目公司,其组织架构设置详见方案三;情况二:三条线路分别由三个 PPP 项目公司中标,三条线路由三个项目公司分别管理,其组织架构详见方案四。

2. 方案一

1)总体架构

西安地铁三期线路 15 号线、8 号线、10 号线及其他可能采用全自动运行的线路由目前西安市轨道集团运营分公司运营,其组织架构在运营分公司当前架构的基础上进行扩展设置。为确保全自动运行线路的灵活性和独立性得到保障,能够最大限度地发挥组织架构效能,建议在运营分公司下单独成立全自动运行线路运营中心,统筹管辖全部全自动线路的运营工作,下设机构设置参照其余运营中心设置,目前的线网管控中心统筹负责清分、票务、线网应急指挥等工作,管理部门的监管范围扩展至该中心,同时充分授权运营中心,独立负责本中心规章制度、运作标准的研究和发布等。

2)各部门职责

(1)其他职能部门及保障中心。分公司目前职能管理部门按照职责分工对线网行使职能管理、监督、服务及协调,分公司目前的生产保障中心按照职责分工为生产经技术技能保障等,相应的监管范围可以扩展至全自动线路运营中心。

(2)线网管控中心,负责线网运输策划、应急指挥、跨中心施工管理协调等。

(3)全自动线路运营中心,具体是负责西安地铁三期线路15号线、8号线、10号线及其他可能采用全自动运行的线路的综合管理、运营服务、设备维保及监督检查。中心下设职能机构(3个)+生产部门(7个)负责三条线的综合管理和生产运作,各二级部门具体职责如下。

①综合管理部:负责中心综合管理、党工团建设、行政管理、人事绩效、培训管理、后勤保障、督查督办等相关工作。

②生产计划部:负责中心生产管控、规章制度、服务管理、物资采购、目标计划等相关工作。

③技术安全部:负责中心安全、技术管控,组织开展安全事件、事故调查分析;负责设备质量管理、特种设备管理、中心应急管控及中心技术管理等相关工作。

④机电部:建立完善机电设备、AFC专业维保的安全、质量管控机制,负责对所辖区域内机电及AFC类设备设施的维修管理、备品备件管理和相关规章文本编制等工作。

⑤工电部:建立完善工建供电维保的安全、质量管控机制,负责对所辖区域内工电类设备设施故障排除、维修物资供应和相关规章文本编制等工作。

⑥通号部:建立完善通信信号维保的安全、质量管控机制,负责对所辖区域内通号类设备设施故障排除、维修物资供应和相关规章文本编制等工作。

⑦车辆部:建立完善车辆维保的安全、质量管控机制,负责所辖区域内故障排除、抢修抢险、备品备件、车辆采购。

⑧调度部:负责管辖线网的行车指挥、运输策划、应急处置,监控本区域线路的运作情况。

⑨客运部:负责线路各车站综合管理、行车组织、客运服务、票务运作、属地管理、车站应急处置、车站多职能队伍的培养和管理等工作。

⑩乘务部:负责车场运作管理,以及所辖线路的电客车运作、车场运作、多职能队伍管理、列车应急处置等工作。

3. 方案二

若仅单线路采用全自动运行模式,则该线路组织架构采用项目中心的形式,中心内部可以采用职能部门(3个)与生产部门(3个)相结合的方式,按照直线职能制进行设计。其中,职能部门按照职责分工,分为综合管理、技术安全、生产计划三大模块,行使管理、监督、服务以及问题协调等相关职能;生产部门按照专业的不同,分为调度票务、运营服务、设备保障三大模块,主要围绕核心生产开展各项工作,各部门、中心职责同方案一。

4. 方案三

1）总体架构

西安地铁三期线路15号线、8号线、10号线及其他可能采用全自动运行的线路均由一个PPP项目公司统一管理，架构总体采用职能部门（4个）与生产中心（4个）相结合的方式，其中职能部门按照职责划分为综合办公室、财务管理部、人力资源部和技术安全部，负责对线网执行职能管理、运营支持及监督检查，生产中心按照线路生产管理分为8号线运营中心、10号线运营中心、15号线运营中心和线网管控中心，具体负责各条线路运营和线网协调联动管理。

2）各部门职责

（1）职能机构。

①综合办公室：负责公司行政体系、企业战略规划、经营管理、合约招投标、资源开发、党工团建设、监察审计、后勤物资等相关工作管理。

②财务管理部：负责生产经营所需财务资源配置与控制，保证财务体系的正常运行，进行会计核算与财务分析，实现企业价值最大化。

③人力资源部：统筹人力资源规划、建立健全人才管理体系，能够构建科学的薪酬策略，进行内部培训管理与服务，提升员工整体素质与职业技能。

④技术安全部：负责建立健全安全质量监督体系，落实安全生产、质量监督、安保管理、技术管理、标准建设、新线管理、科技创新等相关工作。

（2）生产中心。

①运营中心：建立健全中心综合管控机制，具体负责西安地铁三期线路15号线、8号线、10号线的运营服务、设备维保及监督检查：中心内部职能及生产机构职责同方式二。

②线网管控中心：负责线网应急指挥、运输策划，跨中心施工的管理协调及线网票务管理和清分管理，并对各线路生产运作提供支持和指导。

5. 方案四

1）总体架构

西安地铁三期线路15号线、8号线、10号线分别由三个PPP项目公司单独管理。项目公司总体结构采用职能部门（3个）与生产部门（3个）相结合的方式，按照直线职能制进行设计。职能部门按照职责分工，分为综合管理、技术安全、人力培训三大模块，行使管理、监督、服务以及问题协调等相关职能；生产部门可以按照专业的不同，分为调度票务、运营服务、设备保障三大模块，围绕核心生产开展各项工作。

2）各部门职责

（1）职能机构。

①综合管理部：负责公司行政体系、企业战略规划、经营管理、合约招投标、资源开发、党工团建设、监察审计、财务管理、后勤物资等相关工作管理。

②技术安全部：负责建立健全安全质量监督体系，落实安全生产、质量监督、安保管理、技术管理、标准建设、科技创新等相关工作。

③人力培训部：负责公司人力资源规划、薪酬体系管理、内外部人才培训等相关工作管理。

(2)生产机构。

①调度票务部：负责各线路行车指挥及票务清分管理，下设运输策划室、票务管理室、控制中心。具体负责线路行车施工管理、运行图编制、票务体系建设、清分管理及收益审核等工作。

②客运服务部：负责各线路车站管理的运作和多职能队伍站控、列控的建设和管理，下设客运分部、乘务分部负责线路各车站综合管理、客运服务、多职能队伍的培养和管理等工作。

③设备保障部：设备归口管理部门，负责本线路机电、工电、通号、车辆、AFC 等专业设施设备维护及保障工作；下设机电车间、工电车间、通号车间、车辆车间，按照设备模块划分对各自设备进行维修、维护、保障及管理。

四、运营岗位设置建议

(一)岗位深度融合

全自动运行系统对人机配置机理的重置为岗位复合创造了条件，由于全自动运行系统的机理变化，设备的密切配合，不仅大大提高了系统安全性，而且还减少了重复性工作，但全自动运行工作界面更为模糊，对运营、维保的人员要求、组织架构及职责划分均提出了更高要求，更智能。更复杂的集成化将会导致更深层次的岗位融合。一是专业技术人员的设置需由单一技能向一专多能转变，以匹配更高的运维专业融合度，从而避免人力资源的闲置和浪费。二是调度人员业务水平得以提高，根据运营需求，将调度功能进行二次分配，新增车辆调度和乘客调度，实现了远程服务列车或车站站台乘客等职能，同时也能增强调度间岗位互换及补位职能。三是司乘人员的角色变化，全自动运行系统可将司机从司机室内解放出来，成立多职能队伍进行巡视，减少了司机人数，管理效率将大幅提高，同时需增加司机对列车日检巡视职能及乘客交互等服务职能。四是站务人员的业务需更加多元，如增加车站内部分设备房的巡检，以及各专业简单故障的快速处理，从而在提高故障情况下的响应处置效率。

(二)培养全自动人才队伍

全自动运行系统下，对设备高度依赖，自动化程度增高使运营人员从繁重的劳动中解放出来，人员工作量大大减少，为了充分发挥全自动系统的最大优势，需要尽早、尽快地培养高素质运营队伍。在岗位融合、人机交互的背景下，系统功能增多、更为复杂，岗位职责复合得越深、越广，对运营人员的综合素质要求就更高，因此在全自动线路筹备及人员招聘前期，需充分考虑高素质人才储备和培养，将运营管理人员的培养和运营管理模式相结合。

（三）增设多职能队伍

全自动运行模式下，需培养列车多职能队伍和车站多职能队伍，除面向乘客服务外，列车多职能队伍的职责需在增加故障情况下列车驾驶、列车日检和行车监护，车站多职能队伍的职责需增加施工管理、应急处置、车站设备巡检等多项职能，从而保证在全自动运行模式下乘客的安全。

对于换乘站多职能队伍的职责，大多数建议由先期建设线路的车站负责，换乘站负责该站多职能队伍的建设和管理及其职能。

第三节　全自动运行系统的运营场景

全自动运行线路的运营管理的核心是运营场景管理，运营场景影响了线路土建工程具体设计和机电工程具体功能需求，是运营管理岗位定员和职责确定、维护管理体制确定的依据和基础。全自动运行线路的运营场景应包括正常运营场景、故障运营场景和应急运营场景。

（1）正常运营场景。

正常运营场景主要包括运营前检查及确认、运营前上电、列车唤醒、列车综合自检、列车出库、轨道车运行、列车进入正线服务、列车进站停车、列车站台发车、列车区间运行、折返作业、清客作业、列车退出正线服务、列车同库、自动洗车、列车清扫、列车日检、列车休眠、自动开启车站设备、自动关闭车站设备。

（2）故障运营场景。

故障运营场景主要包括车辆故障、正线列车车门故障、正线列车救援、服务器故障（有备用服务器时）、车载信号设备故障、轨旁信号故障、站台门滑动门故障、站台门与车门间隙夹人夹物、接触网故障、综合监控及车站设备故障、侵限界、区间积水、运营时段抢修施工。

（3）应急运营场景。

应急运营场景主要包括列车加开、列车跳停、列车提前发车、列车站台多停晚发、列车扣车、大客流应对、列车事故、列车火警、客伤事件、列车车厢内乘客异动事件、车站火警、车站失电、列车到站疏散、区间有序疏散、远程引导区间疏散、区间火灾、地震场景、错开车门、紧急呼叫（客室与控制中心调度台通话）、紧急手柄（乘客下拉手柄，中心与乘客对话并处理）、雨雪模式。

一、正常模式场景

（一）运营准备

1. 确认并下发当日运行图

每日规定时间，由正线调度员生成当日运行图，下发至各相关系统及岗位。

2. 施工确认注销

当日运营开始前 30min（时间可修改），正线调度员确认了车辆段、停车场、正线轨行区、车站及各设备房内施工均已注销。接触网供电正常，满足当日运营条件。

中央 ATS、段场 ATS、车站 ATS 及相关行车设备、供电设备准备作业前，中央需测试其运行状态是否符合运营要求。

3. 出库派班计划的编制与下发

根据当日列车运行计划，派班室编制场 / 段出库计划，并发送至相关岗位。

4. 送电

每天早上投入运营前，ISCS 对车辆段 / 停车场内和正线 150OV 高压进行送电操作。

5. 列车唤醒

由系统或人工对休眠的列车实施启动、叫醒作业。

6. 列车综合自检

（1）在列车得电后，就开始进行车上各设备系统的静态和动态自检及测试。自检及测试的设备系统包括车载信号设备、信号系统车地无线通信设备、TIMS（车辆屏）、电控控制单元及相关控制器、车辆照明、车灯检测、电笛检测、车上 PA（广播系统）、车上空调、客室采暖、车门系统及开关、端部雨刮、车上 PIS、车上 CCTV、车载电台、常用制动、紧急制动、保持制动、制动防滑、制动缓解、牵引、风压、PlS 系统的车地无线通信设备、列车头尾设备转换、其他功能自检。

（2）停在正线停车线和折返线上的列车依据其上线运行方向可以进行动态测试。

（3）自检测试结果会报送到 OCC 行车调度员和检调，自检的故障信息应在行车调度台和车辆调度台上显示和报警。

（4）自检全部通过的列车为唤醒成功的列车，车载控制器（每端一个）将默认设置为 FAM 模式，列车进入上线前的等待工况。OCC 的行车调度工作站上显示了列车处于上线待命状态。

（5）列车上线前的等待工况为列车自动关闭照明，并根据季节自动启动采暖预热或空调预冷。

（6）列车将按时刻表在获取移动授权后自动出库投入运营。

（7）对于自检未通过的故障列车，则由检调对所报的故障进行确认，可忽略不影响上线运营的一般性故障而让列车进入 FAM 模式等待上线运行，也可确认列车唤醒失败不允许列车上线。

(8) 当确认主用列车唤醒失效后，可以唤醒失败的主用列车将不上线运营，信号系统应自动采用备用列车替换故障列车的车次号出库运营，调度员也可人工安排已唤醒的备用列车上线运行。

(9) 为保证服务质量，在列车出库或出正线停车线 / 折返线时应达到服务工况的要求，列车的唤醒时间将根据预存的或中心发送的空调 / 客室采暖设置参数自动开启空调 / 客室采暖，进行预冷 / 预热，以便进入正线运营时达到正常的服务环境要求。

(10) 人工唤醒列车时，工作人员在预定时间按规定的程序进入段 / 场库线或正线停车线 / 折返线的全自动运行区，使用专门的解锁钥匙上车，上车后通过简易控制台上的操作来完成列车的唤醒，人工唤醒的列车同样自动进入 FAM 模式和上线前的等待工况。

(11) 平峰时段回段 / 场停车列检库或正线停车线 / 折返线的列车，再投入当天高峰时段的运营时，不需要唤醒，仅在上线前的规定时间内，自动进入等待上线的工况，按时刻表投入正线服务。

7. 自动开站

(1) 自动开站作业内容包括开启站内运营照明、开启自动扶梯和电梯的电源、打开出入口的卷帘门、启动车站公共区域的空调 / 采暖、运转车站通风设备、开站广播、开站 PIS 及头班车显示、打开非运营时段关闭的 CCTV 摄像头、接通站台及站厅广告牌的电源等。

(2) 正线所有车站的自动开站可同时进行。当自动开站失败或需要时，车站值班员可通过车站综合监控的工作站及 IBP 盘人工开站。

（二）列车出库

列车根据段 / 场调度输入 ATS 系统的派班计划自动唤醒、自检，自检完毕后自动匹配当日运行图，ATS 系统依据计划自动触发出库进路，列车自动发车。

1. 巡道车出库

巡道车司机登乘列车后，列车根据段 / 场调度输入 ATS 系统的派班计划开始唤醒、自检，自检完毕后自动匹配当日运行图，在获得段 / 场调度员确认后发车，司机开始执行巡道作业。

2. 运营列车出库

列车根据段 / 场调度输入 ATS 系统的派班计划自动唤醒、自检，自检完毕后自动匹配当日运行图，ATS 系统根据计划自动触发舟库进路，列车自动发车。

（三）列车正线运行

1. 列车正线巡道

全自动运行线路，巡道车司机以手动驾驶模式运行至规定车站后，改为全自动运行模式，列车进入正线运营，或手动驾驶至正线存车线。

2. 列车进入正线

(1)列车由车库进入正线。

在全自动运行的模式下,出场列车由车辆段运行至正线始发站。

完全进入正线第一个载客车站后,出场列车进入正线服务。

(2)列车由存车线、折返线进入正线。

列车在存车线、折返线唤醒并自检成功后,可以接收到系统服务工况、空车工况然后进入正线服务。

3. 工况转换

(1)列车需投入载客运营,列车工况由“下线”(列车关闭客室内2/3照明、保持客室内通风)转换为“正线载客”(列车客室照明全开)。

(2)列车在完成载客任务后,需转变为空车状态,列车工况由“正线载客”转换为“下线”。

4. 列车区间运行

列车在全自动运行模式下,处于载客或空车状态,由一站运行至另一站,自动播放列车广播。

5. 列车进站停车

全自动运行模式下的进站停车。

(1)列车进站前,车站会自动播放列车到站广播,列车车厢内PIS、PA播报列车进站信息。

(2)进站后,列车对位停车,若列车欠停或过冲在系统设定范围内,列车自动调整对位。

(3)对位停车成功后,列车车门和站台门会同时开始打开。

(4)若列车车门和/或站台门未打开,站务员使用“再次开关门”按钮,列车车门和站台门重新打开一次。

(5)车站播放出站、换乘等广播。

(6)乘客进行乘车作业。

(7)列车冲标超过规定距离,自动运行至下一站并自动触发越站广播。

6. 列车站台发车

(1)从在站台停稳后开始计时起,到停站时间结束时,全自动运行列车从自动站台发车。

(2)若车门或站台门因障碍物探测系统误报,引起门体未关闭且保持常开状态,经站务员确认实际情况后,使用“再次开关门”按钮,列车车门和站台门开关一次。

7. 列车站前折返

(1)在全自动运行模式下,列车经由站前渡线折返并播放站前折返广播。

(2)列车对位停车后,列车车门和站台门同时打开。

(3)列车控制端转换并自动匹配新的运行计划(目的地和发车时间)。

(4)停站过程中,乘客上下车。

（5）停站时间完成后，列车车门和站台门同时关闭。

（6）若车门或站台门因障碍物探测系统误报，引起门体未关闭且保持常开状态，在经站务员确认后，使用“再次开关门”按钮，列车车门和站台门开关一次。

（7）根据时刻表触发进路，列车自动发车。

8. 列车站后折返

（1）在全自动运行模式下，列车经由站后渡线折返触发车辆广播清客提醒乘客下车。

（2）在终端站台停稳后，列车车门和站台门同时打开。

（3）车站播放出站、换乘等广播。

（4）停站时间完成后，列车车门和站台门同时开始关闭。

（5）若车门或站台门因障碍物探测系统误报，引起门体未关闭且保持常开状态，经站务员确认实际情况后，使用“再次开关门”按钮，列车车门和站台门开关一次。

（6）信号系统根据折返优先模式选择折返路径，当发车条件满足后，列车运行至折返线。

（7）在对位停车后，控制端转换并自动匹配新的运行计划（目的地和发车时间）。

（8）根据时刻表触发进路，列车驶离折返线，进站对位停车。

9. 列车清客

（1）列车在终点站前一站发车后，自动广播提示乘客列车将退出运营。

（2）调度员对列车设置或列车按计划到某站清客。

（3）列车到达终点站停稳后，信号系统根据之前正线调度员设置的清客指令或通过运行图自动识别该车为下线（回库）列车触发自动扣车，列车由正线载客工况转到下线工况。

（4）车站执行清客作业。

（5）列车清客完成，车站工作人员上车确认清客完毕，通过操作“再次开关门按钮”后，列车门和站台门同时开始关闭，扣车自动取消。

（6）若车门或站台门因障碍物探测系统误报，引起门体未关闭且保持常开状态，经站务员确认实际情况后，再次使用“再次开关门”按钮，列车车门和站台门开关一次。

（7）列车按新的目的地自动发车进入存车线或回库。

（四）列车回库

1. 列车进入停车库

（1）列车以“下线工况”（列车关闭客室内 2/3 照明、保持客室内通风）在出入段线虚拟站台处匹配回库派班计划。

（2）列车按回库派班计划规定的股道自动运行，在指定股道停车。

（3）列车自动将所有维护信息上传至控制中心和相关维修部门。

（4）清扫人员与日检人员通过登乘平台登车进行作业，作业完成后离开列车客室。

（5）在列车回到停车库到达指定时间后（该时间可满足清扫人员及车内日检人员作业），列车自动进入休眠。

2. 编制确认回库派班计划

（1）车辆检修人员根据当日运行计划、运营调整情况、股道占用情况、维修计划、洗车计划等，通过 ATS 工作站编制回库派班计划。

（2）段 / 场调度在派班计划审核无误后上传系统，发送给正线调度员、DCC 相关维修部门等岗位。

（五）运营结束

（1）在全天运营结束后，ISCS（综合监控系统）按关站的相关程序实现正线车站的自动关站。

（2）在当天车站运营结束后，ISCS 系统自动启动关站广播，会提醒滞留旅客和工作人员车站即将关闭。

（3）经车站值班员确认后，ISCS 系统命令 BAS 系统延时一段时间自动关闭车站，在延时的时间段依然进行自动关站广播和关站的 PIS 信息。

（4）ISCS 系统实现自动关站的作业内容包括调整照明、关闭车站 PIS、关闭车站 PA、关闭商业广告显示屏、调整 CCTV，关闭自动扶梯和电梯的电源、调整车站公共区域的通风系统、调整车站公共区域的空调 / 采暖设备、关闭隧道区间的通风系统、关闭出入口的自动卷帘门。

（5）在末班车到达车站前，车站的 PA 应自动提前告知旅客末班车的发车时间，广播范围覆盖站台、站厅和车站的出入口通道。

（6）在末班车离开后，车站 PA 应反复播送当天运营结束的预录制广播，提醒旅客不要进站或已进站的旅客离开车站，随后在规定的时间逐个关闭车站。

（7）在自动关闭车站失败或需要时，车站值班员可通过车控室的 ISCS 的工作站及 IBP 盘的按钮人工关闭车站。

（8）OCC 在确认全天的列车运营服务结束后，ISCS 系统自动关闭全线的牵引供电电源。

（六）列车调车及其他场段作业

1. 工作人员车场正常登乘列车

工作人员根据任务需要登乘列车前，先到车场运转派班室登记作业内容，跟车巡道人员、车辆检修人员、列车清扫人员等工作人员在获得段 / 场调度允许后进入全自动运行区，从登乘平台由指定车门登乘列车。

2. 工作人员车场非正常登乘列车

（1）列车在车场咽喉区等非正常停车区域故障迫停，如不影响其他列车出入库，则先隔离故障区段，执行其他列车出库作业，待其他列车出入库完毕后实施抢修作业。如影响其他列车，则停止影响范围内所有列车出库作业，当确认所有列车（包括故障迫停列车）静止且不会自动发车后，向段 / 场调度申请进入全自动运行区对故障迫停列车进行抢修。

（2）段 / 场调度授权检修人员进入全自动运行区，如列车迫停区域为工作人员防护开关控制范围，则应先触发该区域工作人员防护开关；按规定路线登乘故障列车并排除故障。

3. 场内作业（具备自动调车功能）

根据调车计划，列车按原驾驶模式驶入指定目的地，或在“非全自动运行区，全自动运行区转换”区域转换驾驶模式后，可以驶入指定目的地。

（1）非全自动运行区内调车。

段 / 场调度根据列车使用情况，编制场内调车计划。

段 / 场调度手动排列进路，综合技能队员按照调车计划人工驾驶列车驶入指定目的地。

（2）全自动运行区调车。

段 / 场调度根据列车使用情况，编制场内调车计划。

段 / 场调度根据场内调车计划为列车分配目的地码。

段 / 场调度手动 / 系统自动排列进路，分配列车移动授权，列车以全自动运行模式驶入指定目的地。

（3）全自动运行区至非全自动运行区调车。

段 / 场调度根据列车使用情况，编制场内调车计划。

段 / 场调度根据场内调车计划为列车分配相关路径的目的地码。

段 / 场调度手动 / 系统自动排列进路，分配列车移动授权，列车以全自动运行模式驶入“非全自动运行区，全自动运行区转换”区域。

综合技能队员在通过车辆外侧指示灯确认列车处于全自动运行模式且不具备移动授权后，通过登乘平台登乘门、列车乘务门进入列车内。

综合技能队员将列车从全自动运行模式切换至非全自动运行模式。

段 / 场调度手动排列进路，综合技能队员可以按照调车计划人工驾驶列车驶入非全自动运行区指定目的地。

（4）全自动运行区至非全自动运行区调车。

段 / 场调度根据列车使用情况，编制场内调车计划。

段 / 场调度手动排列进路，综合技能队员按照调车计划人工驾驶列车驶入“非全自动运行区 - 全自动运行区转换”区域。

综合技能队员将列车从非全自动运行模式切换至全自动运行模式。

综合技能队员通过列车乘务门、登乘平台登乘门离开列车后，告知段 / 场调度。

段 / 场调度根据场内调车计划为列车分配目的地码。

段 / 场调度手动 / 自动排列进路，分配移动授权，列车以全自动运行模式驶入全自动运行区指定目的地。

4. 列车出入检修库

（1）列车以“回检修库”工况离开终点站停至停车场内“非全自动运行区 - 全自动运行区

转换”区域，综合技能队员在转换区域登车，能够以人工驾驶模式驾驶列车进入检修库。检修完成后，综合技能队员人工驾驶列车至转换区域后下车，列车自动驶入停车库指定股道。

（2）基本流程。

段 / 场调度确认检修库库门处于打开状态。

列车转换至“下线工况”（列车关闭客室内 2/3 照明、保持客室内通风）。

列车根据目的地停至停车场内“非全自动运行区，全自动运行区转换”区域。

综合技能队员在转换区域登车，列车运行模式可以转换为人工驾驶模式。

人工驾驶列车进入检修库。

检修完成且列车自检成功后，综合技能队员人工驾驶列车至“全自动运行区”“非全自动运行区转换”区域，在转换自动驾驶模式后下车，列车运行模式转换为全自动运行模式，自动驶入指定股道，由段 / 场调度执行人工远程休眠。

5. 列车洗车作业

（1）列车以“下线工况”根据回库计划中的洗车安排，自动运行至洗车库前，自动洗车。在洗车结束后，可以按照调车计划，列车运行至指定停车库股道。

（2）基本流程。

段 / 场调度编制回库计划含洗车计划。

段 / 场调度远程开启洗车机并设置洗车模式。

列车按照回库计划或段 / 场调度手动分配列车目的地码运行至洗车库前停车。

信号系统确认洗车机正常开启后，列车能够进行自动洗车作业。

洗车作业结束后，洗车机停止运行，进入规定模式，列车按照调车计划或段 / 场调度手动安排列车目的地码运行至停车库。

6. 列车日检

（1）在列车回库前，检修人员通过“车辆远程告警监控系统”查阅列车状态信息，做好列车回库前的准备。在列车回库后，检修人员进行车内及车外的日检工作。

（2）基本流程。

①车内日检。

在列车回到停车库后，检修人员向车场工作人员申请办理日检施工手续。

车场工作人员将全自动运行区门禁卡、列车乘务门钥匙、无线手持台交与检修人员，便于与段 / 场调度联系，可以借用时需进行测试，以确保无线手持台工作正常。

检修人员在运转派班室登记后，通过安全通道刷门禁卡进入相应的防护区域。

检修人员到达登乘平台，通过车辆外侧指示灯确认列车是否处于动车后，通过登乘平台登乘门、列车乘务门进入车厢内进行车内日检工作。

在车内日检工作完成后，检修人员离开车厢，关闭列车乘务门与登乘平台登乘门。

口检结束后，检修人员负责工完场清，确认安全措施已撤除，所有检修人员均已撤出全自动运行区，具备正常行车条件后方可办理日检注销，归还借用物品。经车场工作人员同意后，检修人员方可离开。

②车外日检。

段 / 场调度需确认每个防护分区内回库列车的休眠情况，当一个防护分区的所有列车均入库休眠，段 / 场调度方可同意办理日检施工。

检修人员向车场工作人员申请办理日检施工手续。

车场工作人员将施工区域工作人员防护开关箱钥匙、全自动运行区门禁卡、列车乘务门钥匙、无线手持台交与检修人员，便于与段 / 场调度联系，借用时需进行测试，确保无线手持台工作正常。

检修人员在运转派班室登记后，通过安全通道刷门禁卡进入相应的防护区域。

检修人员进入全自动运行区后，应首先启用工作人员防护开关，并与车场工作人员确认工作人员防护开关在启用状态后，方可实施日检作业。

车外日检作业结束后，检修人员应将启用的工作人员防护开关进行恢复操作，并与车场工作人员确认工作人员防护开关为恢复状态。

当日检结束后，检修人员负责工完场清，确认安全措施已撤除，所有检修人员均已撤出全自动运行区，具备正常行车条件后方可办理日检注销，再经车场工作人员同意后，检修人员方可离开。

7. 段 / 场内自动 / 人工广播

段 / 场广播根据列车状态、实时位置自 / 手动播放预录广播内容或人工语音播报，告知生产区域内作业施工人员列车出入库信息。

（1）自动广播。

开始运营时，首列车出库前，根据列车状态、实时位置自动播放预录广播内容。

早、晚高峰首列车出库、回库前，根据列车状态、实时位置自动播放预录广播内容。结束运营时，首列车回库前，可以根据列车状态、实时位置自动播放预录广播内容。

（2）人工广播。

人工播放预录广播内容。

语音播报。

（3）若自动广播未能自动播放，则由段 / 场工作人员人工播放预录广播内容或人工语音播报。

（七）全自动运行区施工

针对全自动运行中全自动运行区域施工登记、实施以及注销的流程予以描述，确保全自动运行区域施工安全及效率，以防止全自动运行区内人车冲突的风险产生。

二、故障场景

（一）运营调整

1. 工作人员登乘迫停区间列车

（1）当全自动运行列车因信号、车辆等设备故障迫停区间无法运行时，正线调度员需安排车站综合技能队员进入区间登乘迫停列车。

（2）基本流程。

综合技能队员携带钥匙、手持对讲机及其他驾驶列车工具与车站工作人员至站台端头门处打开站台端门，触发工作人员防护开关，打开设备区下轨行区隔离门至迫停列车处登乘列车。

车站工作人员通过对讲机获悉综合技能队员已登乘列车，恢复工作人员防护开关，列车以有人驾驶模式运行。

2. 列车以有人模式运行

（1）LE 线调度员因设备故障、实操训练需要安排车站综合技能队员登乘列车后，列车以有人驾驶模式（ATO/ATP/ 联锁级 / 电话闭塞法）运行。

（2）综合技能队员登车后对司机室与客室进行隔断，操纵司控台设备（开关车门等）实施有人驾驶，凭车载信号 / 线路信号 / 车站手信号行车。

3. 列车限速及自动调整运行速度

（1）在行调在行车调整中，通过 ATS 操作实现某列车限速、× 站至 × 站的区段限速、全线限速功能。限速值可以是系统预设值或人为操作设定值。

（2）列车在比照《运营时刻表》早 / 晚点的情况下，自动调整本列车运行速度来匹配时刻表时间。

4. 非 ATP 控制列车运行

因设备故障或施工检修需要，开行非 ATP 控制列车。非 ATP 控制列车即切除 ATP 的列车或无 ATP 车载设备列车。行调安排就近综合技能队员登乘非 ATP 控制列车，可以通过 ATS 工作站人工办理进路，综合技能队员以非 ATP 模式按信号机显示人工驾驶列车运行。

（二）正线列车故障

1. 车辆故障

（1）列车异声、异味、冲动、弓网打火等异常信息由车厢乘客紧急呼叫设施、乘客服务热线、车站工作人员上报等途径传递至 OCC 调度员。列车故障信息由 ATS、综合监控系统等设备监控终端上传至正线调度员。

（2）正线调度员通过 ATS，综合监控等设备终端，查看故障信息，其中车门总体状况、列车状态（如制动、牵引）在 ATS 终端显示，可以确认列车故障状态及列车位置，车站工作人员通过 ATS 确认列车位置。

（3）如遇上列车空调、照明、PIS 等非安全设备故障，则正线调度员对故障设备进行远程重启，安排综合技能队员上车确认。

（4）如遇上列车辅助逆变器、高速开关故障，正线调度员可以远程重启列车辅助逆变器、远程分合列车高速开关。

（5）如乘客反映，列车空调温度过高或过低，正线调度员可以远程设置车厢空调温度。

（6）如列车出现异声、异味、冲动、弓网打火或其他车辆设备故障，可以安排综合技能队员上车后按照有人驾驶模式处理此类故障。

若故障可使列车限速行驶至就近车站，正线调度员可以安排综合技能队员在车站上车，进行人工处理。

若列车迫停站台区域（对位不准）时，正线调度员可以安排综合技能队员打开站台门应急门和列车乘务门进入列车处置。

若故障使列车迫停区间，正线调度员可以安排综合技能队员从区间疏散平台进入区间登乘故障列车，尝试人工驾驶恢复列车运行。

若综合技能队员登乘故障列车进行应急处理后依旧无法动车，可安排进行救援连挂。

2. 正线列车车门故障

（1）若单扇、多扇及整侧无法正常关闭或打开的车门出现故障，列车紧急拉手应人为激活或故障激活列车紧急拉手装置。车门故障可以通过综合监控系统自动传送至 OCC 设备终端，正线调度员确认车门状况后对列车进行扣车作业。若在区间内发生车门故障、车门状态丢失、紧急拉手动作，列车维持运行至前方车站。

（2）基本流程。

紧急拉手被激活或故障激活，该车门紧急拉手附近的车厢通话器与 OCC 对讲被激活，该紧急拉手附近的 CCTV 联动，OCC 的 CCTV 自动切换至相应画面，确认现场情况。列车到站后综合技能队员上车恢复紧急拉手或处置故障。

若车门故障为个别车门、多扇车门、1/2 车门、整侧车门无法正常关闭或打开，正线调度员则尝试远程“再次开关门”功能以关闭车门。如仍无法正常关闭，综合技能队员从应急处置室前往现场进行处置，如多车门故障且处理无效，通知正线调度员进行清客及后续处置。

3. 正线列车救援

（1）因严重故障失去动力停在区间无法移动时，列车应采用救援列车牵引或推送故障列车实施救援。

（2）站台、区间列车救援时，救援列车有人，则采用人工连挂和自动摘钩的方式救援；救援列车无人，则采用自动连挂和自动摘钩的方式救援。救援列车可采用推送故障列车，也可采用牵引故障列车的方式对故障列车实施救援。无论人工连挂还是自动连挂，列车的联挂撞击速度不大于 3km/h。在区间列车救援时，ISCS 系统组织区间阻塞状态下的通风。

(3)到达目的地后,综合技能队员或相关人员按压自动摘钩按钮,列车自行后退,列车后退 5m 后停车(可设)。当系统无法自动摘钩时,由行车调度安排就近车站综合技能队员或场调安排综合技能队员前去现场人工解钩。

4. 列车无牵引

(1)当列车因单节或者全列牵引系统故障停在区间或者站分,牵引故障通过综合监控系统或者 ATS 自动传送至 OCC 终端、OCC 设备终端和检修调度设备终端,检修调度员确认故障状况后远程对列车牵引系统进行复位操作。

(2)基本流程。

当列车无牵引时,司机室的各指示灯显示状态传送至 OCC 设备终端和检修调度设备终端,首先信号专业通过远程操作尝试牵引检查信号原因,将列车牵引至站台清客后退出服务。如果区间无法动车,检修调度员远程复位牵引控制系统和高速断路器,如果仍无法动车则安排综合技能队员在区间登车检查制动、车门和司机室各指示灯、空气断路器状态,尝试牵引动车运行至就近车站清客退出服务。如果故障未恢复,单车牵引故障远程切除故障单元运行至终点退出服务,全列车牵引故障进行换端操作运行至就近站台清客退出服务。

5. 列车受电弓降下

(1)当列车因单个或者两个受电弓降下故障停在区间或者站台,就会受电弓故障通过综合监控系统或者 ATS 自动传送至 OCC 设备终端和检修调度设备终端,检修调度员确认故障状况后远程对列车受电弓系统升弓控制系统进行复位操作。

(2)基本流程。

当列车受电弓落下,司机室的受电弓显示状态传送至 OCC 设备终端和检修调度设备终端,检修调度员对升弓控制系统进行复位操作,如果失效尝试换端升弓。如果能升起一个,运行至终点退出服务,两台都不能升起则列车救援。

6. 列车制动不缓解

(1)当列车因制动不缓解故障停在区间或者站台,制动故障通过综合监控系统或者 ATS 自动传送至 OCC 设备终端和检修调度设备终端,检修调度员确认故障状况后远程对列车制动控制系统进行复位操作。

(2)基本流程。

列车制动故障综合监控系统或者 ATS 自动传送至 OCC 设备终端和检修调度设备终端。首先信号专业排除系统故障原因,也可以尝试将列车运行至站台清客后退出服务。如果列车在区间无法缓解,安排综合技能队员在区间登车将信号进行降级操作,降级为车辆模式。信号系统降级运行后尝试缓解,如果不缓解,实施零速短路、紧急制动短路等措施进行缓解。如果能够缓解,就近车站清客后退出服务;如不能缓解则实施救援。单车制动不缓解,则实施强制缓解,终点站退出服务。

（三）信号故障

1. 中央信号故障

（1）服务器故障（有备用服务器时）。

控制中心信号服务器故障的处理场景：中央信号服务器故障发生后，正线调度员通过信号维护监测子系统确认故障信息后报检修人员，信号服务器自动切换至备用控制中心信号服务器。若所有服务器同时故障，正线调度员通知全线采用站控降级方式有人驾驶模式行车，直至抢修完成。

（2）ATS 工作站故障（有备用服务器时）。

主用控制中心、备用控制中心 ATS 工作站故障处理场景：控制中心中央 ATS 工作站全部发生故障后，正线调度员可以通过信号维护监测子系统确认故障信息后报检修人员。如短期内故障不能修复，将信号服务器切换至备用服务器，进行简单的前期处置。

2. 车载信号设备故障

（1）车载信号设备故障。

如果列车车载信号设备故障发生时，正线调度员通过中央 ATS 工作站和信号维护监测子系统确认列车车载信号设备故障原因。若故障为列车车载信号设备故障，则正线调度员确认列车已停车后远程重启故障列车车载控制器。

故障列车车载控制器重启后故障就消失，则列车以相应模式寻找定位后恢复全自动运行模式，运行至前方车站。若故障列车车载信号系统重启后故障仍然存在，则综合技能队员进入区间登乘迫停列车，本地重启列车车载控制器或降级至有人驾驶模式运行该列车，正线调度员安排故障列车退出正线运营。

（2）停站列车无法开关门。

列车停站后一侧车门 / 站台门无法开关，或车门、站台门不联动。列车车门、站台门故障发生后，正线调度员通过车站工作人员、CCTV，综合监控系统、信号维护监测子系统、站台门在线监测设备终端确认故障情况后报检修人员，正线调度员通知车站工作人员、综合技能队员前往现场手动开关列车车门、站台门直至故障修复。

（3）车载信号与车辆通信接口故障。

车载信号与车辆通信接口出现故障时，正线调度员通过综合监控系统和信号维护监测子系统确认列车发生车载信号与车辆通信接口故障。确认列车车辆及车载信号系统均正常，通过 ATS 工作站设置故障列车以端动模式运行进站，并通过车载 CCTV、站台 CCTV 确认列车运行、停站情况。若列车蠕动模式进站对位不准，正线调度员安排综合技能队员通过站台门应急门和列车乘务门进入故障列车，降级至有人驾驶模式手动对位。若综合技能队员上车后故障仍无法恢复，正线调度员能够安排该列车退出运营。

（4）列车位置信息丢失。

在车地通信正常情况下，列车连续丢失两个应答器失去定位时可通过远程指令启动相应模式（如蛛动模式），限制列车以25km/h速度运行一定距离（可根据现场情况确定）直至再次获得定位。全自动运行模式下，即便轨旁某一应答器故障或列车丢失单个应答器也不得影响列车的正常运行。

（5）车载通信故障。

正线调度员通过中央ATS工作站和信号维护监测子系统确认列车车,地通信故障原因，确认列车已停车后远程重启故障列车车地通信单元。若重启后故障消失，则列车以相应模式动车驾驶模式升级后恢复全自动运行模式,运行至前方车站。若重启后故障仍然存在,则综合技能队员进入区间登乘迫停列车,降级至有人驾驶模式运行该列车,正线调度员安排故障列车退出正线运营。

3. 轨旁信号故障

（1）计轴受扰。

当计轴受扰发生后，正线调度员通过ATS工作站和信号维护监测子系统确认故障后报检修人员。

若计轴受干扰不影响列车正常运行，正线调度员监控该区段状态，扣停故障点后续列车,待列车出清受扰区段后进行车控室计轴预复位和清扫工作。

若计轴受干扰影响列车正常运行,受扰区段列车迫停区间,正线调度员安排综合技能队员登乘区间迫停列车,正线调度员立即截停受扰区段后续相邻区段的所有列车（或系统自动实现行车间隔调整功能),核对计轴受扰区段。

迫停列车以人工驾驶模式驶离故障区段后，正线调度员与车站工作人员确认计轴受干扰区段无列车占用。

正线调度员命令车站值班员预复位处理计轴受扰，在车控室预复位功能不具备使用条件的情况下采用OCC预复位功能进行计轴预复位操作。在车控室预复位、OCC预复位功能均不具备使用条件的情况下,使用信号机房预复位功能进行计轴预复位操作。

在预复位作业完毕后,正线调度员安排列车压过受扰区段进行恢复。

如果预复位成功,计轴受扰区段恢复正常,正线调度员安排后续列车恢复正常运行。

（2）轨旁设备故障。

列车在全自动运行模式下轨旁设备故障不影响列车全自动运行或轨旁设备故障引起列车迫停区间。

正线调度员通过大屏或ATS工作站和信号维护监测子系统发现轨旁设备故障，报检修人员。

如列车全自动运行没有受到影响，则待检修人员到达设备机房或故障现场后配合其处置故障。

若列车全自动运行有影响,则相应区间降级至人工驾驶模式。

若造成全自动运行列车迫停区间，综合技能队员登乘该列车降级至有人驾驶模式运行至前方车站。

（3）道岔故障。

正线调度员通过中央 ATS 工作站和信号维护监测子系统发现道岔故障后，正线调度员遥控测试确认道岔故障。

故障确认后，正线调度员立即扣停道岔故障区段及后续相邻区段的所有列车，将故障报修至检修人员。

检修人员前往故障道岔进行抢修，其间控制中心视情况安排车站工作人员携带好相关工具触发工作人员防护开关后，从疏散平台进入区间前往现场故障道岔处手摇道岔，人工接发列车。

控制中心安排综合技能队员在故障区段前方车站登车将列车切换至人工驾驶模式行驶至故障区段后方车站后恢复正常模式运行。

抢修完毕后人员出清轨行区，恢复工作人员防护开关，正线调度员恢复列车全自动运行。

（4）工作人员防护开关激活。

当工作人员防护开关故障激活后，车站工作人员能够通过 ATS 系统发现工作人员防护开关处于激活状态，若因防护开关故障而导致处于激活状态，正线调度员安排检修人员进行检修。若为对于因工作人员防护开关故障激活而导致迫停列车，正线调度员安排综合技能队员进入区间登乘迫停列车，列车运行至零码处以手动模式运行通过工作人员防护开关故障区段，到达下一站后，转回全自动运行。对于其他后续列车，正线调度员安排综合技能队员于故障区域前一站登乘，列车运行至零码处以手动模式运行通过工作人员防护开关故障区段，到达下一站后，转回全自动运行。

（5）轨旁通信故障。

轨旁车地通信故障影响故障区域内列车正常运行，故障区域内列车迫停区间，正线调度员安排综合技能队员登乘区间迫停列车，降级至有人驾驶模式运行该列车驶出故障区域后，可恢复全自动运行模式；正线调度员截停故障区域后续相邻区段的所有列车（或系统自动实现行车间隔调整功能），所有列车均安排综合技能队员在故障区域前一车站登乘，以有人驾驶模式运行列车驶出故障区域后恢复原状。

（四）站台门系统故障

1. 站台门滑动门故障

（1）车站工作人员或正线调度员通过站台门在线监测系统或站台闭路监视发现并确认站台门故障。

（2）若车站工作人员发现故障处置无效将信息上报正线调度员，正线调度员确认现场情况后通过故障报修平台，及时通知专业检修人员赶到站台门故障车站进行抢修。

（3）故障未恢复前，若首列车迫停在站外，经车站工作人员确认具备接车条件后，正线调度员可优先向车站发布使用互锁解除的命令，安排列车进站。

(4)当有站台门无法正常开启或关闭时，经车站确认无夹人夹物且无法排除故障后，通知车站将故障站台门打至手动关，不影响信号行车，待专业人员处理。

(5)若车站工作人员无法将故障站台门(机械卡死等)关闭，正线调度员通知车站工作人员将故障站台门打至手动关，并加强监护。

(6)当发生站台门主控系统或电源故障时，正线调度员通知维修人员关闭故障侧站台门电源开关，待车站将故障侧站台门电源关闭后，视情逐步打开站台门，以互锁解除方式接发列车，同时正线调度员通知综合技能队员将进站列车转换为手动(人工)驾驶模式进出车站(在故障车站的前一站停站后综合技能队员登车改 ATP 手动模式运行出站，进入故障车站的后一站停站后恢复全自动运行模式运行)，车站派工作人员将站台门运行模式切换至站台 PSL 控制模式接发列车至故障修复。

(7)当应急门故障且影响列车速度码，车站隔离故障应急门(不影响其他滑动门动作)，使列车恢复速度码，并加强监护。

(8)当站台门滑动门或固定门玻璃碎裂时，正线调度员应令车站及时将此门打旁路运行并清理碎裂玻璃，防止玻璃跌入轨行区；在玻璃碎裂的位置上张贴警示标志或设置安全带，加强该处的监控，并泄压。

2. 站台门与车门间隙夹人夹物

(1)如车站工作人员或其他监控人员发现站台门夹人夹物或车门与站台门之间夹人夹物，可以立即按压“站台紧急停车”按钮，该按钮触发后车门与站台门保持打开。车站工作人员将发生夹人夹物情况的站台门门体号与车厢车门号汇报给正线调度员。

(2)正线调度员接到车站工作人员夹人夹物的汇报或通过站台门在线监测系统发现站台门与车门间隙探测器报警后，通过 ATS 工作站对相应列车扣车，同时通知车站工作人员执行站台再次开关门操作进行处理，若为车门夹人夹物，应通过综合监控系统设备终端将故障车门具体位置告知车站工作人员。

(3)车站工作人员接正线调度员的命令对站台门进行处置。原则上能够优先激活使用站台再次开关门按钮再次开关车门及站台门，若处理无效站务员至异常站台门处进行手动处理，正线调度员通过站台 CCTV 监控现场情况。

(4)作业完毕后，正线调度员在得到车站工作人员处理完毕，具备动车条件(无夹人夹物，ESP 已复位)的回复后，通过 ATS 工作站取消相关列车的扣车，安排列车关门动车。

(五)供电故障

(1)当列车在全自动运行模式下正常运行时，一个及以上供电分区的接触网跳闸、停电，致使列车迫停区间；弓网设备发生故障，影响列车正常运行甚至中断列车运行。

(2)正线调度员确认列车失去牵引，查看列车弓网监测的数据，通过 SCADA 确认直流开关跳闸、接触网失电，及时扣停其他相关列车，防止列车进入触网失电区段，做好运营调整工作。

（3）在全自动运行（无人驾驶）情况下，须在列车顶安装弓网监测装置（包含几何参数检测、弓网燃弧检测、设备温度检测、高清成像检测技术、故障点定位、数据及图像实时传输等技术功能）。提高弓网运行的安全性和全自动运行的可靠性。当随机弓网故障发生时，能通过弓网监测装置对受电弓及接触网状态进行查看和确认，及时确认设备能否继续运行或针对性采取故障应对措施，以及为后续进行分析提供现场资料。

（4）正线调度员操作中央级 SCADA 对故障区段接触网试送电，试送电前通过 CCTV 确认受电弓状态，若试送失败，正线调度员封锁故障区段，通知相关车站列车晚点，安排供电检修人员进入区间对牵引电力系统进行抢修。正线调度员安排综合技能队员进入区间登乘迫停列车，利用列车蓄电池牵引功能将迫停列车人工驾驶至站台进行疏散，若列车蓄电池牵引无效或行驶一段距离后仍然迫停在区间中，则对迫停列车进行客流疏散。

（5）故障设备修复后，供电检修人员对接触网进行试送，等车站确认进入区间的检修人员已全部离开，且人清材料清，各相关岗位确认恢复运营。

（六）综合监控及车站设备故障

1. 车站运营准备失败

（1）车站工作人员对车站设备各系统进行运营前测试开启，但某一系统开启失败。

（2）测试的设备系统包括 BAS、FAS、AFC、PIS、PA、CCTV、专用天线、站台门、卷帘门、电梯、扶梯、照明等。

（3）车站工作人员发现综合监控系统显示某一设施设备未能按系统时刻表自动开启或关闭，立刻对故障设施设备，在车站级综合监控系统工作站上进行操作开启。若开启成功，车站工作人员查看该设施设备反馈信号情况。若开启不成功，车站工作人员对故障设施设备进行就地级操作，并报正线调度员。

2. 中心运营准备失败

（1）正线调度员对车站设备各系统进行运营前检查，但某一系统显示异常或通信中断。

（2）测试的设备系统包括全线 PSD、电力、环控、OPS（CCTV、电力和 ATS）、正线列车进站广播、车站及列车信息通信（若车辆信息后期接入综合监控系统）。

（3）正线调度员发现综合监控系统显示异常或通信中断，立刻联系相应车站，确认车站显示是否存在通信异常，若无异常则要求车站工作人员在车站级综合监控系统工作站上进行操作开启。开启成功后，车站工作人员查看该设施设备反馈信号情况。若车站也显示异常无法开启，车站工作人员将信息及时反馈给正线调度员，并征得同意后对故障设施设备进行就地操作开启。

（七）线路故障

1. 侵限界

当列车在全自动运行模式下正常运营时，异物侵限界。

（1）在周期性巡道过程中，发现区间异物。

了解区间情况，勘察异物形态。

正线调度员安排相关检修人员进入区间清除异物。

（2）根据实际勘察情况，安排相关设备检修人员进入区间排除异物，若侵限异物撞击列车触发紧急制动，主要由乘客或工作人员发现异物。

列车制动迫停区间。

正线调度员了解区间情况，扣停后续列车并封锁撞击区间。

正线调度员安排综合技能队员进入区间巡视，查看异物形态情况。

按照相关情况安排相关设备检修人员进入区间排除异物，若清障时间较长，正线调度员就会组织清客。

异物清除后，及时恢复列车运营。

（3）正线调度员是通过车辆远程告警监控系统设备终端发现障碍物主动探测装置报警，确认区间异物。

列车制动迫停区间。

正线调度员可以了解区间情况，扣停后续列车并封锁区间。

正线调度员安排综合技能队员进入区间巡视，必须确认异物侵限情况。

视情况安排相关设备检修人员进入区间排除异物，若清障时间较长，正线调度员组织清客。

等到异物清除后，必须及时恢复列车运营。

2. 区间积水

在正常运营期间，泵房水位报警，CCTV 自切至区间水泵区段发现水位不断攀升。正线调度员或车站工作人员通过 BAS 系统或综合监控系统发现水位报警，在操作界面上查看区间水泵工作情况。

（1）区间有积水。

车站值班员及时上报正线调度员区间积水。

正线调度员安排综合技能队员登乘积水区间后续列车查看积水原因。

正线调度员安排设备检修人员进入积水区间进行处理。

若区间积水影响运营，则后续列车应限速运行。

待积水情况缓解后，正线调度员下令恢复列车正常运行。

（2）区间无积水。

车站值班员通过 CCTV，加强对积水区段的监控。

车站值班员通过综合监控系统，加强对区间泵的工作情况监视。

3. 轨道断轨

（1）当列车在全自动运行模式下正常运行时，安装于地铁运营车底部的车载检测装置检测到轨道断轨故障，将故障信息反馈至在线监测数据处理中心，工作人员或正线调度员通过在线监测系统监视发现钢轨出现断轨故障报警信息。

（2）正线调度员通过显示屏实时识别断轨图像，安排综合技能队员在相应车站登车将列车切换至人工驾驶模式，同时报抢修人员。

（3）抢修人员对人工驾驶模式列车进行添乘，等到必要时要求正线调度员在故障点前限速行驶通过或临时停车进入区间确认故障。

（4）抢修人员确认是否需要进行临时处置且是否影响后续列车全自动运行。

若断轨故障需进入区间临时处置，且会影响后续相邻区段列车全自动运行，后续列车在该故障区间降级至人工驾驶模式，必要时临时停车。

若断轨故障利用列车间隔可临时处置，则不影响后续列车全自动运行。

（5）抢修完毕后人员出清轨行区，控制中心安排综合技能队员在故障区段前方车站登车将列车切换至人工驾驶模式行驶至故障修复区段后方车站后，正线调度员恢复列车全自动运行。

（八）运营时段抢修施工

（1）针对全自动运行线路中运营时段，轨行区设施设备进行抢修施工登记、实施以及注销的流程，可以确保抢修施工安全及效率，防止人车冲突的风险产生。

（2）基本流程。

正线调度向故障设备所属单位发布抢修令。

正线调度根据设备故障实际情况判断是否维持现场运营，如维持运营则布置抢修施工所在区段降级为有人驾驶模式。如抢修施必须中断运营，则正线调度封锁故障所在区段，扣停相关列车。

设施设备管理单位布置抢修人员赶赴现场，明确抢修负责人，办理施工登记手续，触发施工区域的工作人员防护开关后下线作业。

抢修人员下线施工，正线调度开展运营调整。

抢修施工完毕后，如下线前触发施工区域的工作人员防护开关，抢修人员确认所有人员及工具出清线路后，就可以恢复该开关。

正线调度恢复运营，如故障区段有人驾驶模式转换为全自动运行模式。

（九）通信系统故障

1. 中央设备故障（有主备控制中心）

（1）传输系统故障。

控制中心传输设备故障的处理场景。中央传输设备节点通信故障、节点供电故障后，切换至备用控制中心，并由维修调度通知相关专业，然后由备用控制中心接管。若无法切换至备用控制中心或主备控制中心传输设备同时发生故障，维修调度通知相关专业（通信交换、无线、广播、Pis、CCTV、时钟、UPS、综合网管、AFC、杂散电流、综合监控、计算机网络、AFC、视频会议等)。控制中心相关系统无法与车站进行信息交互时，控制中心人员与车站站务人员通过民用通信进行联络，相关系统采用降级运行，建议车站安排相关人员跟车了解车辆运行情况及乘客需求，并按照相关应急办法进行处置；同时通知维修人员按照相关办法进行故障抢修，直至抢修完成。

(2)专用无线通信设备故障。

控制中心专用无线通信设备故障的处理场景。中央专用无线通信设备故障后，切换至备用控制中心，并由维修调度通知调度，由备用控制中心接管。若无法切换至备用控制中心或主备控制中心专用无线通信设备同时发生故障，各专业采用民用通信 / 专用有线电话进行联络，建议车站安排相关人员跟车了解车辆在本站车地无线覆盖范围内的乘客需求，直至抢修完成。

(3)乘客信息系统。

①控制中心乘客信息系统服务器等有线设备故障场景。控制中心乘客信息系统服务器等有线设备故障时，导致中央无法下发信息指令(包括紧急信息)，由调度人员通知车站，如遇紧急情况，做好信息上报及现场处置，直至抢修完成。

②控制中心乘客信息系统无线控制器等无线控制设备故障场景。等控制中心乘客信息系统无线控制器等无线设备故障时，中央无法调看车厢实时图像，由调度人员通知车站，安排车站人员跟车了解车辆运行情况，如遇紧急情况，必须做好信息上报及现场处置，直至抢修完成。

2. 车站设备故障

(1)传输系统故障(单站或多个车站开环情况)。

车站传输设备故障的处理场景。车站传输设备节点通信故障、节点供电故障后，维修调度通知相关专业(通信交换、无线、广播、PIS、CCTV、时钟、UPS、综合网管、AFC，杂散电流、综合监控、计算机网络、AFC，视频会议等)。本车站与中心相关系统无法与控制中心进行信息交互时，控制中心人员与该车站站务人员通过民用通信(单站故障时，可采用站间行车电话)进行联络，该车站相关系统采用降级运行，建议车站安排相关人员跟车了解车辆在本站车地无线覆盖范围内的运行情况；同时还要通知维修人员按照相关办法进行故障抢修，直至抢修完成。

(2)专用无线通信设备故障。

车站专用无线通信设备故障的处理场景。车站专用无线通信设备故障后，各专业采用民用通信 / 专用有线电话进行联络，建议车站安排相关人员跟车了解车辆在本站车地无线覆盖范围内的乘客需求，直至抢修完成。

(3)乘客信息系统。

①车站乘客信息系统服务器、播放控制器等有线设备故障场景。控制中心乘客信息系

统服务器等有线设备故障时,该站无法接受中央下发信息指令(包括紧急信息),由调度人员通知车站,如遇紧急情况,做好信息上报及现场处置,直至抢修完成。

②车站、区间乘客信息系统无线设备设备故障场景。车站、区间乘客信息系统无线设备故障时,中央无法调看列车行驶至无线设备故障区段时车厢的实时图像,由调度人员通知车站,安排车站人员跟车了解车辆在该区段的运行情况,如遇紧急情况,就要做好信息上报及现场处置,直至抢修完成。

三、应急模式场景

(一)大客流

(1)在全自动运行轨道交通线路车站某一运营时段内候车、停留的乘客达到该站站台站厅、上下楼梯、出入口通道、换乘通道等拥堵点的客流容量,且有继续增加趋势,如不采取紧急措施,极有可能引发人员拥挤踩踏等伤亡事故或意外事件等情况。

(2)车站工作人员确认车站大客流并在综合监控系统中启动相应工况。正线调度员根据车站大客流实际情况,可以采取客流控制措施(安检机限流、出入口限流等),并采用增开列车、多停晚发、线控、网控等措施调整运力。

(二)列车发生火灾

1. 列车发生火灾能够维持进站时

(1)列车车厢火警探测系统报警或控制中心接到了乘客报火警后,正线调度员通过车厢CCTV及火灾报警系统区间探测器确认起火部位,初步判断火灾影响程度,列车继续运行维持进前方车站,开启区间、车站排烟风机,到站后各岗位按车站火灾预案的相关要求进行应急处置。

(2)列车运行至前方站对标停车后自动打开车门、屏蔽门,在人为干预前应保持打开状态。

(3)控制中心确认列车火灾情况后,立刻通知相邻车站做好应急处置准备工作,及时进行行车组织调整(系统应联动事发列车停靠站台扣车、邻线列车越站、扣停后续列车等命令),预判火灾影响并通知全线车站,触发P1S、广播等,做好乘客安抚。

(4)车站工作人员引导乘客疏散,及时确认AFC紧急模式(进、出站闸机全开)已启动,落实乘客信息告知、疏散引导、接应统计、人员先期救助及抢险抢修配合等工作。组织车站开展火灾前期扑救。等火灾扑灭后,清理事故现场,相关列车退出运营。

(5)应急处置结束后,控制中心应及时进行运营调整,逐步恢复正常运营秩序。

2. 列车发生火灾迫停区间

(1)列车迫停区间,车厢火警探测系统报警或控制中心接到乘客报火警后,正线调度员通过车厢CCTV及火灾报警系统区间探测器确认起火部位、列车迫停位置,初步判断火灾影响程度,立即组织乘客疏散,开启区间、车站排烟风机。

(2)封锁事故区间,远程紧急制动事故列车,通知相邻车站做好应急处置准备工作。

(3)列车因火灾迫停区间时,系统应具备全程引导列车乘客区间疏散的功能,需识别疏散方向、风机排烟方向,判断是否利用区间疏散通道疏散乘客等,正线调度员可以通过广播做好车上乘客信息告知及安抚工作,并做好疏散逃生过程中的广播、引导工作,同时通知相应车站进行处置。

(4)控制中心及时进行行车组织调整(系统应联动扣停后续列车命令,若需利用区间疏散通道疏散乘客时,需联动扣停邻线列车命令),预判火灾影响并通知全线车站,触发 PIS、广播等,做好乘客安抚。

(5)相关车站工作人员通过应急处置室确认火灾列车位置,赶赴现场引导乘客疏散。

(6)相关车站应及时确认 AFC 紧急模式已启动,落实乘客信息告知、疏散引导、接应统计、人员先期救助及抢险抢修配合等工作,组织车站开展火灾前期扑救工作,引导外部救援力量支援。

(7)应急处置结束后,控制中心应及时进行运营调整,逐步恢复正常运营秩序。

3. 列车在站台发生火灾

(1)在列车停站、出站时,车厢火警探测系统报警或控制中心接到乘客报火警后,正线调度员立即扣停该次列车,并通过车厢 CCTV 及火灾报警系统区间探测器确认起火部位、列车迫停位置,能够初步判断火灾影响程度,立即组织乘客疏散,开启车站排烟风机。

(2)列车站停时,系统应联动打开车门、屏蔽门,在人为干预前应保持打开状态。

(3)列车出站时,若未离开站台区域发生火灾报警,系统须在判定车门、屏蔽门重合(至少 1 对车门、屏蔽门)后,紧急制动,打开重合车门、屏蔽门(未重合的车门、屏蔽门保持关闭状态)。重合车门、屏蔽门在人为干预前应保持打开状态。若已离开站台区域,列车应运行至下一站处理。

(4)正线调度员可以通过广播做好车上乘客信息告知及安抚工作,并做好疏散逃生过程中的广播、引导工作,同时通知相应车站进行处置。

(5)相关车站应及时确认 AFC 紧急模式已启动,落实乘客信息告知、疏散引导、接应统计、人员先期救助及抢险抢修配合等工作,并积极组织开展火灾前期扑救工作。

(6)等到应急处置结束后,控制中心应及时进行运营调整,逐步恢复正常运营秩序。

(三)车站发生火灾

(1)控制中心 FAS 系统显示车站火灾报警或接到乘客、工作人员上报的发现车站火灾信息,正线调度员通知车站工作人员至现场确认处置,通过 CCTV 查看报火警区域的现场情况。

(2)全自动运行系统应具备车站火灾监控功能,监测并确认车站在发生火灾后,联动响应火灾排烟模式(包含站厅、站台、设备区排烟模式),并联动列车站台扣车、越站、扣停后续列车等命令，若不具备上下客条件但具备过站条件，则由正线调度员对后续列车进行跳停操作，车站人员着手疏散车站乘客准备及进行关站操作。若不具备过站条件，则由正线调度员扣停相关列车，车站工作人员着手疏散车站乘客准备及进行关站操作。

（3）相关车站应及时确认 AFC 紧急模式已启动，落实乘客信息告知、疏散引导、接应统计、人员先期救助及抢险抢修配合等工作，并积极组织开展火灾前期扑救工作。

（4）火灾扑灭后或未发现火灾，车站应立刻安排工作人员检查原因，复位设备。

（四）行车突发事件

1. 重大行车安全事故

列车在全自动运行过程中障碍物监测系统或脱轨检测报警发现挤岔、脱轨、冲突、倾覆等事故（事件），结果导致人员伤亡、财产损失、设施设备损坏或危及行车安全、影响正常行车秩序的场景。

（1）接到乘客报警列车发生事故或发现 ATS 显示列车事故报警（障碍物探测报警或脱轨检测报警）后，正线调度员通过 CCTV 确认情况，核实列车事故，下达抢修指令，若载客状态，需通过广播对车上的乘客进行安抚。

（2）正线调度员根据现场需要落实事故区段安全防护措施，封锁相关区段，对事故列车与相邻列车实施远程紧急制动，关闭事发区段相邻车站，预判事故影响并通知全线车站，做好非事故区段的行车组织调整工作及现场抢修配合工作。

（3）需要车站工作人员确认事故位置，设置抢修临时进入点，做好抢修登记，车站应及时做好乘客信息告知、客运组织工作，做好抢险抢修队伍及公安、医疗等外部支援力量的接应引导工作，并配合做好人员救助、抢险抢修等工作。

（4）车辆、通号、工电等抢修队伍接到抢修指令后立即赶赴现场，确定现场抢修总负责人，进行现场抢修，抢修结束后明确动车条件及运营限制，组织做好设施设备测试及清场工作。

（5）在应急处置结束后，控制中心应及时进行运营调整，逐步恢复正常运营秩序。

（6）若重大行车安全事故发生在场（段）或者全自动运行区时，段 / 场调度员落实事故区段安全防护措施，封锁相关区段，对事故列车施加远程紧急制动，启动段 / 场工作人员防护开关；正线调度员落实事故区段安全防护措施及列车出入库调整方案，预判事故影响并通知相关车站。

2. 错开车门

（1）正线调度员通过车站行车值班员上报或乘客报警获知停站列车非开门侧车门自动打开，车站工作人员立即触发站内紧急停车按钮。

（2）行调安排综合技能队员登乘列车关闭非开门侧车门，通知综合技能队员和行车值班员，开启站台侧车门，实施清客。行调扣停相关列车，安排车站工作人员和综合技能队员至车厢底部巡视，如有跌落轨行区人员立即带离正线，积极施救。

(3)在确认人员出清轨行区后,正线调度员安排故障列车下线检修,备车替开。

3. 区间疏散

(1)区间疏散分为利用列车疏散梯及区间疏散平台两种疏散模式。若采用列车疏散梯疏散乘客,全自动运行系统应具备列车头端、尾端自动开启疏散梯功能;若利用疏散平台疏散乘客,应具备列车识别疏散梯侧,并具备自动开启同侧车门引导疏散功能。

(2)区间疏散需分为紧急疏散、非紧急疏散两类,因车辆电气火灾、人为纵火、区间设备火灾衍生灾害均可能造成列车迫停区间,需执行区间紧急疏散;因车辆牵引系统故障、制动不缓解、乘客误操作、大面积停电等设备设施故障会造成列车迫停区间,需执行区间非紧急疏散。

(3)全自动运行线路列车在区间因设备故障或其他各类突发事件迫停,短时间无法恢复运营,需要工作人员至现场执行非紧急疏散乘客时,正线调度员封锁事发区间,安排相关车站确认故障位置后,至现场组织区间疏散,来确定疏散方向,通过车厢广播及车载PIS做好车厢乘客安抚工作,根据疏散预案启动相应的区间通风模式。车站工作人员到达迫停列车,进入车厢打开车门和列车端头逃生门(或者疏散平台侧车门)开始区间疏散,原则上引导乘客至车站疏散,车站工作人员需要在站台应急处置室向车站乘客广播车站应急客流组织情况,并接应疏散乘客从站台门端头门引导至站台。

(4)全自动运行线路列车在区间因类似突发事件迫停,需执行紧急疏散乘客时,正线调度员封锁事发区间,以确定疏散方向,通过车厢广播及车载PIS做好车厢乘客安抚工作;根据疏散预案启动相应的区间通风模式,联动打开车门和列车端头逃生门(或者疏散平台侧车门)开始区间疏散,原则上引导乘客至车站疏散。车站工作人员在站台应急处置室向车站乘客广播车站应急客流组织情况,并接应疏散乘客从站台门端头门引导至站台。

(五)乘客事件

1. 乘客使用列车车厢紧急呼叫

(1)在客室内设置紧急呼叫按钮,当紧急呼叫按钮被乘客触发后,可与中心调度台通话。车辆PIS系统将紧急区域的画面主动推送给控制中心CCTV监控屏。

(2)支持多个乘客呼叫,操作员选择任意一个来电回复,其余未被接听的呼叫保留请求。

(3)等到控制中心接到列车客室紧急呼叫触发后,应有声光报警,提示调度。

2. 乘客使用紧急操作装置

(1)乘客拉下紧急手柄后,系统联动CCTV,车辆紧急广播和车载控制器。提示两遍:“某车厢紧急拉手拉下,将在下一站停车处理”,控制中心通过与乘客对话的方式采取相应措施。车载控制器将手柄下拉信息发送给检调并输出报警。

(2)紧急手柄安装于列车客室内,每节车厢设置1个,具体以实际车辆设计为准。

(3)列车在区间运行过程中,紧急操作装置动作时,系统应控制列车继续运行到下一站对标停车,在人工干预前应保持车门关闭状态。

（4）在列车停站过程中，车门未关闭，紧急操作装置动作，系统应保持车门、屏蔽门打开状态；车门、屏蔽门关闭后，系统应停止动车打开车门、屏蔽门；列车出站时，若未离开站台区域系统触发紧急制动，系统须在判定车门、屏蔽门重合（至少 1 对车门、屏蔽门）后，紧急制动，打开重合车门、屏蔽门（未重合的车门、屏蔽门保持关闭状态）。重合车门、屏蔽门在人为干预前应保持打开状态。若已离开站台区域，列车应运行至下一站处理。

（六）列车车厢内乘客异动事件

（1）列车车厢内乘客异动指多名乘客因不明原因在车厢内恐慌性奔逃事件。

（2）正线调度员通过车厢报警通话装置、服务热线等途径接报或通过 CCTV 发现列车上有乘客恐慌性奔逃，将 CCTV 切换至事发车厢进行监控，通过车载 PIS、车厢广播发布乘客安抚信息，可以安排就近车站派遣工作人员上车确认现场情况。行调进行扣车，车站派人上车，确认现场情况后进行相应处置。处置完毕行调取消扣车，恢复正常运营。

（七）车站火警

（1）车站工作人员必须根据 FAS 系统显示火警信息情况，到现场确认火警情况。

（2）若为误报，则车站工作人员恢复相应设备、复位火警，报正线调度员。

（3）若为真实火灾，则车站工作人员根据火灾位置及火势大小，报正线调度员并操作相关消防设备进行灭火排烟，组织乘客疏散。判断火灾情况是否具备上下客条件，若不具备上下客条件但具备过站条件，正线调度员则对后续列车进行跳停操作。若不具备过站条件，正线调度员则扣停相关列车。

（八）单个车站或部分车站大面积停电

（1）该场景分为信号设备集中站和非集中站，后者只影响车站客运组织，前者同时影响车站客运组织和正线行车（集中站信号设备失电）。

（2）发生车站失电后，车站立即上报信息至控制中心及其他上级单位，并组织相关专业人员对失电情况进行检查和处置，正线调度员预判车站失电影响，做好受影响相关区段的行车组织调整，若车站失电影响车站乘客乘降安全，则需要根据现场情况及车站申请组织停站列车离站、后续列车跳停事发车站，车站实施车站疏散。如失电车站为设备集中站，正线调度员应结合信号系统不间断电源续航时间，做好行车调整工作，车站实施疏散。

（九）列车到站疏散

（1）全自动运行列车因设备故障等各类原因维持运行至前方站台清客，如列车在站台对位停准，则执行清客流程。

（2）如列车对位不准，在站台区域迫停需要立即疏散，正线调度员安排车站工作人员打开站台门应急门，通过车厢广播指导乘客打开站台门应急门所对应的车门，车站工作人员在站台应急处置室内广播告知乘客客流引导信息，并进入车厢进行疏散。

（十）区间有序疏散

（1）全自动运行线路列车在区间因设备故障或其他各类突发事件迫停，短时间无法恢复运营，需要工作人员至现场疏散车上乘客时，正线调度员封锁事发区间，安排相关车站确认故障位置后，至现场组织区间疏散，明确疏散方向，通过车厢广播及车载 PIS 做好车厢乘客安抚工作；根据疏散预案启动相应的区间通风模式。

（2）车站工作人员到达迫停列车，进入车厢打开车门和列车端头逃生门开始区间疏散，原则上引导乘客至车站疏散，车站工作人员在站台应急处置室向车站乘客广播车站应急客流组织情况，并接应疏散乘客从站台门端头门引导至站台。

（十一）远程引导区间疏散

1. 全自动运行线路因各种原因导致列车在区间迫停，危及乘客安全，需要立即疏散车上乘客，如发生火灾、爆炸、冲突、脱轨等突发事故。

2. 度员根据乘客报警，从车载 CCTV 视频中监控车内乘客，正线调度员确定疏散方向，通过车厢广播引导乘客疏散至相关车站，打开区间通风、照明。行调安排区间两端车站工作人员至现场接应，车站确定区间疏散位置后，赶赴现场接应疏散乘客从站台门端头门引导至站台。

（十二）区间火灾

1. 区间火灾探测器报警

（1）正线调度员安排列车出清事发区间，扣停事发区段以外相关列车，安排综合技能队员进入区间勘察火情。

（2）若为误报，则恢复相应设备、复位火警。

（3）若为真实火灾，封锁事故区段，扣停相应区段列车，通知相邻车站做好应急处置准备工作，视情下达抢修指令。正线调度员预判火灾影响并通知全线车站，进行行车调整，组织进入火灾区段的其他列车驶离或退回至发车站。据火灾位置及扣停的列车位置启动相应的火灾工况、开启事故风机及时送风排烟，必要时封锁相关区段。车站应及时确认 AFC 紧急模式已启动。

2. 存车线火警探测系统报警

（1）正线调度员安排列车出清事发区间，扣停事发区段以外相关列车，安排相关人员进入区间勘察火情。

（2）若为误报，正线调度员则恢复相应设备、复位火警。

（3）若为真实火灾，则需要判断是车辆火灾还是线路设备火灾，若为车辆火灾，正线调度员则启用车辆火灾模式场景。若为线路设备火灾，正线调度员调离存车线所有车辆，封锁相关区间，视情下达抢修指令。

（十三）地震场景

（1）当地震发生时，线路上的列车应立即紧急制动，并启动地震应急预案。

（2）正线调度员从官方渠道或接到上级单位通知知道即将或已经发生地震，或自身感受到强烈震感，应立即向正线、车辆段、停车场内所有列车发送远程紧急制动指令，同时向全线列车、车站发送地震 PIS 信息，控制中心、车站、维保等各单位启动地震应急预案疏散乘客。

（十四）紧急呼叫（客室与控制中心调度台通话）

（1）客室内设置紧急呼叫按钮，当紧急呼叫按钮被乘客触发后，可与中心调度台通话。车辆 PIS 系统将紧急区域的画面主动推送给控制中心 CCTV 监控屏。

（2）支持多个乘客呼叫，操作员选择任意一个来电回复，其余未被接听的呼叫保留请求。

（十五）紧急手柄（乘客下拉手柄，中心与乘客对话并处理）

（1）乘客拉下紧急手柄后，系统联动 CCTV、车辆紧急广播和车载控制器。提示两遍："某车厢紧急拉手拉下，将在下一站停车处理"，控制中心通过与乘客对话的方式采取相应措施。车载控制器将手柄下拉信息发送给检调并输出报警。

（2）紧急手柄安装于客室内，每个客室 1 个，具体以实际车辆设计为准。

（十六）恶劣天气

（1）系统结合恶劣天气模式的触发条件，自动在行调工作站提供"确认是否采用恶劣天气模式行车"的提示，行调与现场车站值班员联系，明确情况后确认全线列车运行到恶劣天气区域时是否采用恶劣天气模式。同理，ATS 子系统根据 TCMS 提供的空转和打滑信息判断是否可以退出恶劣天气模式，自动在 OCC 行车调度台上提供"确认是否退出恶劣天气运行模式"的提示。

（2）恶劣天气模式下，ATS 子系统根据 TCMS 提供的空转和空气制动滑行信息判断是否仍出现转向架空转和滑行状态，自动在行调工作站提供"确认是否临时限速运行"的提示。

（3）恶劣天气模式下，中心行调严格根据应急预案根据天气情况为全线受雨、雪、雷、风、雾区域的线路设置临时限速。

（十七）应急行车方式

1. 列车加开

运营时段，利用库内或正线备用车开行非计划的载客列车和空车。

2. 列车跳停

（1）行调通过 ATS 工作站设置指定站台跳停，载客列车在全自动运行模式下在该站跳停。

（2）列车冲标超过规定距离，自动运行至下一站并自动触发越站广播。

3. 列车提前发车

行调或车站值班员通过 ATS 设置提前发车操作，使列车相对计划发车时间提前出发。

4. 列车站台扣车及多停晚发

（1）列车运行前方发生故障或其他运营调整情况时，行调或车站值班员对站台列车进行扣车操作。行调可手动操作 ATS 实现全线扣车、× 站扣车、× 站至 × 站的区段扣车功能。

（2）行调认为该调整列车运行时，通过 ATS 操作实现单列车或多列车在 × 站多停（晚发）功能，也可实现全线列车在 × 站或多站多停（晚发）功能，多停（晚发）时间可以是系统预设值或人为操作设定值。

5. 区间参数系统扣车

当前方区间列车数量达到系统设定值后，后续列车会通过实施自动扣车把后续列车扣在前方站台，使前方区间列车数量不大于系统参数，该场景主要是一种自动触发的功能，系统结合实际列车运行分析情况，自动触发扣车，自动取消扣车。

6. 全线自动扣车

当遇到如大面积触网失电等突发事件或其他运营调整需要，系统自动触发全线扣车，列车被扣停在相应站台。

7. 列车运行计划变更

（1）列车运行计划变更主要指列车交路变更，如由小交路列车变为大交路或大交路列车变为小交路。

（2）基本流程。

正线调度员布置变更交路任务，通知相应车站，并设置车厢广播或对车厢进行人工广播。

正线调度员对变更交路列车重新分配相应交路号或目的地代码。

第四章　城市轨道交通行业智能化分析

第一节　城市轨道交通智能化系统简介

智能化轨道交通，城市轨道交通包括地铁、轻轨、有轨电车、磁悬浮列车等多种类型。因为有轨电车和磁悬浮列车占市场的份额很少，因此一般泛指地铁和轻轨。城市轨道交通系统的建设随着计算机技术、通信技术、控制技术、图形显示技术发展迅猛，其自动化程度越来越高，对乘车环境的要求越来越高，节能效益的要求也越来越高。该解决方案可满足客户对城市轨道交通自动化各子系统进行综合管理并使各子系统最大限度地发挥功能的需求，可以有效降低城市轨道运营成本，提升自动化水平。城市轨道交通智能化系统一般包括综合监控系统、综合安防系统、乘客资讯系统、自动售检票系统、通信系统和信号系统。

一、综合监控系统

综合监控系统是以现代计算机技术、网络技术、自动化技术和信息技术为基础的大型计算机集成系统。系统集成和互联了多个地铁自动化专业子系统，主要集成环境与设备监控系统、电力监控系统、火灾自动报警系统，并与其他子系统互联。在集成平台支持下对各专业进行统一监控，实现各专业系统的信息共享及系统之间的联动控制功能，提高运营效率，为实现城市轨道交通现代化运营管理提供信息化基础。

1. 综合监控系统的技术现状

2002 年，北京地铁 13 号线首次实施“供电、环控和防灾报警综合监控自动化系统”。至今，深圳、广州、北京、上海、武汉、西安、成都、重庆、天津等地铁线路均设置了以供电设备监控和机电设备监控为核心的综合监控系统。综合监控系统一般以电力监控、环境与设备监控为核心进行集成；通过与屏蔽门、广播、闭路电视等系统进行界面集成，显示其系统信息的同时，具备对其底层设备的控制功能；另外，还与列车自动监控系统、时钟系统、火灾防护系统、乘客信息系统等系统进行互联，只接收相关信息，在必要的情况下，由人机界面推出窗口进行显示，而不进行控制。典型的综合监控系统构成包括控制中心系统、各车站管理系统、停车场和车辆段监控系统、网络管理系统、设备管理系统以及培训管理系统等组成。

综合监控系统采用主备、冗余、分层、分布式 C/S 结构，分为车站级综合监控系统、中心级综合监控系统以及骨干网三层，实现为热备、冗余、开放、可靠、易扩展的计算机系统。系统提供的主要功能有：

（1）城市轨道交通综合监控系统基本功能：包括数据采集与处理、数据点管理、通用图形界面、监视、远程控制和操作、联动、报警和事件列表、雪崩过滤、时间同步、系统安全与权限管理、统计和报表、历史数据存档和查询、历史和实时趋势记录、冗余设备切换、系统备份和恢复、降级模式。

（2）电力监控功能

监视电力设备的运行状态，如开关位置、故障状态、电压、电流等；

通过单控、顺控命令对开关设备（例如 750VjOKV 开关设备）进行分、合操作；

对开关保护装置进行复归操作；

依据系统运行方式的需要，对供电系统设备的保护软压板进行投退操作；SOE 事件记录、故障录波显示。

（3）环境与设备监控功能

远程控制功能。可对单个设备或成组设备进行单设备控制或系统组控，其中控制命令包括：风机的启动、停止控制；风阀开、关控制；照明回路合、分控制；电扶梯的启、停和方向控制；系统组控启动、停止控制等。

模式控制。模式控制属于一种特定设备组控制，与基本的遥控功能相同。当发生阻塞或紧急情况时，通过模式的执行使设备按照预先定义的模式

表按顺序启动响应的风机和风阀。例如：正常模式、阻塞模式、火灾模式、夜间模式等。

时间表控制。系统能够按照预先设定的时间表的控制内容，控制相应设备启动或停止。

（4）火灾监控：监视火灾设备的状态信息及火灾报警信息；必要时进行相关系统联动，使相关系统进入火灾模式。

（5）其他集成互联系统功能，如行车监视、广播、乘客信息专用功能，以及网络管理、培训开发、设备管理、决策支持等专业化应用功能。

2. 综合监控系统的技术发展方向作为以计算机为基础的生产过程控制与调度自动化系统，综合监控系统

可以对现场的运行设备进行监视和控制，以实现数据采集、设备控制、测量、参数调节以及各类信号报警等各项功能，综合监控系统有着信息完整、提高效率、正确掌握系统运行状态、加快决策、能帮助快速诊断出系统故障状态等优势，现已经成为监控调度不可缺少的工具。

综合监控系统在开发过程中的一条重要理念应是要为用户提供一套易于扩展和使用的系统：开始规模很小，但不论从短期和长远的角度，都可以方便地根据用户的需求加以在线扩充。这样的设计理念才能保证系统不会过早地失去使用价值。但是，随着技术的发展、管控一体化和“信息化和工业化深度融合”以及管理的日益精细化，现有以实时监控为主要应

用目的综合监控系统也无法完全满足地铁安全、高效运营管理的需要，特别是系统软件架构在调度、生产计划和工作流处理方面存在的先天不足已严重制约了系统从过程控制层向生产执行层和经营管理层的扩展，影响了从综合监控系统向智能化综合信息管理系统的发展。

为解决上述问题，综合监控系统需要在现有实时监控基础上，结合迅速发展的信息技术，通过引入面向服务架构、多核并行处理、平行扩展的服务器集群、移动应用、安全系统等成熟的 IT 技术，建立新一代的综合信息智能管理系统，满足国内外用户不断增长的信息化集成要求，提供良好的用户体验。

二、综合安防系统

一般由安防网络子系统、安防集成管理子系统、视频监控子系统、门禁子系统、乘客求助及告警系统、周界报警子系统、联网安检子系统等构成，实现对车站、车辆段、停车场、主变电所的设备和管理用房、出入口、票务室、银行等重点区域的出入管理、登记、实时视频监控和入侵探测等功能，有效确保地铁运营安全。综合安防系统与综合监控系统在中央级和车站级互联，接受综合监控系统的模式控制信息，由综合监控系统协调综合安防系统与火灾报警系统、设备环境监控等系统之间的联动。

1. 安防网络子系统

网络子系统是安防系统的基础传输平台，担负着车站和主变电所的本地数据交换，以及至控制中心的数据传输任务。

综合安防系统在 OCC 控制中心设核心交换机。在各车站设汇聚层交换机和接入交换机。主变电所设汇聚层交换机，接入附近车站，汇聚层交换机通过通信系统提供接入控制中心核心交换机。

2. 安防集成管理子系统

安防集成管理子系统是整个安防系统的集成管理平台，集中控制管理视频监控系统、门禁系统、乘客求助及告警系统、周界报警系统和联网安检系统，并负责这些系统间的联动控制。安防集成管理子系统同时与综合监控系统互联（按照综合监控系统规划的网段接入综合监控系统），管理与综合监控系统（包括环境与设备监控系统 BAS、防灾报警 FAS）之间的联动。

地铁安防集成管理子系统可以根据智能化安全策略管理的设置和地铁系统中实际业务流程的特点，制定各种自动、半自动的智能化模式。由于高度集成地铁安防各子系统，可以提供更丰富的预案和流程管理功能。在出现火灾等异常情况时，可以根据灾害区域释放相应区域的门禁电子锁，迅速转变为地铁防灾救援和事故处理的指挥调度平台。

3. 视频监控子系统

视频监控子系统实现对车站、车辆段、列车、主变电所的实时视频监控功能。电视监控子系统采用全数字化网络监控系统，主要由前端网络数字摄像机设备、数字编解码器、管理服务器、视频显示终端、控制键盘、数字视频存储设备以及相关应用软件和其他辅助设备组成。

地铁高清视频监视系统（CCTV）一般分为运营视频监控系统和公安视频监控系统。主要由各车站、车辆段 / 停车场视频监视系统、控制中心视频监视系统、派出所视频监控系统、地铁公安分局视频监控系统等部分组成。地铁运营视频监控系统主要由车站、车辆段 / 停车场监摔和 OCC 运营摔制中心组成。

运营视频监控系统主要为调度员提供有关列车运行、客流情况、轨道交通站内重要场所、防灾环控以及旅客疏导等方面的视觉信息，方便他们及时观察列车进出站、客流动态及相关设备的运行情况，达到有效组织指挥客运工作和指挥抢险、乘客疏散的目的。

运营视频监控系统可为车站值班员提供对车站的站厅、站台等主要区域进行监视；为列车司机提供对相应站台旅客上、下车等情况进行监视；为中心调度员提供对各车站及在线运营列车相关区域进行监视；为票务管理人员提供对票务管理室、票亭的情况进行监视。

停车场 / 车辆段的值班员需要实时监视该场 / 段内的变电所、出入口、咽喉岔区、库房及公共区等重要区域，了解设备运行、列车进出等情况，提升指挥效率。

根据轨道交通运营的管理模式，单条地铁线路的视频监控系统采用二级控制方式，OCC 为一级控制，车站 / 车辆段值班员为二级控制，平时以车站、车辆值班员控制为主，在紧急情况下转为控制中心调度员控制，OCC 可以实现对整个城市轨道交通线路运营的控制。

公安视频监控系统为公安监控值班员提供实时地铁站内外的情况，及时发现潜在或正在发生的违法犯罪行为，维护治安并处理突发犯罪行为，为后期调查取证提供有效证据。

结合轨道交通公安的管理模式，视频监控系统采用三级控制方式，地铁分局为一级控制，派出所为二级控制，车站警务室为三级控制，平时以车站警务室的监控为主。在突发事件发生时，由地铁分局直接管理，地铁分局可以查看管理整个城市轨道交通线路监控视频，通过以上模式，实现警务室值班员对车站的站厅、站台以及重要设备的监视，地铁派出所对其负责的警务室相关视频进行管理，地铁分局对城市的全部轨道交通安全负责。

4. 门禁子系统

门禁系统（ACS）实现对车站、车辆段和主变电所设备和管理用房、出入口、票务室等重点区域的自动化出入管理、登记功能，以及车站、主变电所考勤管理功能。门禁系统主要由服务器、门禁控制器、前端设备（门禁点控制器、读卡器、门磁、电控锁）及相关软件构成。门禁系统分为三级架构。控制中心的中央级服务器、车站级的门禁控制主机、就地级的门禁控制模块。门禁控制主机以网络的形式和中央级服务器连通，就地级门禁控制模块采用双总线的形式连接，系统的架构合理、组网灵活、稳定性高。门禁系统所有设备均属于自主研发，主控制模块的协议是不开放的，不会被外界攻击。读卡器等下层设备都经过严格的加密算法加密，避免了采用监听的方式窃取系统信息。

门禁控制主机有超大的存储容量，从中央级服务器获取数据，独立备份存储于控制器中,每个车站的门禁系统在服务器断开的情况下,均可独立运行。

5. 乘客求助及告警系统

乘客求助及告警系统主要包括设置在车站站台层、站厅层公共区和重要设备管理用房(票务室、客服中心)的紧急告警终端设备。在紧急情况下,可实现乘客与工作人员以及车控室值班人员的视频通话功能和报警功能。

乘客求助及告警系统主要由求助电话主机、求助电话、紧急报警按钮、告警指示器和监控管理工作站构成,其中乘客求助电话安装在站厅、站台、残疾人专用厕所的明显位置。紧急报警按钮设在重要设备管理用房、票务室、客服中心的隐蔽位置。

乘客求助及告警子系统设备具备联网功能,提供完善的控制、管理功能和软件以及电子地图软件,纳入安防系统软件的统一管理,实现中心和车站的两级监控、管理功能;在监控终端上应能够以电子地图方式显示求助电话、紧急报警按钮等终端设备的布局和工作状态;监控管理终端应能够记录、查询相关求助、报警事件;当求助电话被使用时,系统能够实现与视频监控系统联动,车控室监控终端能够自动弹出相应监控画面,并对求助图像和声音同时录像。

6. 周界报警子系统

在车辆段安装周界报警设备,实现入侵探测、报警功能。

周界报警系统由红外对射入侵探测器、报警主机、车辆段 / 停车场操作终端、信号传输、网管等设备组成。

周界防范子系统的覆盖范围包括车辆段 / 停车场周界围墙、车辆段 / 停车场敞开区围墙等。在车辆段 / 停车场值班室设操作终端,报警信号均在该操作终端实现。

视频监控系统实现和周界防范子系统的联动。

7. 联网安检子系统

联网安检系统由安检信息管理系统、武器与易燃易爆检测系统、炸药探测系统、生化探测系统、放射物品探测系统、液体检测系统组成。

安检信息管理系统实现各区域、各类安检设备信息实时采集、传输、存储和处理,并可与相关应急处置程序和设施联动。

武器与易燃易爆检测系统,采用通道式 X 射线检查,主要用于爆炸物与武器、管制器具等危险违禁品检测。

炸药探测系统,采用痕量爆炸物探测技术,能够自动检测行包和粉末状、胶状嫌疑物品是否存在痕量爆炸物,并鉴别爆炸物种类。

生化探测系统,能够自动检测几十米范围内的毒气,并发出报警声。

放射物品探测系统,主要进行"脏弹"等放射性物质材料自动监测和核素识别。

液体检测系统,采用计算机断层扫描成像技术,能够自动识别易燃、易爆、易腐蚀性危险液体,以及用于制作液体爆炸物的主要液体组成成分。

三、乘客资讯系统

在正常情况下，可提供列车时间信息、政府公告、出行参考、股票信息、媒体资讯、广告等实时多媒体信息；在火灾及阻塞、恐怖袭击等情况下，提供动态紧急疏散指示，充分提升地铁或轻轨运营总体服务水平和质量。

1. 乘客导乘和服务

提供轨道交通运行信息（包括下一列列车到站信息、列车时刻表、轨道交通票务票价信息等）、乘车疏导信息、政府公告和公益信息、媒体节目、商业广告、金融信息以及其他各类生活资讯。

2. 显示列车服务信息

车站子系统的车站服务器实时从 ATS 接收列车服务信息，再控制指定的终端显示器显示相应列车服务信息，如下班车的到站时间、列车时间表、列车阻塞 / 异常、特别的列车服务安排等信息。

3. 时钟显示的功能

PIS 可以读取时钟系统的时钟基准，并同步整个 PIS 所有设备的时钟，保证终端显示屏幕显示时钟的准确性。屏幕可以在播出各类信息的同时提供时间和日期显示服务。

4. 实时信息的显示功能

屏幕不同区域的信息可结合数据库信息的改变而随时更新。实时信息的更新可以采用自动的方式或操作员人为的干预。实时信息包括新闻、天气、通告等。通过车站操作员工作站或中心操作员工作站，操作员可以即时编辑指定的提示信息，并发布至指定的终端显示屏，提示乘客注意。

操作员可以设定实时信息是否以特别信息形式或者紧急信息形式发放显示，发放高优先级的信息可中断原来正在播放的信息内容，即时显示。移动列车应能实时接收多媒体制作中心发布的多媒体视频信号。

5. 广告播出功能

PIS 可为轨道交通引入一个多媒体广告的发布平台，通过广告的播出，为轨道交通带来经营效益。广告可以分为图片广告、文字广告和视频广告。广告可与其他各类信息同步播出，提高系统的工作效率。

6. 乘客应急处理辅助

系统在紧急状况时播放临时的通告和警示，引导乘客。在发生重大灾害需要乘客迅速撤离时，该系统可随时中断部分或所有的服务信息，播放紧急处理相关的信息，引导乘客迅速撤离，将损失降到最低。

7. 车载监视功能

在列车上设置车载监控系统，从使用上满足中心和列车对相应的管辖区域的监视。监视目的主要是运行列车车厢内的旅客活动情况，确保乘客旅行安全。控制中心可对所有运营列车的所有车厢进行实时监视，具备自动循环监视等功能。除各种监视功能外，其他功能还包括：预览、录像、回放功能；报警功能；视频回放功能；网络功能；综合控制功能。

8. 预置报警功能

Pis 可以预先设定多种紧急灾难报警模式，当发生异常情况时，PIS 自动或人工触发进入报警模式。此时，相应的终端显示屏显示报警信息及人流疏导信息。

9. 即时编辑功能

可在多媒体制作中心和车站操作员工作站即时编辑发布紧急灾难告警信息，发布至指定的终端显示屏，对人流进行疏导。

四、自动售检票系统

简称 AFC 系统，是当前世界地铁 / 轻轨中广泛采用的一种票务管理模式。自动售检票系统（AFC 系统）采用全封闭的运行方式，以及计程、计时的收费模式。以非接触式 IC 卡等作为车票介质，通过高度安全、可靠、保密性能良好的自动售检票计算机网络系统，完成地铁 / 轻轨运营中的售票、检票、计费、收费、统计等票务运营的全过程、多任务自动化管理。自动售检票系统分为五层架构，分别为清分中心系统（ACC）、线路中央计算机系统（LCC）、车站计算机系统（SC）、车站终端设备（SLE）、票卡五个层次。

1. 清分中心系统（ACC）

清分中心系统的主要功能是统一城市轨道交通 AFC 系统内部的各种运行参数、收集城市轨道交通 AFC 系统产生的交易和审计数据并进行数据清分和对账、同时负责连接城市轨道交通 AFC 系统和城市一卡通清分系统，规定了对车票管理、票务管理、运营管理和系统维护管理的技术要求。

2. 线路中央计算机系统（LCC）

线路中央计算机系统设备安装在线路控制中心内，负责采集全线路的售检票数据、设备状态数据和其他运营数据、监视全线路的运行状态，依据需要向一个或多个车站、单个或者一组终端设备下达运营参数和设备控制指令。线路中央控制系统的业务功能包括票务管理、对账处理、收益管理、设备管理、设备控制、运营参数管理、黑名单管理、软件管理等。

3. 车站计算机系统（SC）

车站计算机系统设备安装在各车站的车控室内，负责采集本车站范围内的售检票交易数据、设备状态数据和其他运营数据，监控终端设备的运行状态，根据需要向单个或者一组终端设备下达运营参数和设备控制指令。车站控制系统的业务功能包括票务管理、收益管理、设备管理、设备控制、运营参数下载。

车站计算机系统，由车站操作员控制计算机和车站网络计算机、监视器、紧急控制系统、网络系统及不间断稳压电源系统所组成。

4. 车站终端设备（SLE）

车站终端设备安装在各车站站厅，直接为乘客提供售检票服务的设备，规定了车站终端设备及其运营管理的技术要求，包括自动售票机（TVM）、自动增值机（AVM）、自动检票机（AG）、半自动售票机（BOM）、验票机（TCM）以及便携式验票机（PCA）等。

车站终端设备接受中央控制系统和车站控制系统的管理，根据系统参数配置的方式上传交易数据、设备状态和事件报警，接收运营参数和控制指令，根据需要在正常运营模式和降级运营模式下工作。

5. 票卡

票卡是乘客乘车的凭证，记载了乘客从购票开始，完成一次完整行车所需要和产生的费用、事件、乘客区间等信息。为了更方便地服务乘客，轨道交通提供多种类型的车票，包括单程票、多程票、储值票、纪念票、出站票、员工票等。

五、通信系统

城轨通信系统主要由下列子系统组成：传输系统、公务电话系统、专用电话系统、闭路电视监控系统、有线广播系统、时钟系统、乘客导乘信息系统、通信电源和接地系统。

1. 传输系统

城轨的传输网是城轨通信网的基础。城轨传输网要求具有高可靠性和丰富的业务接口。城轨传输网的底层一般采用 SDH 光纤自愈环路，在光纤切断或故障时能自动进行业务切换，故具有很高的可靠性。

传输业务的多样性是城轨传输系统的主要特点。所传输的业务包括电话（窄带音频）、广播（宽带音频）、城轨信号（中 / 低速数据）、视频（高速数据）等业务。

在城域网（MAN）中，传输网按其功能划分为骨干层、汇聚层与接入层。而在城轨通信网中，传输网按其功能可分为骨干层与汇聚接入层，城轨传输网分为城轨专用传输网和民用（GSM、CDMA 接入）传输网，这是两个完全隔离的网。

在城轨专用传输网中具体传送的信息为调度电话、广播、公务电话、集群无线基站的 2Mbit / s 的数字链路；RS-232.RS・422、RS-85 接口点对点低速电路数据业务；10/100/1000MbitZs 的以太网业务；ATM 业务。

2. 公务电话系统

城轨的公务电话相当于企业总机，采用通用的程控数字用户交换机组网，并通过中继线路接入当地市话网。一般情况下，中心交换机安装在控制中心和车辆段，而在各车站配置车站交换机或中心交换机的远端模块。中心交换机与车站交换机之间通过城轨专用传输网进行点对点的连接。为减少城轨通信设备的类型，当前城轨多数采用具有调度功能的交换机组成公务电话网。

3. 专用电话系统

专用电话系统包括调度、站内、站间和区间(轨旁)电话子系统。城轨的调度电话子系统主要包括调度总机、调度台和调度分机三部分,并通过传输系统或通信电缆相连接。在控制中心安装有调度机或交换 / 调度机作为调度总机,为调度人员提供专用直达通信服务。一般在城轨中设有行车调度、电力调度、维修调度、环控调度、公安调度的(虚拟)调度专网和调度台(其中行车调度专网设 2 个调度台)。调度台应具有选呼、组呼、群呼、强插、强拆、会议、应急处理等特定功能。调度分机安装在控制中心、车辆段以及各车站。调度台可单键直接呼叫分机;分机呼叫调度台分为一般与紧急两类呼叫。

站内的公务电话交换机具有热线功能,在提供公务电话业务的同时,亦可提供站内、站间和区间(轨旁)电话业务。站内电话子系统由车站公务电话交换机、车站值班台(主机)和电话分机组成。

站间电话可为车站值班员与相邻车站的车站值班员提供直达通信服务,也可以接入公务电话网。

区间电话通过站内电话子系统连接邻站的车站值班台或接入公务电话网,为隧道内的维修人员提供通信服务。

4. 闭路电视监控系统(CCTV)

闭路电视监控系统为控制中心调度管理人员、车站值班员、列车司机及站台监视亭值班员等对车站的站厅、站台、出入口等主要区域提供监视服务。

控制中心的行车调度员实时监视全线各车站的情况。车站的车站值班员能够实时监视本站情况。列车司机能在驾驶室看到乘客上下车的情况(站台与列车间用无线传送视频信号)。

监视画面要求具有 DVD 质量。采用控制中心和车站两级互相独立的监控方式,日常以车站值班员控制为主,控制中心调度员可任意选择上调各车站的各摄像头的监视画面。在紧急情况下则转换为控制中心调度员控制。

出于安全与事故取证要求,车站和控制中心的 CCTV 设备还应具有录像功能。

城轨的闭路电视监控系统有模拟、数字和网络三种组网方式,在模拟闭路电视网络中,摄像头与监视器之间传输的是模拟视频信号,图像的切换和分割由硬件(视频矩阵和图像分割设备)完成。各车站传送至控制中心模拟视频信号,采用点对点的模拟光纤传输。

在数字闭路电视网络中,车站和控制中心仍以模拟组网,与模拟闭路电视区别仅在于:各车站与控制中心之间利用城轨传输网传送视频信号。由于城轨传输网只能传输数字信号,为了将模拟视频信号从站点传到控制中心,需要经过编解码器进行模 / 数与数 / 模转换。在传输网采用 MSTP 技术后,目前已有将模拟视频信号经压缩编码、成帧后,利用城轨传输网的分组数据通道以总线方式传送视频信号,其主要优点为可以按需动态分配带宽。

在网络闭路电视网络中,带有编码器的网络摄像头和带有解码器的数字监视器以及数字录像硬盘均接入站点的Ethemet或ATM局域网,监视器可结合摄像头的IP地址调看图像;并用软件进行图像分割,省略了视频矩阵和图像分割等硬设备。各站点局域网与控制中心局域网通过城轨传输系统互联成广域网,控制中心可以根据摄像头IP地址直接选调全线各摄像点的监控画面。

5. 有线广播系统(PA)

有线广播系统由正线广播和车辆段广播两个独立的系统组成。正线广播又分成控制中心广播和车站广播两级,该系统为控制中心调度员、车站值班员、车辆段值班员提供对相应区域进行有线广播,同时也为控制中心大楼提供广播功能。

有线广播系统具有自动和人工广播,以及相应的选择功能及优先级功能,采用车站和控制中心两级控制方式。平时以车站广播为主,控制中心可以插入;但在紧急情况下,则以控制中心广播为主。

6. 时钟系统

时钟系统是为保证轨道交通运营准时、服务乘客、统一全线设备标准时间而设置的。城轨的两类时钟系统均同步于美国GPS(俄罗斯格林纳斯、欧洲伽利略、中国北斗一号作备用)或CCTV时间信息。

其中提供时间信息的时钟系统分为一级母钟系统与二级母钟系统,一级母钟系统安装在控制中心,二级母钟系统安装在各车站、车辆段的通信机房内,用以驱动分布在站内及车辆段的各子钟以显示正确的时间,同时为通信设备提供基准频率。

7. 乘客导乘信息系统(PIS)

乘客导乘信息系统与城轨信号系统相连接。PIS主要功能是及时为车站和列车上的乘客提供列车导乘信息,同时也可提供诸如时间、天气预报、新闻及广告等其他信息。

为了在列车上提供实时的导乘信息、新闻、赛事等,可以在城轨中建设符合我国数字电视地面广播标准(DMB-TH)的移动数字电视系统。

8. 通信电源和接地系统

城轨通信的电源系统必须是供电设备独立、并具有集中监控管理的系统。

通信电源系统应保证对通信设备不间断、无瞬变的供电,满足通信设备对电源的需求。

城市轨道交通通信设备应按一级负荷供电,由变电所引接双电源双回线路的交流电源至通信机房交流配电屏,当使用中的一路出现故障时,应能自动切换至另一路。

对要求直流供电的通信设备,采用集中方式供电。直流供电系统可由直流配电盘、高频开关型整流模块、直流变换器、逆变器、阀控式密闭铅蓄电池组等组成,并应具有遥信、遥测、遥控性能和标准的接口及通信协议。

对要求交流不间断供电的通信设备,可根据负荷容量确定采用逆变器供电或交流不间断电源(UPS)供电方式。

通信设备的接地系统设计,应做到确保人身、通信设备安全和通信设备的正常工作。城市轨道交通车站根据条件可采用合设接地方式，也可采用分设接地方式。分设接地方式由接地体、接地引入线、地线盘及室内接地配线组成。

六、信号系统

信号系统是确保列车运行安全,实现行车指挥和列车运行现代化,提高运输效率的关键系统设备。城市轨道交通信号系统通常由列车自动控制系统(简称 ATC)组成，ATC 系统包括四个子系统：列车自动监控系统(ATS)、列车自动防护子系统(ATP)、列车自动运行系统(ATO)、计算机连锁系统(Cl)。子系统通过信息交换网络构成闭环系统,实现地面控制与车上控制结合、现地控制与中央控制结合,构成一个以安全设备为基础,集行车指挥、运行调整以及列车驾驶自动化等功能于一体的列车自动控制系统。

1.ATS

ATS 子系统主要由中央计算机网络系统和车站计算机或中断模块设备组成。它完成全县列车的运行管理和监控。其控制方式可由中心集中控制，也可由车站分散控制。ATS 主要作用是编制、管理行车计划,实现对全线列车的监控和列车运行的自动调整。

ATS 主要功能有：

控制中心 ATS 的主要功能：

(1)列车的运行控制等正常操纵；

(2)时刻表的编辑、修改和存储,时刻表延时修正的调整控制；

(3)列车位置的实时监视和列车运行轨迹记录；

(4)运行图管理(计划和实际运行图)；

(5)列车运行进路的自动设置,车站联锁状态的监督；

(6)故障记录等。

2.ATP

ATP 子系统是确保行车安全的基本系统,可实现列车的间隔控制、超速防护和进路的安全监控、安全开关门的监督等功能,确保列车和乘客的安全。主要包括车载设备和地面设备。

ATP 主要功能有：轨旁 ATP 子系统的功能：

(1)轨道区段空闲的检测；

(2)自动检测车辆的位置；

(3)控制列车运行安全间隔,满足规定通过能力；

(4)连续监督列车速度,实现超速防护；

(5)列车车门开、闭安全控制,为列车车门的关闭提供安全可靠的信息；

(6)标志器及环线信息控制；

(7)目的地选择；

(8)停站时间控制及自动启动等；

（9）向 ATO 传送控制信息。

车载 ATP 子系统功能：

（1）接收和解译限速指令；

（2）依据限速进行超速防护；

（3）测速、测距；

（4）停站校核；

（5）控制车门开、闭，发送站台屏蔽门开、闭信息等；

（6）具有故障自检和报警、记录功能。

3.ATO

ATO 系统以列车自动保护系统为基础、配置车载计算机系统及必要的辅助设备，主要执行站间自动运行、列车在车站的定点停车、在终点的自动折返等功能。它对于列车运行规范化、减少人为影响，在高密度、高速度运行条件下保证运行秩序有很大好处，在节约列车能耗方面也有一定作用，同时还可以减轻司乘人员的劳动强度。ATO 主要由车载设备和地面设备组成。

第二节　城市轨道交通智能化系统优势

一、高科技化方面

采用了先进的计算机网络技术，实现了对列车、车辆自动跟踪管理以改善运输效能，更好地与铁路用户沟通以改善运输服务，采用了先进的信息传输技术来代替传统的轨道电路，能够满足调度中心和列车群之间高效大容量信息传输的需要。采用了先进的列车定位、测速技术，能够确定出列车的精确位置与状态。

二、智能化方面

即由传统控制和管理型向知识工程型转化，能够模拟人的行为来实施对列车和列车群的管理。前者为智能列车，通过车载微机实现列车辅助和自动驾驶，后者通过调度中心智能工作站完成行车计划、运营管理和信息服务等功能。

三、综合集成化方面

近年来，随着科学技术进步和计算机集成技术的不断发展，通过统一平台将多个专业子系统进行集成的设想成为了可能。在当前国内城市轨道交通大规模建设时期，通过综合集成化系统提供的统一软硬平台，将中央调度人员和车站值班人员所关心的监控信息集中在一起，在功能强大的集成软件开发平台的支持下，最终用户可通过图形化人机界面，方便有效地监控管理整条线路相专业子系统的运作情况。并实现系统之间信息共享和协调互动。

四、强调运输系统的整体功能

新系统较传统的列车控制系统更加强调整个城市轨道交通作为一个系统运作的功能。

道路拥堵是一大“城市病”，严重降低了市民的出行效率“十三五”期间，这一状况将得到改善。按照“十三五”规划草案绘就的交通蓝图，本市将构建安全、畅达、高效、绿色、文明的一体化综合交通体系，市民出行有更多选择，交通状况更加通畅。

1. 加快轨交扩能增效

本市目前已拥有600多公里轨道交通，日均客流近千万人次，极大便利了市民出行。尽管如此，仍有不少市民常常“吐槽”出行难：家附近没有轨交站点，即使坐上了车，高峰期出行也有点“遭罪”。

本市将坚定落实公交优先发展战略，尤其要加快实施轨道交通的扩能增效，按照“一网多模”原则推进多层次交通网络建设。其中，最核心的是完善轨道交通基本网络，每天客流承载量将达到1500万。另外还包括松江、奉贤等中心城外围区的轨道交通线路，以及利用现有及规划铁路，发展与中心城轨道交通网相衔接、支撑各区新城节点城市功能提升、与长三角城市相连通的市郊铁路网络。

出了地铁站却很难就近坐上公交车，这是不少郊区市民的烦恼。既有线网运输能力的提升。轨道交通网络和公交线网融合衔接将更顺畅，500公里公交专用道、中运量快速公共交通系统的建成，将真正打通市民出行的“最后一公里”。

2. 完善城市次支路网

2020年，高速公路通行里程超过900公里，普通国省干线通行里程达到1300公里。全面打通“断头路”，加快完善城市次支路网，构建道路微循环系统。

如果说铁路是城市交通的“大动脉”，那么城市内的次支路网就是“毛细血管”，“大动脉”通畅的同时，“微循环”也不能堵塞。区与区之间、镇与镇之间、村与村之间“断头路”的存在，同样影响着市民的出行便利。本市将加快完善城市次支路网，构建道路微循环系统，让低等级道路也能四通八达。

随着汽车保有量的不断上升，停车难问题日益突出。规划纲要草案提出，上海将加强静态交通规划和管理，合理制定不同区域的停车配建标准。结合轨道交通站点，进一步增加“P+R”设施建设，在停车矛盾突出区域推进公共停车场规划建设，鼓励在医院、学校、商务楼宇等公共活动场所资源挖潜和共享。

3. 挖掘存量设施容量

坚持小客车总量控制，合理调控小客车拥有和使用。创新交通管理模式，大力推进公交、道路和停车等智能化管理和服务，有效满足交通需求。

公共交通体系虽然已经建立，但很多细节服务还做得不够到位。本市将提高交通管理科学化和精细化水平，完善交通管理设施建设维护，充分挖掘存量交通设施容量，提升公共交通服务的舒适度和便捷度。例如，上海今年将开工建设延安路中运量公交工程，或将采用18米长的无轨电车达到每小时运送5000人次的规模，还将新开通20条“最后一公里”公交线路，新增76条单行道，建成17条区区对接道路。

建设一体化交通体系可让市民出行更加便捷，尤其是居住在远郊的人们，对出行便利的渴望更加迫切，这也应该成为相关职能部门追求的目标。当前，金山铁路运行顺畅，下一步沪车铁路即将启动建设，G320亭枫公路段将从4车道拓宽为6车道，这都将让市民在城市发展中体会到更多获得感。

市政协人口资源环境建设委员会副主任孙建平委员表示，市委、市政府今年将“补短板”的重点聚焦在严格交通综合管理上，减少小汽车的使用强度。到2020年，在延安路、周家嘴路、共和新路等公交走廊上，建设中运量公交模式，使地面公交的日承载量能够达到1000万人次左右。他还透露，“上海正在建设260公里的内河水上高速公路，这将分担很大部分的路上运输，完善市民出行半径，方便换乘，使公共交通更加顺畅”。

第三节　城市轨道交通智能化市场规模

一、城市轨道交通行业建设规模

截至2023年12月31日，中国共有53个城市开通运营城市轨道交通线路290条，运营里程9584公里，车站5609座。其中，高铁线路占比达到40.7%，地铁线路占比为38.6%，有轨电车线路占比为10.7%，磁悬浮线路占比为2.8%，其余为其他类型的城市轨道交通线路。

2023年全年，中国新增城市轨道交通运营线路21条，新增运营里程847公里，新增南通和黄石2个城市首次开通运营城市轨道交通。其中，高铁线路新增里程达到361公里，地铁线路新增里程为309公里，有轨电车线路新增里程为98公里，磁悬浮线路新增里程为79公里。

2023年全年，中国城市轨道交通实际开行列车3316万列次，完成客运量194.0亿人次（较2022年减少43.1亿人次，降低18.2%），完成进站量116.9亿人次，客运周转量1560亿人次公里，其中，高铁客运量占比达到46.4%，地铁客运量占比为40.2%，有轨电车客运量占比为5.6%，磁悬浮客运量占比为4.5%，其余为其他类型的城市轨道交通客运量。

2023年中国轨道交通行业规模持续扩大，增长速度较快，但受到新冠疫情的影响，客运量下降。预计随着疫情防控形势的改善和经济社会的恢复发展，中国轨道交通行业将迎来新的增长机遇和发展空间。

2023 年中国城市轨道交通的地域分布呈现出以下特点。

东部地区城市轨道交通发展最为成熟，占据了全国运营里程的 55.8%，运营线路的 54.5%，运营车站的 54.9%，客运量的 60.1%。其中，北京、上海、广州、深圳等一线城市和杭州、南京、武汉等新一线城市是城市轨道交通的主要发展区域，拥有较高的线路密度、运营效率和客流量。

中部地区城市轨道交通发展较为迅速，占据了全国运营里程的 22.4%，运营线路的 23.1%，运营车站的 22.7%，客运量的 19.6%。其中，郑州、长沙、合肥等省会城市和济南、青岛等沿海城市是城市轨道交通的重要发展区域，拥有较高的建设速度、投资规模和发展潜力。

西部地区城市轨道交通发展较为滞后，占据了全国运营里程的 21.8%，运营线路的 22.4%，运营车站的 22.4%，客运量的 20.3%。其中，成都、重庆、西安等西部大城市是城市轨道交通的主要发展区域，拥有较高的人口规模、经济水平和交通需求。

2023 年中国城市轨道交通的结构特征呈现出以下特点。

高铁线路是城市轨道交通的主要组成部分，具有较高的技术水平、运营效率和安全性。高铁线路主要连接各大中心城市和重要节点城市，形成了覆盖全国各个地区的高速铁路网，为经济社会发展提供了强大的动力和支撑。

地铁线路是城市轨道交通的重要组成部分，具有较高的客流量、服务质量和便捷性。地铁线路主要覆盖各大中小城市的核心区域和重要功能区域，形成了与高铁线路相互衔接和配合的城际铁路网，为城市居民出行提供了快速舒适的选择。

有轨电车线路是城市轨道交通的补充组成部分，具有较低的建设成本、环境影响和能耗。有轨电车线路主要覆盖各大中小城市的次中心区域和新兴功能区域，形成了与地铁线路相互连接和延伸的城市内部铁路网，为市民绿色出行提供了环保节能的选择。

磁悬浮线路是城市轨道交通的创新组成部分，具有较高的运行速度、舒适度和稳定性。磁悬浮线路主要连接各大中心城市和重要机场或景点，形成了与其他类型线路相互竞争和互补的特色铁路网，为城市高端出行提供了先进高效的选择。

根据《中国城市轨道交通市场发展报告（2022）》，截至 2022 年 12 月 31 日，中国共有 44 座城市获批建设地铁，分布在华北、华东、华南、华中、西北、西南和东北七大区域，据市场初步预测，2023 年，共有北京、广州、郑州、温州、南京等 28 座城市的 54 条轨道交通线路将新增开通运营，总里程达 972.13 公里，车站 568 座，总投资额达 7256.13 亿元。

据市场初步预测，2024 年包括天津、广州、苏州、成都、上海等 29 座城市的 59 条轨道交通线路将新增开通运营，总里程达 1119.77 公里，车站 691 座，总投资额达 8924.04 亿元。2023 年预计将有重庆、苏州、上海、广州、合肥等 25 座城市的 53 条城市轨道交通线路新增开工，合计总里程达 1378.02 公里，车站 493 座，总投资额达 7824.34 亿元。

2024 年预计将有南昌、合肥、重庆、南通、金华等 40 座城市的 70 条城市轨道交通线路新增开工，合计总里程达 2374.84 公里，车站 726 座，总投资额达 11316.64 亿元。不考虑其他因素（尤其是未来新建线路采用全自动驾驶系统的特殊情况），假设城市轨道交通信号招标线路都采用 CBTC 系统，其工程造价按 1100 万元 / 正线公里平均预测，2023—2024 年中国城市轨道交通共有 114 条线路信号系统预计招标，信号系统总投资将达 333.71 亿元。轨道交通投资规模的总体呈增长趋势，市场需求将进一步增大，利好轨道交通产业链上下游企业的发展。

二、城市轨道交通智能化竞争格局

1. 区域竞争：上海城市轨道运营里程数最多

由于经济较发达地区人口流量较大，对城市轨道需求也较大，当前我国城市轨道交通建设主要集中在东部经济较发达地区。截至 2021 年末，城市轨道交通运营里程数 TOP10 城市运营里程数占据了全国城市轨道交通运营总里程数的 61.67%。其中，上海目前运营的城市轨道运营里程数最多，为 834.2 公里，也是全国唯一一个城市运营里程数超过 800 公里的城市。进入前十的城市还包括北京、成都、广州、深圳、南京、武汉、重庆、杭州和青岛，但是可以看到，这些城市运营里程数梯级分布较明显，如排名第十的青岛运营里程数为 255 公里，与上海运营的里程数相差 579.2 公里。

2. 企业竞争：中国电科是最大市场参与者

城市轨道交通是一个庞大的工程，市场参与者众多，每个领域的优势竞争者各不相同。

在规划设计方面，中国国际工程咨询公司、北京城建设计、广铁设计院等企业具有较强的实力和竞争优势。

在建筑施工方面，中国中铁占据了主要市场份额，占比约为 47.2%; 其次是中国铁建，市场份额约为 28.5%。

在城轨机械设备方面，中国中车占据了主导地位，市场份额占比超过一半。

在城轨电气设备方面，中国通号占据主要市场份额，约为 34.5%，其次是和利时、交控科技，市场占比均超过 10%。

在城轨整体系统方面，市场主要参与者包括上海贝尔、卡斯柯、上海华虹等，其中上海贝尔占据了最大市场份额，约为 22.2%。

在城轨运营维护方面，较为领先的企业主要是几个大型城市的地铁公司，它们利用当地的地铁发展经验和较长的轨道交通运营长度，其中北京地铁、上海地铁、广州地铁和香港地铁积累了丰富的运营管理经验，位于竞争第一梯队。

行业发展前景预测。

1.“智慧化”城市轨道交通建设加快

近年来，物联网、云计算、移动互联网、大数据等新一代信息技术发展突飞猛进，这些新兴技术应用于智慧城市和轨道交通将极大推动现代城市与轨道交通的发展。城市轨道交通智能化系统在轨道交通智能化、信息化、数字化发展中起到至关重要的作用。这也是智慧城市建设中，未来城市轨道交通发展的必然趋势。城市轨道交通智能化系统包括综合监控系统、乘客资讯系统、综合安防系统、通信系统、自动售检票系统和信号系统。

2.“十四五”期间城轨类型多元化发展

随着经济发展，城镇化速度不断加快，特别是东部沿海区域城镇化率不断提高，导致城市市区规模越来越大，某些地区城市体制的改变，城市规模也越来越大，城市轨道交通需求增大，城市轨道交通规划的范围，延伸的里程已盖了城市和乡镇的大部分区域，为城市轨道交通发展注入了新的活力。城市轨道交通不再单单以发展地铁为主，城市轻轨加入加快了建设速度，科学技术的进步，不同类型的轨道交通也进入了并行发展时期，呈现多元化发展态势，并开始注重轨道交通与城市环境的协调发展。

在经济特别发达的一些地区，如珠三角、长三角、京津冀经济区，城市轨道交通开始向城际轨道交通领域拓展，这三个地区都在以城市轨道交通的理念编制城际轨道交通发展建设的规划，为城市轨道交通发展开拓了更广阔的发展空间。

总体来看，中国城市轨道交通建设呈现多元化发展趋势，要做好以城市为主轨道交通枢纽规划。目前，除了悬挂式单轨外，世界上的所有城市轨道交通的技术制式在中国都已开始采用。这些制式是：地铁（含高架和地面线路，高峰小时单向客运量达 3 万—6 万）、轻轨（含现代有轨电车，高峰小时单向客运量达 1 万—3 万）、跨座式单轨线路（如重庆单轨较新线）、线性电机线路（如广州地铁 4 号线、5 号线）、无人驾驶自动导向系统（如北京机场新建线路）、市域快速轨道系统（如大连、天津滨海线）等。

2、企业竞争：中国电科是最大市场参与者

城市轨道交通是一个庞大的工程，市场参与者众多，每个领域的优势竞争者各不相同。

在规划设计方面，中国国际工程咨询公司、北京城建设计、广铁设计院等企业具有较强的实力和竞争优势。

在建筑施工方面，中国中铁占据了主要市场份额，占比约为 47.2%；其次是中国铁建，市场份额约为 28.5%。

在城轨机械设备方面，中国中车占据了主导地位，市场份额占比超过一半。

在城轨电气设备方面，中国通号占据主要市场份额，约为 34.5%，其次是和利时、交控科技，市场占比均超过 10%。

在城轨整体系统方面，市场主要参与者包括上海贝尔、卡斯柯、上海华虹等，其中上海贝尔占据了最大市场份额，约为 22.2%。

在城轨运营维护方面，较为领先的企业主要是几个大型城市的地铁公司，它们利用当地的地铁发展经验和较长的轨道交通运营长度，其中北京地铁、上海地铁、广州地铁和香港地铁积累了丰富的运营管理经验，位于竞争第一梯队。

第五章　城市轨道交通智能化系统

第一节　概述

城市轨道交通系统建设随着计算机技术、通信技术、控制技术、图形显示技术的不断发展，其智能化程度越来越高。轨道交通智能化系统上游行业为电子设备制造业及相关信息技术行业、工程材料行业其中，电子设备产品包括前端设备、传输设备、控制设备、显示设备、存储设备等。下游行业主要是铁路和城市轨道交通两个行业。我国铁路和城市轨道交通的发展对轨道交通智能化系统的发展有较强的带动作用。

城市轨道智能化系统具有以下优势。

1. 高科技化

采用了先进的计算机网络技术，实现了对列车、车辆自动跟踪管理以改善运输效能，更好地与铁路用户沟通以改善运输服务。采用了先进的信息传输技术来代替传统的轨道电路，能够满足调度中心和列车群之间高效大容量信息传输的需求，采用了先进的列车定位、测速技术，能够确定出列车的精确位置与状态。

2. 智能化

由传统控制和管理型向知识工程型转化，能够模拟人的行为来实施对列车和列车群的管理。前者为智能列车，通过车载微机实现列车辅助和自动驾驶，后者通过调度中心智能工作站完成行车计划、运营管理和信息服务等功能。

3. 综合集成化

随着科学技术的进步和计算机集成技术的发展，统一平台可以将多个专业子系统进行集成管理。在当前国内城市轨道交通大规模建设时期，通过综合集成化系统提供的统一软硬平台，将中央调度人员和车站值班人员所关心的监控信息集中在一起在功能强大的集成软件开发平台的支持下，最终用户可通过图形化人机界面，方便有效地监控管理整条线路相关专业子系统的运作情况，并实现系统之间信息共享和协调互动。

4. 强调运输系统的整体功能

新系统中较传统的列车控制系统更加强调整个城市轨道交通作为一个系统运作的功能，城市轨道交通智能化系统包括综合监控智能化系统、乘客资讯智能化系统、综合安防智能化系统、通信智能化系统、自动售检票智能化系统和信号智能化系统等几个方面。

第二节　综合监控智能化系统

一、技术内容

综合监控系统（Integrated Supervisory Control System，简称ISCS）以设备监控系统（EMCS）为主体，集成了火灾自动报警系统（FAS）和电力监控系统（SCADA），形成了统一的监控管理平台，达到了信息共享。对车站的通风空调系统设备、给排水设备、自动扶梯、电梯、车站公共区照明、广告照明、车站出入口照明、车站事故照明电源、屏蔽门、人防密闭隔断门、变电所和接触网供电设备等机电设备进行全面、有效的自动化监控及管理，确保设备处于高效、节能、可靠的最佳运行状态，创造一个舒适的地方环境。并能在灾害或阻塞事故状态下，联动应急控制，更好地协调车站设备的运行，提高了综合自动化管理水平，充分发挥各种设备应有的作用，确保乘客的安全和设备的正常运行。

基于设备监控的综合监控系统网络结构采用分布式网络结构，由通信传输网、中央级和各站级局域网及现场总线构成，形成中央、车站、现场三级控制和中央、车站两级管网的监控管理体制。

二、主要技术性能

1. 主要设计原则

（1）利用设备监控系统（EMCS）平台组建综合集成系统，集成 EMCS、FAS、SCADA5。

（2）采用分布式计算机系统，由中央管理级、车站监控级、现场控制级及相关通信网络组成。

（3）火灾自动报警系统（FAS）与设备监控系统（EMCS）之间设置高可靠性通信接口，防排烟系统与正常的通风系统合用的设备由 EMCS 统一监控，火灾时由 FAS 探测火灾信息，并发布火灾模式指令，EMCS 优先执行相应的控制程序。

（4）车站控制室 / 中央控制室工艺设计满足运营进行集中监控和管理，总体布置便于操作、维护、管理。

（5）监控对象以通风、空调及制冷系统为重点，并包括给排水系统、供电和照明系统、电梯和自动扶梯系统、屏蔽门系统、人防门系统等，并在火灾情况下进行系统联动控制。

2. 主要系统、设备指标

（1）系统总物理点数 36000. 可扩展至＞ 120000；

（2）控制中心控制响应时间＜ 2s；

（3）控制中心信息响应时间＜ 2s；

（4）车站控制响应时间＜ 1s；

（5）车站信息响应时间＜ 1s；

（6）画面响应显示时间＜ 1s（画面数据点 500 点内）；

（7）系统平均无故障时间＞ 8000h；

（8）系统平均修复时间＜ 1h；

（9）系统有效性 99.98%；

（10）CPU 平均负荷率 ≤50%（服务器）；＜ 20%（工作站）；

（11）网络使用率＜ 10%。

三、技术特点

（1）综合监控系统采用深度集成方式集成三个子系统，提高了系统的可靠性和可维护性。采用成熟可靠、具有自主知识产权的国产系统，降低了建设和运营成本，节约建设投资近千万元；采用变频节能系统，节约能源 20%~30%；采用运营管理及应急监控统一平台，提高应急能力和运营水平；控制室的工艺设计以人为本，为运营管理创建了舒适、便捷的工作条件。

（2）以设备监控系统为主体，构建了统一的运营管理平台，协调各机电设备系统的工作，提高各系统间的联动水平，提升地铁运营智能化和自动化水平。

（3）对车站公共区通风空调采用变频节能控制技术，具有正常通风与防排烟双重功能，节电 20%~30%。

（4）对车控室内各系统进行了集成设计，采用了集中式控制台 / 盘，提高了地铁应急指挥、协调和控制的水平、

（5）对中控室内各系统进行集成设计，采用 DLP 大屏幕投影系统，总拼接面积 114 ㎡，单一逻辑来面显示分辨率为 63677952 像素，是中国最大的智能大屏幕投影系统，

深圳地铁一期工程采用了基于设备监控的综合监控系统，是国内第一个在地下车站实现综合监控系统功能的地铁工程范围包括一号线 15 个车站、四号线 5 个车站（含 1、4 号线换乘站）、竹广林车辆段及综合维修基地、行车调度指挥中心（OCC)。综合监控系统运行稳定，操作使用简便，控制系统自动化水平高，并且维护工作量较小，维护管理手段先进，

第三节　乘客资讯智能化系统

随着现代社会人们的工作、生活节奏加快，出行速度加快，计划性增强，他们需要很好地把握自己的行程，越来越重视对公交行程时间的准确掌握，，城市轨道交乘客资讯，动态显示系统是向乘客提供服务资讯的系统，通过正确、适时的信息引导，使乘客便捷地乘坐轨道交通。系统发布的资讯主要是与乘车相关的信息，也能发布其他公共信息和紧急信息；同时系统充分利用地铁网络资源，实现了视讯广告信息发布，获得了收益，反过来促进系统建设。

一、乘客资讯动态显示系统的作用

1. 疏解乘客等车的焦虑情绪

人们喜欢掌握自己的行程，在不能知道行程准确时间、等待过程较长及时间临近等情况下表现出比较焦躁的情绪。如果乘客乘坐公共交通工具产生了不能掌控的隐约焦虑情绪，交通部门可以通过信息告知、准点运行和优质服务等手段有效地加以安抚。地铁系统可以通过多种信息发布方式，告知列车的到发时刻，尽可能让乘客知道有关行程的信息，有效纾解他们候车的焦躁情绪，保证站台的候车秩序。

2. 满足乘客服务的心理预期

乘客对于旅行服务（包括信息获取）有一定的心理预期，这种心理预期出自人心目中的成本与回报的公平推定，也受环境选择因素以及经验比照的影响。人们结合出行的计划性、重要性设计出行成本（如经济成本和时间成本），经济成本付出较高时，必定要求接受高标准的服务。同样，人们处于高标准的生活环境时，会选择心目中理想的运输方式，相应形成某种服务等级预期，而信息预告体现了经营者对乘客的尊重。城市轨道交通提供快捷方便的运输服务，乘客对其时间长短、准点、旅程舒适性比较敏感，形成了一定服务层次的预期。

3. 发挥娱乐大众和宣传的作用

为乘客提供实时的时政、体育、娱乐等资讯信息和全面的导乘服务，以大量、快捷的视讯信息吸引乘客，增加地铁的客流量；也可以实时播放控制中心发出的公共信息或个性化的导乘信息，遇到重大的突发事件可作为紧急运营信息发布通道。地铁具有运效高、客流量大的特点，成为城市的名片和对外窗口。凭借客流优势、传播优势以及经营媒体的配合，可以展示公司优势、城市，形象，成为城市信息化系统的一部分。

4. 获取增值回报

地铁客流大，是城市的窗口，信息发布具有增值效应，广告经营成为地铁公司重点招商的资源平台。

二、乘客资讯动态显示系统的信息流程组织

地铁中发布信息的手段有多种，听觉方面主要是通信广播，发布自动报站、背景音乐和人工广播信息视觉方面要丰富得多，有指示牌、标志和灯箱、显示屏等，标志依附装饰装修立面，进行印刷和张贴；指示牌可以独立安装并立体展示，置于人员流动路径，用于固定信息的公示；灯带用于显示通过 / 关闭状态、紧急状态等简单信息；显示屏发布大容量信息，可以包含文字、间面、声音等多媒体动态信息乘客资讯系统，目前整合了车站电视机、发光二极管显示屏（LED）和车载液晶显示器等多种信息显示媒介，还预留了扩充信息查询的能力系统首先是满足乘客知晓行程信息的需求，其次才是增值超值服务地铁行程信息主要有行车方向、目的地、到达时间等，其他还有到站、越站、晚点时间提示等列车动态信息。

（一）ATS 循环报文信息

乘客资讯系统的列车相关信息主要来自信号系统的自动列车监控子系统（ATS），包含列车自动跟踪功能、列车自动调整功能、运营时刻区功能、自动进路排列功能等。列车自动跟踪功能实现列车在线路中实际占用位置的识别和回传，和线路的特性一起为列车调度提供了所需现场信息发布也需要预测到达时间，利用系统特有的功能模块来计算列车行驶时间。

PIS 系统与 ATS 系统在 OCC 接口，有利于集中管理信息从 ATS 系统向 PIS 系统传输，基于 TCP/IP，每隔 30s 发送一次报文，分为测试报文、信息报文、接近预报报文和更新报文，以及其他已定义类型的通信报文，在信息报文中，每个车站占用 20~30 字节的信息位，从而使得 PIS 可以在车站站台上显示估计的列车到达时间和列车目的地等乘客信息。

（二）应急信息

通过接口接受其他系统的触发信息，也可以人工参与，系统能够发布运营受阻信息或者紧急信息。系统在触发后通过预先定义的格式，公示相关内容。

（三）其他信息

在过分拥挤、运营阻塞时需要分流人员，在城市不同交通方式和线路之间进行换乘，这些交通信息有利于帮助管理运输秩序，方便乘客选择换乘，而交通枢纽换乘引导系统侧重于对这些信息进行组织。这些信息来自于售检票系统、CCTV 监控系统及其他运营相关系统，其收集和分享工作还需要进一步扩展。

（四）多媒体视讯信息

多媒体视讯信息通过网络传播，提供预先录制的公共信息、个性化导乘信息和应急突发事件的视频信息，也播放实时的时政资讯、体育娱乐信息、广告信息等。总之，多媒体视讯信息发布在城市窗口，形成良好的宣传平台，也是较有吸引力的招商平台。

多媒体信息处理包括多媒体信息的编制、导入、转换、传输、合成及显示等各环节多媒体信息导入可为模拟视 / 音频信号、MPEG 标准、H.26X 标准、互联网压缩编码标准等多种形式及格式，在处理过程中又要进行多次编码转换，多媒体信息处理应满足信息质量：损失小、高压缩比、高信道适应能力的要求。在因特网络部分以流媒体方式传输，每路高清晰度视频一般需占用网络带宽 15—40Mb/s。

三、乘客资讯动态显示系统的构成和功能

乘客资讯系统依托多媒体网络技术，以计算机系统为核心，以车站、车载等显示终端为媒介，向乘客动态发布信息，它由播控中心、车站 / 下载控制、网络、显示终端等部分组成乘客资讯系统完成文字、图片、动画、音 / 视频、实时资讯等信息的导入、编辑、编码、传输及显示的一系列处理过程，具有许多功能与文字信息相比，视频媒体占用更多的系统资源。视频从标清标准向高清标准转变，系统处理能力会进一步提升。

（一）系统维护管理功能

系统维护管理功能使系统具有良好的操作维护性能，能够实现系统参数（包括网络及设备的结构、配置及性能等系统程序应用）的设置修改。为了便于运营管理，系统应具有用户权限、登录管理记录功能，能生成各种日志，记录各项运行参数、操作记录及故障信息等，具备设备状态、故障诊断、电源管理等监控功能。

（二）多媒体信息管理功能

多媒体信息管理功能完成多媒体信息的浏览、制作及编辑工作，处理多媒体信息的导入、素材列表、素材预览以及播放节目实时监控的流程。乘客导向信息管理功能通过接口数据以及人工参与，将行车信息及引导、应急信息加以收集整理，通过网络传递到目标点，在相应的显示窗中发布。

（三）系统播出控制功能

系统的播出控制可在中心和本地两级进行。在通常情况下，由中心进行播出控制，以本地的播出控制为中心的后备模式增加播出控制的灵活性。系统的播出控制功能是由设置并执行播出控制列表来实现的，因此播出控制列表是播出控制的核心内容。

（四）乘客显示终端显示功能

乘客显示终端作为播出控制列表的播控对象，应能按照播出控制列表的设置进行显示。乘客显示终端应能实现分割和层叠显示，展示多个多媒体内容。乘客显示终端在故障情况下，自动进入安全模式，显示本地预存内容。

轨道交通乘客咨询系统是一项人性化设施，通过多种信息发布，有效地引导乘客乘坐，同时起到娱乐旅程和宣传告示的作用。系统通过设计研发及工程实践，已经形成了较成熟的结构，而在信息互通和实现换乘信息显示方面则有待继续研究。

第四节　综合安防智能化系统

一、技术内容

城市轨道交通设备维修管理系统（Computer Maintenance Management System，简称CMMS）是针对城市轨道交通系统的组成、运行和维修特点，基于设备状态、维修过程建模和优化技术对城市轨道交通系统中的维修工作进行不断优化。CMMS由3部分组成，中心数据库、方法模型库和建模优化推理子系统。

（一）中心数据库

城市轨道交通系统一般有车辆和轨道、车站机电设备、供电子系统及通信信号子系统等，对土建设施不予考虑。

中心数据库中应存储数据包括以下内容。

（1）相关各类设备的型号、购买日期和基本参数。

（2）各类设备运行维修记录，包括每次运行起止时间、运行里程、维修起止时间、维修参与人员、维修项目、所耗维修备件。

（3）所有设备历次故障的记录，包括故障时间、故障部位、故障原因等，设备状态监控数据，主要是门动在线监控或离线检测结果，以及人工检测得到的各类设备状态监控数据。

（4）维修人员数据，包括维修人员年龄、性别、职称、入职时间，分机情况和所参与的维修工作记录。

（5）各类维修备件的生产厂家、型号、基本参数、采购时间、储存地点、采购数量、所需金额、当前剩余数量，以及各备件的领用日期、领用人员和使用原因。

（6）维修工具记录，主要是各类维修工具的储存地点、类别、价格、数量、消耗情况。

（二）方法模型库

方法模型库是计算机维修管理系统实现决策内动化和智能化的核心。方法模型库中存储了大量用于诊断、决策和分析计算的数学模型，以及代表专家知识和行业标准的规则库。

（1）维修决策模型和维修过程模型用于设备维修决策支持维修活动过程优化。

（2）故障诊断和故障预测方法库中存储了大量城市轨道交通系统各类设备故障诊断、故障预报所需要的各种方法，实现故障预警、事故预防，尽可能避免运行安全事故。

（3）行业维修标准规范库和专家经验知识库采用恰当的方法，描述和存储现有的各类设备维修的经验和规范，如地铁车辆的日检、月检、定修、架修和大修规程。

（4）指标和相应计算方法，包括各设备或部件平均无故障时间、平均维修时间、列车行驶每公里所需的维修保养费用、每名维修人员平均支出等。

（三）建模优化推理子系统

建模优化推理子系统基于方法模型库，结合设备运行数据、维修记录、状态监测数据等各项记录，用软件方法自动生成各类维修工单、维修质量分析报表、设备可靠性分析报表等。

二、关键技术内容

（一）维修决策建模和优化技术

维修也模和优化技术侧重于对系统或设备的失效，以及对维修工作进行定量的描述和分析，从运筹学角度指导维修工作进行定量的描述、分析和开展，维修决策建模和优化技术处于快速发展阶段，设备系统的定期维修决策建模和优化理论已经较为成熟。当前，由于缺少维修决策支持软件系统，在地铁、轻轨和独轨等系统设备的维修保养中，主要还是依据当家经验和行业规程进行维修计划制订和维修决策。要在轨道交通系统设备维修管理中应用维修决策建模和优化技术，必须重视设备故障和劣化数据的积累，这是维修决策建模和优化的基础。

（二）维修过程建模和优化

维修过程建模和优化，对城市轨道交通系统管理部门合理安排维修作业、优化维修资源配置十分必要，维修过程模型就是使用数学解析模型或仿真模型描述维修活动的执行顺序，维修活动所需要的资源及其获取，以及这些活动间的相互关系，分析维修过程的平均维修时间、资源利用率等。维修过程模型必须考虑在维修过程中确定维修活动顺序和分配维修资源的限制规则，从而更好地模拟维修过程。已有的维修过程建模和优化方法，是基于 Petri 网理论。

（三）故障诊断和故障预测技术

故障诊断是通过信号检测和信号提取，识别设备所处状态（正常状态、故障状态和临界状态等）设备故障诊断方法包括基于专家系统的智能化诊断方法、灰色系统理论诊断方法、神经网络诊断方法、模糊系统诊断方法、信号处理技术诊断方法等，且这些理论已较为成熟。

故障预测技术目前的研究仍然不够充分，已有的故障预测技术可分为基于经验的故障预测方法、特征的故障预测方法和对象物理模型的故障预测方法。

（四）备件采购决策模型

维修作业需要的维修备件，从维修资源需求角度考虑，存储的维修备件越多越好。然而，维修备件采购受到资金和储存场地的限制，因此，存在采购维修备件的最佳数量和最佳时机问题，解决这一问题需要维修备件采购建模和优化技术。在城市轨道交通设备维修管理信息系统中，嵌入备件采购模型必须要有相应专家支持。

三、技术特点

城市轨道交通系统的计算机维修管理系统，可采用 Client/Server 结构，基于有线和无线局域网，由系统服务器、在线监测系统、便携式测试设备和人工管理终端等组成。

中心数据库、方法模型库和建模优化推理子系统，运行于系统服务器中。中心数据库的构建可采用 SQL Server 等数据库平台；方法模型库的设计和实现可给予对象建模技术和构建对象模型技术；建模优化推理了，系统要求能够根据设备档案、设备故障记录、设备状态监测数据，利用方法模型库中的各种数学模型、解析模型、诊断预测方法和知识库，基于模糊推理、案例推理、统计推理等理论，实现系统设备维修决策和故障预报等的自动化。

在线监测系统包括地铁系统中的各种设备在线监测设备，例如供电系统杂散电流实时监测系统、车辆走行部轴承温度检测等。

便携式测试设备包括各类离线的、手持式的设备状态监测设备，如车辆轮对磨损检测。在线监测结果和离线检测结果应该通过通信网络传送至系统服务器进行保存，通信网络可以是现有地铁内部的电话线路和网络线路。

人工管理终端主要负责设备维修管理信息系统的手工输入数据操作、系统输出技术打印、系统交互等工作。工程实践中，方法模型库、建模优化推理子系统和管理终端软件都可采用 VC++ 软件编程实现。

第五节 通信智能化系统

随着城市轨道交通线路的网络化不断发展，城市轨道交通的安全隐患也日益增多，线网运营指挥调度、应急抢险组织需要智能化的专用调度系统，保证现场工作人员随时随地实现有线、无线 wi-fi 等高速接入，与线网指挥中心和线路控制中心保持多媒体通信，实时掌握现场情况，以便做出正确决策，保证运营安全。软交换技术是一种针对与传统电话业务和新型多媒体业务相关的网络和业务问题的解决方案，它能够减少资本和运营支出，提高收入。专用无线通信系统目前采用 TETRA（Terrestrial Trunked Radio，陆上集群无线电）。未来基于 LTE（Long Term Evolution，长期演进）技术专用无线多媒体调度系统会成为轨道交通无线调度网的首要选择。软交换已成为未来通信行业的主流技术，是实现三网融合的推动力量。轨道交通专用通信网积极推进软交换技术的发展符合国家产业政策，不仅有利于整体通信网络效率提升，而且对轨道交通行业自身的规模化建设、网络化运营和智能化管理起到积极的促进作用，其社会、经济效益是明显的，对轨道交通行业未来发展具有重大的战略意义。

一、轨道交通专用通信系统现状

现有专用通信系统是按照地铁线路组网，采用数字程控电话设备，可以提供必要的语音和调度服务，但是没有考虑轨道交通大规模建设和运营的情况，没有站在整个线网的高度统筹规划，因此网络结构复杂，地铁线路间缺乏有效沟通造成资源浪费。

电路交换设备的线路利用率低、设备功耗高、集成度低、新业务开发部署复杂、扩容升级困难、维护成本高、单一窄带业务、设备供应商绑定等因素，越来越不能适应轨道交通开展灵活、多样的多媒体、智能化新业务的发展需要。此外，程控电话交换设备已停止研发投入，技术陈旧、利润低，面临停产。如果专用通信系统继续使用程控交换设备将会出现设备维修、升级困难，缺乏备品备件和有效的技术支持，严重影响运营安全。

近年来软交换技术已在世界范围商用，成为未来电信网演进的方向，其容量大、性能高、组网灵活、业务提供能力强，在轨道交通行业发展潜力很大。

二、软交换技术的适用性

软交换比电路交换具有较高的集成度，可以站在整个路网的高度整体规划轨道交通体系，相比既有线路组网方式有更大的容量和呼叫处理能力，取消地铁线路控制中心交换由点，网络结构更简单，投资明显降低，资源配置率更高。

传输网 MSTP（Multi-Service Transfer Platform，多生成树协议）支持 IP 分组业务，共享带宽，结合软交换设备应用，可大幅提升整个专用通信系统的线路利用率，带宽高达 10Gb/s，确保实时多媒体业务的开展。软交换实现车站等场所的接入，可以采用传统双绞线，也可以采用五类线。而平面组网方面已有大量案例，其组网灵活、结构扁平、体积小、功耗低，可以用于城市轨道交通的软交换中心建设，节省机房面积和设备投资，提升线网互联互通的能力，且扩容升级方便，交换功能方面，容量、稳定性、计费和话务统计已经达到商用要求，呼叫控制功能完善。业务应用独立于网络，提供新业务速度快，集中维护效率高。软交换接口标准开放，给设备采购带来更多的选择。

软交换技术的安全性、可靠性，从业务层、控制层、承载层和接入层的网络物理设备上得到保证。由于系统集成度很高，一旦出现问题影响面比较大，因此，对重要板长电路和控制层设备要采取冗余备份。轨道交通专用传输光纤链路保护倒换时间短，且支持 MPIS（Multi-Protocol Label Switching，多协议标签交换）差分服务，能够在承载层保障传输 QoS（Quality of Service，服务质量）。专用传输系统的内嵌 RPR（Resilient Packet Ring，弹性分组环）的 MSTP 支持 MPISVPN 技术，隔离轨道交通内网用户之间、内网用户和公网、业务子网间的路由信息，克服了 IP 网简单、通用、易遭攻击的弱点，确保软交换系统不受非法攻击。通过加密和认证等手段保证软交换设备和终端之间的信令协议安全，用户间的媒体流安全和用户私有信息安全。

目前，市场已发生深刻变化，软交换技术已经成为主流技术，采用软交换构建集话音、数据、多媒体业务和第三方新业务一体的轨道交通软交换专用通信平台是未来的发展方向。

三、软交换网络规划原则和措施

轨道交通建设软交换网络应该首先建立行业的软交换准入标准，以城市为单位统一规划部署，明确设备的选型要求，有计划、有步骤地实施，确保网络技术先进、设备可靠、网络设备和业务可扩展。注重网络设备的集约化、规模化建设中的资源共享，充分利用既有网络资源，保持运营线路的业务稳定、循序渐进地推进软交换网的建设。网络的软交换改造是一项长期工作，新建线路先上马；既有线路应根据网络设备的年限、设备工况进行改造，有计划、有步骤地切换到软交换网上来。

新建线路实施软交换，初期建设线网级的软交换中心，容量不宜大，但要有平滑扩容能力，可通过后续线路逐步接入。新建线路的控制中心、车辆段和车站设置接入网关，实现语音、数据和视频接入。软交换可以融合既有的电路交换网络，通过中继网关保证既有线路和新建线路之间的互通。

既有电路交换网的软交换改造应首先在汇接层面展开，建成软交换中心、用户数据中心和业务中心；其次，在端局层面当某条线路的程控交换机老化需要退网时，在地铁车站设置接入网关（AG），可以选用由 TDM 到 IP 转换接入板长，实现由铜双绞线承载的模拟语音、数据到 IP 分组的转换可以避免重新优线，减小施工难度以及对运营的影响。首先对 AG 进行配置和调测，利用夜间停运期间完成割接。各车站可以有计划地分期、分批实施，割接成功后将车站程控模块拆除应当注意软交换与电路交换设备之间互通，以确保新改造站和未改造站之间的通话对于车辆段和控制中心地上建筑，可以利用局域网实现接入当所有接入点完成接入后，再拆除控制中心的程控交换机。

软交换的实施，应根据线网设备和轨道交通相关标准，在保证安全、可转的前提下，充分考虑未来智能交通业务应用、设备维护管理、网络演进等因素，遵照以下原则进行。

（1）软交换核心控制设备应该以所在城市路网为大区布局，遵循大容量少局所的原则大区内宜采用平面组网方式、网络设备静态配置与之互联设备的路由。

（2）软交换设备的处理能力，宜按照实际需求除以 70% 考虑冗余。

（3）软交换的控制设备应该成对配置，互为热备，物理位置分开，以便主用设备故障时异地备份设备能够接管整个系统。

（4）独立信令网关 / 中继媒体网关的设置，应遵循大容量少局所的原则，网关尽量成对设置，放置在不同物理位置，采用话务负荷分担方式工作。

（5）接入网关的设置原则，以车站、车辆段和控制中心为单位，100 用户以上可以设置 AG。

（6）媒体服务器应尽量靠近媒体网关设置，应考虑冗余热备份，其主要部件也应考虑冗余热备份。

（7）应用服务器尽量与软交换设置在同一物理位置，应考虑主、备冗余及关键部件的冗余备份。应用服务器应按照提供的业务种类划分。

（8）用户号码编制原则，应与现有地铁用户编号原则一致，方便路由选取和用户使用。

（9）软交换网络设备的 IP 地址规划，应尽收用公有 IP 地址，相关网络设备应集中布置，设在同一网段内内部网管、计费等端口可以考虑使用私有地址。终端设备的 IP 地址可以采用私有 1P，借助 NAT 穿越实现外网访问。

四、轨道交通专用通信系统演进策略

用通信系统向软交换技术演进是渐进的，为了保护既有投资，已建成的电路交换网在相当长的时间里仍将存在。可以考虑在新建线路上率先采用软交换技术，已建成的线路待将来设备维护升级困难或设备老化故障率高时，再切换到软交换上来。发展软交换可以按照技术的成熟度,依先公务电话、专用电话、再无线数字集群顺次逐步发展,最后这 3 个子系统合用一个全路网的软交换控制中心。

公务电话是目前轨道行业软交换技术应用的热点领域，在组网应用上可以考虑在连接各条地铁线路光网络的工层骨干光传输网附近，设置主、备用 2 套软交换核心控制设备，媒体网关控制器互为备份保护软交换核心控制设备初期通过信令网关和中继媒体网关与控制中心的公务电话汇接交换机相连，软交换网与公网软交换网的互联可以在时机成熟时通过 SIP-T 或 BICC 协议实现各条新建线路车站、车辆段、控制中心设置接入网关，采用 POTS、ISDN 终端和以太网接口的综合接入设备，支持模拟电话、数字电话、IP 电话和计算机上的软件电话等新建地铁线路之间通过软交换实现多媒体互交。软交换通过信令网关和中继媒体网关实现新建线路和既有线路的信令和媒体流的转换，达到互联互通的口的，并将地铁通信网融合到 IP 网上来。

采用软交换技术公务电话系统可以整合专用电话、OA、会议视频系统、无线 wi-fi 应用等系统，提供语音、数据、视频和第三方新业务的新一代轨道交通综合通信平台。生成全方位的智能化的管理、服务新业务，如无线 wi-fi 可以建立三维立体街区图的电子图库，实现乘客与轨道交通网的互动，接受乘客的询问，同乘客与轨道交通专网的互动，接受乘客的询问，向乘客手机推送向导信息、道路拥堵信息、车站周边建筑、道路信息等。为乘客出行提供决策信息，引导乘客快速到达目的地。

城市轨道交通专用电话软交换接入方式和公务电话系统类似，只是偏重智能化的调度功能。因此未来可能和公务电话合二为一。物理设备实体是同一套，业务逻辑可由软交换对不同端口加以区分。传统专用电话子系统中，线网指挥中心，各维修专业调度、各维修专业值班室之间以及线网换乘站之间缺乏有效沟通手段，运营指挥效率及安全性低。采用软交换技术在网层面有效解决了专用调度系统的互联互通问题。

第六节　信号智能化系统

一、西门子 CBTC 信号系统

随着中国城市轨道交通的载客压力日益增加，地铁行驶速度不断提高（目前最高速度已超过 100km/h），如何在高速环境下确保运营安全，缩短行车间隔，提高运营效率，这对地铁车辆、信号系统、通信系统等都提出了极高要求。从最初的固定闭塞到准移动出塞，再到现在最先进的基于通信的列车控制 CBTC（Communications Based Train Control，简称 CBTC）移动闭塞系统的应用，信号系统的持续改进是推动列车提速、保障行驶安全的最关键技术。

西门子凭借“全面交通解决方案”的理念，将其先进的 CBTC 解决方案引入中国城市轨道交通中，并提供模块化产品“Trainguard MT”列车自动控制系统。

（一）Trainguard MT 系统结构

Trainguard MT 系统主要由列车自动监控系统（ATS）、计算机联锁系统（IXL）、轨道空闲检测系统（TVD）、列车控制系统（列车自动防护 ATP 及列车自动运行 ATO）、双向通信系统（WLAN）等 5 个子系统组成，这 5 个子系统被划分到 4 个层级，以便分级实现系统指定的功能。

第 1 层：ATS 系统的集中控制层，包括中心控制和车站控制 2 级。VICOSOC501 实现线路集中控制功能及其备用功能；VICOSOC101 则为车站控制和后备模式的功能提供操作员工作站和列车进路计算机。

第 2 层：沿着线路分布的轨旁层，包括联锁系统（IXL）、ATP 轨旁系统、轨道空间检测系统（TVD）及信号机、应答器部件等，执行联锁和 ATP 轨旁功能，联锁系统（IXL）采用西门子计算机辅助信号（Sicas）。Sicas 基于联锁表原理，能够灵活调整，适应相关铁路运营商的运行规则和不同的用户需求。

第 3 层：通信层，包括局域网络、无线 WLAN 通信系统，以及应答器等车地通信设备。

第 4 层：连续式或点式通信级别时，Trainguard MT 的车载 ATP 和 ATO 控制功能。

（二）Trainguard MT 系统特点

与以往的固定闭塞和准移动闭塞相比，西门子 Trainguard MT 系统属于移动闭塞控制系统，通过配备在列车上以及轨道旁的无线设备，实现车地间不中断的双向通信。控制系统可以根据列车实时的速度和位置动态计算和调整列车的最大制动距离，2 个相邻列车能以很小的间隔同时前进，从而极大地提高运营效率。

Trainguard MT 系统在保证安全的前提下提供了大量的自动化功能，例如 ATO 和无人折返功能，不仅使司机从繁重的例行工作中解放了出来，还保证了列车在站台屏蔽门前的精确制动，极大地缩短了运行时间和行车间隔，从而确保了安全、可靠、稳定、舒适的载客环境。除此之外，Trainguard MT 还具有以下显著特点。

1. 支持混合运营模式

TraingUard MT 系统是西门子在以往系统的基础上进行创新、完善的成果。一方面，各个子系统都相对独立、完整地保留在系统中；另一方面，各个子系统相互接口，逐层逐级扩充系统功能。

这种设计理念使得 Trainguard MT 系统能够区分对待其管辖范围内的非装备列车、点式控制列车和连续式控制列车，为列车提供不同的安全防护策略，从而允许不同控制级别的列车在同一信号系统的控制下安全运行。对于非装备列车，联锁系统提供进路保护；对于点式控制列车，联锁系统通过应答器为车载 ATP 提供安全移动授权；对于连续式控制列车，则由轨旁 ATP 设备通过无线系统向车载 ATP 提供安全移动授权。采用 Trainguard MT 方案，将点式列车控制和连续式列车控制融合在一个系统中，让客户在特定情况下拥有多种运营策略和建设策略的选择。

2. 列车控制级别和信号机的自动切换

Trainguard MT 系统中，列车在进入线路、具备升级条件后，可以自动从联锁级升级到点式控制级，最后到连续式控制级，无须人工介入。对于连续式控制列车，信号灯处于火灯状态，司机依据车载提示驾驶；对于点式控制列车或非装备列车，信号灯点灯，司机必须遵守实际信号。信号灯的点灯或灭灯控制，完全由信号系统根据信号灯前的列车控制级别来自动选择。列车控制级别和信号机的自动切换设计，极大地简化了复杂情况下运营人员的操作强度。

3. 车载设备的前后冗余功能

Trainguard MT 系统大状采用冗余设计提升系统可靠性，其中，车载设备的前后冗余功能是难点。当一端车载无线设备、ATP 设备、ATO 设备、ITF 设备发生故障时，另一端的车载设备会接管列车，在乘客毫无察觉的情况下继续保持列车平稳运行。

4.WLAN 和无线加密技术

出于在成本、可维护性、可用性和通信稳定性等方面的考虑，Trainguard MT 采用基于无线 AP 的 WLAN 作为车地通信通道。WLAN 无线通道提供了一个强大的数据传输通道，其功能可以在整体系统中进行扩展。WLAN 数据通信基于 IPSeC 标准，专用加密模块在应用层为数据提供 256 位加密、专用数据通道格式和密钥协商，防止对数据的访问和篡改；在 AP 数据链路层采用防火墙机制，拦截非法的数据报文。从而使无线系统在满足 CTC 系统对数据通信高实时性的要求同时，最大限度地减少了黑客侵入的风险。

综上所述，基于 WLAN 的 Trainguard MT 列车自动控制系统为中国城市轨道交通的发展提供了一种新的选择和方向。北京地铁 10 号线项目采用西门子公司的 Trainguard MT 系统，为北京奥运会献上了一份厚礼。

二、城市轨道交通计算机联锁系统

（一）技术内容

计算机联锁系统负责处理进路内的道岔、信号机、轨道电路之间安全联锁关系，接受 ATS 或者操作员的控制指令，向 ATP，ATS 输出联锁信息。计算机联锁技术在铁路上道使用已形成系列产品，有 TYJL- Ⅱ型、Ⅲ型、TR9 型、ADX 型计算机联锁系统。其中 TR9 型的硬件采用美国 TRICONEX 公司的 TRICON 三取二容错控制系统，ADX 型的硬件采用 H 立公司的二乘二取二结构铁路专用安全计算机系统，π 型为自主研发的双机热备结构，Hi 型为自主研发的二乘二取二硬件安全冗余结构。在城市轨道交通领域的联锁产品使用最多的是 Ii 型联锁。

（二）主要技术性能

（1）全面采用高可靠性的工业控制产品和全新的安全智能模块，其关键核心部分更是采用专门研发的高可靠专用控制系统。

（2）全面和多层次的故障 - 安全设计，多年积累的经验和坚持不懈的努力以确保系统的安全性。

（3）采用可灵活配置的系统结构，具有远程和区域控制能力，可满足从特大型枢纽站场到城市轨道交通等不同规模和不同功能的需要。

（4）超强的容错和自诊断能力、结构紧凑易于维护。

（5）具有优良的性能价格比。

（三）技术特点

（1）高安全性、高可靠性、高可用性。

（2）结构简化、组态灵活、层次分明。

（3）更高的性价比，适应国内需求，符合国际标准。

（4）软硬件模块化结构：易于系统组态。

（5）单元模块通用件：各模块可满足不同场合需求。

（6）区域控制：实现对远距离系统的集中控制。

（7）可升级性：易于由新系统替代。

（8）易扩展性：低成本扩大系统规模。

（9）开放式接口：易于和其他系统（如 CTC，Centralized Traffic Control System，调度集中控制系统）集成。

（10）DDMR 硬件冗余结构：具有高可靠性。

（11）双套上位机实现完全热备。

（12）软件差异性：双套联锁软件。

（13）通信冗余：安全信息通道。

（14）自诊断技术：定期的系统自检。

（15）比较表决：对冗余部件进行比较、表决，提高安全性。

（16）系统自动重组、无缝切换、热备冗余、高可用性。

（17）隔离、防雷技术：抑制外部条件导致的冗余部件共模失效。

（18）安全智能单元内部采用双套 CPU 比较和输出电源切断防护保证模块故障安全。

（19）安全智能 IO 单元支持热拔插，实现在线维修。

（20）取消动态驱动单元，24V 直流电压供电

（四）适用范围及应用条件

适用于我国城市轨道交通信号设备中的车站联锁和车辆段、停车场计算机联锁。

第六章　地铁工程新技术应用

第一节　智慧地铁

新型智慧城市是当前国家努力推进的方向，各地地铁建设单位也在稳步推进地铁智慧化建设进程。智慧城市的核心在于对城市各个运行节点的综合感知，完成城市各类数据的横向打通，让城市成为一个有机整体。

地铁作为城市的重要出行方式，也是重要的城市基础设施，是智慧城市建设中不可或缺的部分。各地地铁建设单位也逐步意识到这一点，并在地铁综合监控系统中寻求突破，但是在设计和建设的过程中，并没有对如何建设智慧地铁形成统一思路。智慧地铁系统并不是独立于智慧城市系统来重新建立一套智能化系统，而是强调分散数据的集中和流通，其核心是通过公共信息平台接入智慧城市体系当中。

一、智慧地铁概述

1. 智慧地铁的内涵

智慧地铁的概念来自智慧城市。2008 年，国际商业机器公司提出了“智慧地球”的概念，开始着手“智慧城市”的研究和部署。2009 年，我国各地积极响应“感知中国”的构想，纷纷制定物联网研究和发展规划，实施物联网示范工程，打造智慧城市。城市轨道交通是大城市的交通命脉，在新时代的背景下，智慧城轨的发展备受关注，中国城市轨道交通协会关于智慧城轨内涵的描述：应用云计算、大数据、物联网、人工智能、5G、卫星通信、区块链等新兴信息技术，全面感知、深度互联和智能融合乘客、设施、设备、环境等实体信息，经自主进化，创新服务、运营、建设管理模式，构建安全、便捷、高效、绿色、经济的新一代中国式智慧型城市轨道交通。

智慧地铁是在已有的地铁之上的再创新。在保持原有服务的同时，融合新时代信息技术，在服务、运营和维护方面实现信息化、智能化。智慧地铁是一个全新智慧体，具有较强的自我学习能力和适应能力，能够实现从人适应地铁运作，到地铁运作主动适应人的需求和社会环境的变迁。

2. 智慧地铁的特征

把人从地铁系统中独立出来，实现不依赖人而独立自主地运行是智慧地铁所追求的目标。为达到这一目标,智慧地铁应当有以下特征。

(1)自主化。智慧地铁利用分布在系统各处的传感器和智能终端收集地铁内的各种信息,实现自主感知;利用人工智能、大数据和云计算等先进技术对收集到的各类信息进行分析建模,在复杂多变的运营环境中找出最佳的执行方案,实现自主决策;通过各中央控制系统和智能终端之间的联动实施最佳的执行方案,实现自主实施;利用机器学习和深度学习等手段实现自我学习和不断完善。

(2)可持续发展。智慧地铁不是地铁发展的最终模式,只是一个相对于目前来说更高级的阶段,绿色环保持续才是智慧地铁可持续发展的保障。以创新驱动、数字赋能,将5G、物联网、区块链等新兴信息技术与地铁业务深度融合,坚持"绿色、开放、共享"的发展理念,实现科学可持续地发展新技术、新产品,走出具有中国特色的智慧地铁发展道路。

(3)人性化。智慧地铁建设的最终目的是更好地服务人。地铁具有大容量交通和公共交通属性,大容量意味着容易出现各种各样的突发情况。作为公共交通,大多数情况下并不能满足乘客"一站到位"的需求。这意味在出行时不仅需要处理列车、设施设备、运营人员和乘客间的关系,还要考虑与其他公共交通接驳的问题。智慧地铁针对大多数人的出行需求,协调地铁系统内各种资源,为乘客提供安全可靠的服务,与其他公共交通实现无缝衔接。

3. 智慧地铁的功能定位与构成

智慧地铁是以乘客出行需求的个性化服务为主导,面向不同区域、不同运量的需求,依托大数据分析技术、人工智能技术及网络共享技术,在原有的全自动运行系统基础上,将已有的运行功能拓展至智能调度、智能停车、智能运维及无人驾驶等功能,以此提升车站、调度和运维管理的智慧化水平,实现地铁交通全线路、全范围车辆的智能化、网络化的运营控制。

智慧地铁的功能构成主要包含以下几个方面:大数据平台、智能监测技术、智能调度技术和智慧软件开发。其中,大数据平台是智慧地铁的基本构成,可为智能监测技术、智能调度技术等提供数据支撑,通常融合大数据的清洗、合并与共享等核心技术,用来进行乘客流量的分析、车流及运输量等数据的实时共享;智能监测技术是运用传感技术、人工智能AI技术、可视化技术等实时监控客流量、车辆运行状态等数据,便于在出现大规模客流或车辆运行故障时发出异常预警;智能调度技术以人工智能、大数据分析技术、数据共享技术为基础支撑,通过人、车流量的实时监控、追踪,合理调配车辆运行路线、速率和运量;智慧软件开发依赖智能监测技术、智能调度技术进行开发,是智慧地铁整个运营系统的核心支撑。上述各部分相互作用、彼此互补,共同推进智能地铁的建设和运行,从而促进线路、车辆及运行资源的优化配置,在为乘客提供安全、有序出行需求的同时,也可提高地铁的运行效率,并控制成本。

4. 智慧地铁总体架构

智慧地铁建设的核心就是把地铁系统(包括列车、车站、车辆段、线路区间等)分散的信息进行收集和整理,形成一个有机整体。

第 1 层为基础设施和技术层，功能是对数据感知和采集以及数据的处理，主要包括网络组建技术（当前主流的 4G、物联网技术）和分布式计算、人工智能 AI 以及数据可视化（如建筑信息模型 BIM、增强现实技术 AR、虚拟现实技术 VR）等技术，着重提高智慧地铁系统的综合感知能力。

第 2 层为公共信息平台层，主要作用是汇聚和整合由基础设施和技术层采集的分散数据。地铁信息平台接入城市公共信息平台，形成支撑融合应用层和交互展示层的数据融合交换共享平台。

第 3 层为能力支撑层，该层与公共信息平台层物理上处于同一层次，包含一系列软件组件。ETL 组件对数据完成从来源端的抽取、交互转换、加载；消息队列技术为分布式应用间交换信息提供通信支持；地理信息系统技术提供准确的定位信息；企业服务总线提供事件驱动和文档导向的处理模式和分布式运行管理机制。各个软件组件组成了能力支撑层，为融合应用层和交互展示层提供组件支撑。

第 4 层为融合应用层，包括数据多维度可视化展示、各类智慧化应用、多部门协同等。融合应用层包含各类智慧应用。通过将地铁采集到的数据接入智慧城市公共信息平台，打通数据壁垒，从而使地铁数据与公安、消防等部门数据以及市民卡公司、共享单车公司、电子商务等公司的数据进行深入数据交换融合，最终形成一系列的融合应用。

第 5 层为交互展示层，如面向普通用户的手机 App 和政府门户，面向城市管理者的 BIM 展示，面向城市居民的 AR 增强显示等，着重实现数据的可视化以及交互能力的提升。

二、智慧出行

1. 智慧服务

乘客进站后，根据地铁内标志标识和导引进行乘车和换乘。传统的静态标识，在客流量较大的交通枢纽，如火车站、多条地铁线路的交接处，往往容易让人忽视，需要一定的时间寻找。在此情景下，可结合人眼更容易捕获动态物体的特性，设置动态标识，节省寻找标识的时间。开发和完善城市地铁 App，出行前乘客使用地铁 APP 查看由进出闸数据和监控视频分析数据提供的地铁实时客流量动态，实现错峰出行。站内提供线上客服和线下客服，充分利用乘客手中的智能手机，节省人力资源。站内设置智慧机器人代替人工向导，乘客通过人机交互与机器人对话，获取需要的服务。在站厅和车厢内通过 NB-IoT（窄带物联网）将温度传感器和湿度传感器收集到的信息，上传至智慧空调控制系统，经过数据分析制定出合适的温度方案，让绝大多数乘客体感舒适。地铁 App 与第三方 App 深度合作，及时提供地铁站周边信息，根据乘客的个人习惯为乘客提供个性化服务，充分利用地铁交通便利带来的经济效益，带动周边经济发展，进而形成独特的地铁文化。

2.AFC 系统智能化

自动售检票（AFC）系统是城市轨道交通的重要组成部分，为乘客提供售票、检票和查询等服务。随着移动支付方式的引入，AFC 系统呈现出系统架构精简化、交易数据实时化、票卡虚拟化、支付多元化、流程简便化、设备轻量化和服务智能化等趋势。二维码购票 / 过闸等技术已在城市轨道交通 AFC 系统中得到了广泛应用，人脸识别、智能客服、语音购票等技术已在一些城市进行了试点。

1）发展思考

AFC 系统的智能化发展应以为乘客提供优质服务为根本，在持续推进各类新兴技术的同时，兼顾普通乘客的认知及 AFC 系统传统应用的保留；做好顶层设计的同时，兼顾乘客及管理人员使用需求；提升系统智能化的同时，兼顾人文精神，让创新、包容成为 AFC 系统智能化以外的重要特征。由此，AFC 系统智能化发展应考虑功能延续性，多种技术、多种业务模式共存，为乘客提供多元化服务；研究技术先进性及可持续性，适应行业主流发展；思考既有线设备的处置，对既有线富余设备进行改造以满足新线需求；探讨系统间的融合，整合 AFC 系统、安检、乘客信息服务等需求的同时，兼顾“四网融合”的需要；优先采用成本低、效益好的技术方案。

2）关键技术及应用

生物识别、语音识别等技术的迅速发展，电子发票、数字人民币等应用的不断推广为 AFC 系统的业务更新提供了保障，为系统智能化的实现奠定了基础。

（1）生物识别。

生物识别是利用人的生物特征进行用户身份判别的一类技术的总称，具体包括人脸识别、指纹识别、虹膜识别和掌静脉识别等。基于生物识别技术，乘客无须任何操作即可通过车站检票机，完成乘车过程。各类生物识别技术中，人脸识别技术在轨道交通中的应用广泛。

应用人脸识别技术，应在设备终端增加相应的人脸识别模块，在车站新增设备用于乘客账户的注册 / 注销，还应搭建人脸票务平台以实现用户账户的管理。鉴于各线路 AFC 系统互联互通的业务需求，必须对既有线路的 AFC 系统进行改造升级。同时，人脸是用户重要的生物特征，一旦泄露必然会造成恶劣的社会影响，对系统的信息安全等级要求较高，而人脸识别在付费领域的应用尚未被广泛认可。所以，考虑到高昂的系统改造、建设成本以及乘客的接受度，使用人脸识别信息尚需进一步探讨。

（2）智能语音技术。

智能语音技术，又称智能语音人机交互技术，以语音作为主要信息载体，使机器具备能说会听、学习思考的能力，从而实现人与机器之间的信息交互过程。目前，智能语音技术在城市轨道交通中的应用主要为智能问询、智能票务及客服热线 3 个方面，不仅可以代替部分人工服务，降低人力成本，还可提高运营服务水平。只需要在 AFC 系统终端设备增加语音识别模块，并搭建或利用第三方语音识别平台即可实现相应的业务功能。该技术的硬件实现较为简单，语音识别软件的技术水平直接影响用户体验及服务水平。

(3)电子发票。

电子发票同纸质发票一样,采用税务局统一发放的形式给商家使用,发票号码采用全国统一编码,采用统一防伪技术。轨道交通电子发票系统可接收 AFC 系统上传的开票请求,开具电子发票,将电子发票推送至乘客邮箱、轨道交通乘车 APP 账户等地址,并将电子发票上传至税务局电子发票管理系统进行备案。相对于纸质定额发票,采用电子发票能有效避免虚开、多开等问题,大幅度降低纸质定额发票的采购、保存成本。同时,将站务人员从发票管理的繁重业务中解放出来,对于减少车站人员配置、降低运营成本具有重要意义。

(4)数字人民币。

数字人民币作为国家法定货币,其推广使用是国家数字化发展的必然趋势。通过改造 AFC 系统及互联网票务平台,新增与数字人民币的业务接口,实现数字人民币在轨道交通支付业务中的使用。数字人民币不仅可以满足乘客多元化支付需求,还可保证客票收益直接进入轨道公司银行账户,规避第三方支付账户存在的提现周期长、交易手续费等问题,有利于轨道公司的票卡收益管理。

3)智能化实践发展——以苏州轨道交通为例

苏州轨道交通在既有线路运营及新线设计、建设过程中,密切关注行业发展趋势,积极探讨业务管理模式转变,适时采用新技术、新应用。在已实现二维码购票 / 过闸的基础上,持续对既有线路进行改造、升级,实现了语音购票、数字人民币购票 / 过闸等功能;此外,根据系统业务需求的变化,在新线设计、建设过程中对 AFC 系统进行更新、优化,以智能客服、智慧服务终端等智能化设备为载体,融合语音识别、电子发票等智能化技术,搭建智能客服系统,推进 AFC 系统的智能化发展。

ɑ)语音购票试点。

当前,自动售票机购票界面线路多、站点密集,购票流程复杂,购票时间长。为解决外地及老年乘客购票时线路和站点查询难度较大、购票效率低等问题,通过增加语音识别功能,优化 TVM 购票界面,并在苏州奥体中心站试点了 TVM 语音购票功能。采用语音购票,可简化购票流程,提高操作便捷性,提升购票效率。该功能的应用不仅为后续地铁线路语音购票服务功能的实施奠定了技术基础,也为既有线路终端设备的智能化改造积累了经验。

(2)数字人民币购票 / 过闸。

苏州作为使用数字人民币的试点城市之一,将数字人民币使用于轨道交通支付业务,便于乘客使用。目前,乘客可在 TVM 上使用数字人民币扫码购票或在苏州轨道乘车 App 内添加数字人民币支付方式扫码过闸,扫码购票流程。

(3)智能客服系统。

智能客服系统是私有云、人工智能、智能语音、数据挖掘等信息化技术的高度集成,是 AFC 系统与客运服务需求融合的产物,是提升 AFC 系统智能化水平、实现车站无人化服务、降低车站客运人员配置的重要手段。苏州轨道交通智能客服系统采用扁平化的架构,按线网层管理，线网层和现场层两级控制的模式进行建设。线网层为现场层所有客服设备提供后台支持，实现全线网的语音服务、乘客服务、数据管理和业务管理等功能；现场层则主要由智慧客服中心、智慧票务终端等智能服务终端设备构成，为乘客提供各种智能化自助服务。智能客服系统网络架构。

为提高智能客服系统的可靠性，保障实时性网络需求，保证车站终端设备服务质量，智能服务终端设备在接入 AFC 系统车站局域网的同时，利用车站客服交换机直接链接智能客服平台。除智能服务终端外，乘客还可通过地铁官方网站、热线电话渠道、微信公众号等多种渠道获取相关的服务。

①乘客服务子系统。

乘客服务子系统是智能客服系统的核心，可通过语音、文字、图片及视频等多种服务方式为乘客提供票务咨询、线网信息查询和失物招领等多样化远程服务。乘客服务子系统包含远程音视频交互、智能自动应答、客服自行选择、乘客信息可视化及呼叫同步转移等功能。乘客可以通过车站现场智能客服设备、热线电话、官方网站以及公众号等与系统进行信息互动。系统分析乘客需求及业务场景，自动给予乘客拟人化的语音或者文本回复。若乘客对回复内容不满意，可申请远程人工服务，客服人员在解答乘客疑问的同时，可远程监控并辅助乘客操作客服设备，帮助乘客快速掌握和完成各种复杂业务，在人工音视频交互过程中，系统能够实时监控、识别乘客和客服人员的语音信息，从而自动为客服人员推荐合适的话术，提醒客服人员采用适当的语速，提示最佳回复内容等。

②语音服务子系统。

语音服务子系统是智能客服系统的重要组成部分，为语音购票、乘客远程服务等提供技术支撑。语音服务子系统具备自动语音识别、自然语言理解、对话管理、自然语言生成、文本到语言合成等全过程语音服务功能；具备基于自然语言理解的城轨知识库建立、更新、管理等功能。

A. 支持语音购票。系统支持中 / 英文、全过程无接触语音识别购票；对苏州轨道交通具体站点名称进行精准识别；将乘客语音信号转换成文字，并在智能服务终端用户界面上进行显示；结合地名或车站周边兴趣点实现站点模糊搜索，准确提供最近地铁站名称信息，提醒客户购买对应的地铁票。

B. 支持乘客远程服务。系统支持开放式语义环境下的问询输入，支持语音模糊问询、全局上下文分析处理、多轮对话处理，通过分析对话感知对话场景，预测对话意图，并基于城轨知识库返回拟人化的语音或文本文件，从而为乘客服务子系统提供语音技术支持。

③智慧服务终端。

随着移动支付的迅速发展，苏州轨道交通 TVM 发售的单程票使用率逐年走低，已由初期约 48.3% 降至当前约 5.5%。乘客购买单程票需求的大幅降低导致 TVM 的使用率低下，半自动检票机的单程票业务处理需求也同步降低。因此，在新线建设过程中，取消了 TVM

和 BOM 配置，并增设智慧客服中心及智慧票务终端等智能服务终端设备以满足乘客票卡发售及票务处理需求。同时，为满足车站无人化服务需求，各智能服务终端增加了票务处理、信息查询、远程客服和电子发票等智能化自助服务功能。

A. 智慧客服中心。

智慧客服中心是传统客服的智能化升级，将原有的 BOM、票亭、客服人员的服务功能等进行了系统整合，以乘客智能化自助操作实现原客服的各项人工服务。智慧服务中心由非付费区和付费区终端设备按照一体化理念进行设计，具有单程票出售、票务自助处理、电子发票开具、远程音视频交互、乘客资讯信息查询等功能，能替代车站票务客服人员及半自动售票机大部分工作量，有效地减轻客服人员压力，同时为乘客提供更加便捷的多元化服务。其中，非付费区配置了 2 台全功能设备，均可支持现金 / 非现金支付方式，支持智能语音提示及语音购票，其中 1 台支持单程票退票功能。付费区配置了 1 台全功能设备及 1 台非现金设备，全功能设备支持现金 / 非现金支付方式，支持智能语音提示及语音购票，支持打印纸质二维码单程票，1 台非现金设备只支持二维码购票，打印纸质二维码单程票。

B. 智慧票务终端。

智慧服务终端设置在车站非付费区，在取代传统的 TVM 的同时，兼具部分客服中心功能。设备由乘客自助操作，实现非现金支付单程票发售、票务自助处理、远程音视频交互服务和乘客资讯信息查询等功能，能替代车站票务客服人员及自动售票机的大部分工作量，有效地缓解客服人员压力，为乘客提供更加便捷的多元化服务。

（4）电子发票系统。

苏州轨道交通电子发票系统按照满足全线网电子发票开票量的需求进行配置。轨道交通业务系统与电子发票服务平台系统通过 VPN 专线直连，获取电子发票开具、存储、查验和推送等相关服务。由于采用第三方托管模式，轨道交通内部只需要对自身业务系统进行适当的改造，不仅降低了系统建设、维护成本，而且缩短了系统建设周期，提升了系统的可靠性，确保了轨道交通公司开票业务顺利开展。

乘客可使用智慧服务中心、智慧服务终端、轨道交通 App 等提交开票请求。发票开具完成后，电子发票服务平台根据开票终端的差异，将电子发票 PDF 版式文件以不同的形式推送给乘客，如乘客的轨道交通 App、手机短信、电子邮箱等。

3. 地铁智慧安防

地铁作为城市最重要的公共交通方式，将地铁安防纳入城市智慧安防体系中，将形成更全面的城市智慧安防网。在车站安检口、出入口通道、自动售检票系统检票口以及场段的周界设立视频监控系统，结合人脸识别技术和图像处理技术，分析比较人脸视觉特征信息，进行身份鉴别，实时对重点车站、重点区域进行全方位排查。地铁智慧安防数据接入公安系统，实现对可疑人员的监控、对犯罪嫌疑人的追踪，实现对预先设定的异常行为和可疑物体进行识别和报警，形成覆盖整个地铁线路的综合安防网络。

1)智慧安检

(1)地铁智慧安检的工作基础。

①制度保障。

在安检新模式、智慧地铁及智慧安检等方面，有关的政策法规相继出台。《国务院办公厅关于保障城市轨道交通安全运行的意见》(国办发〔2018〕13号)及《城市轨道交通运营管理规定》(中华人民共和国交通运输部令2018年第8号)提出，要推广应用安检新模式。《新一代人工智能发展规划》《“十四五”智能制造发展规划》等文件的颁布，特别是《城市轨道交通公共安全防范系统工程技术规范》(GB511512016)的发行，为开展地铁智慧安检研究提供了可遵循的基本依据。

②社会信用体系建设。

当前社会信用体系建设迈向高质量发展新阶段。自《社会信用体系建设规划纲要(2014—2020年)》颁布以来，社会信用体系得到不断发展和完善。铁路及民航行业的旅客信用体系建设取得了较好的应用效果。地铁行业也进行了相关探索。建设乘客信用体系，探索差异化安检的新模式，可为解决安检能力不足、乘客出行体验差、安检工作水平低等诸多问题提供新思路。

③技术保障。

在公共安全领域，大数据技术快速推进，人工智能、云计算及物联网等技术快速发展。地铁行业5G技术的运用，为解决安检能力不足提供了技术支撑，使得网络化、信息化、智能化安检新模式成为必然。生物识别技术在安全验证、人机交流及公安系统等方面得到了广泛使用。在地铁安检中，可通过生物识别与比对技术实现差别化安检，减少安检的工作量。《城市轨道交通安全防范系统技术要求》(GB/T26718-2011)为城市轨道交通安检设施设备的采用，提供了系统化标准化的依据。

(2)构建地铁智慧安检系统。

①智能化精准检物子系统。

利用违禁品智能识别及自学习等技术，在X光机上增加图像识别、实时提示报警功能，从而构建可实现本地机器判图的智能化精准检物子系统。检物模式由过去单一人工识别转变为设备自动识别提示报警，从而提高了检物精准度，减少了值机员个人能力和状态对安检质量的影响，提高物品安检的效率和可靠性。

②智能化快速检人子系统。

参照铁路及民航等行业信用体系建设经验，根据地铁乘客信用体系建设的工作基础，建立基于乘客信用的智能化快速检人子系统。乘客可通过App客户端，注册成为实名信用乘客。安检设备基于人脸识别等技术，在乘客通过安检门时能快速识别乘客属性，并对实名信用乘客采取快速安检措施，对普通乘客严格安检。这一举措可引导广大乘客重视个人信用，不断扩大实名信用乘客群体数量，以加强安检对象针对性，减少安检工作量，提升安检质量。

③安检信息化管理子系统。

利用大数据及云计算等技术，建立安检信息化管理子系统。通过该子系统可实现乘客分类信息部署、识别结果汇总分析、违禁品智能识别模型升级、在线系统保障、应急协同处置、事件备份存储及查询、系统功能和技术升级、大数据统计分析和通信网络运营等功能，为智慧安检系统提供运营数据采集及分析。

2）智慧监控

地铁是一个人员比较密集的地方，容易发生各种意外。在事故发生时，如何快速做出响应，确保工作人员第一时间赶到现场进行处理是一项挑战。这一过程中，地铁内的监控摄像机起着举足轻重的作用。借助5G提供的超宽带通信能力，实现地铁站内全方位实时高清图像采集和处理。在出入口处，安装人脸识别摄像机，实行人脸抓拍，把数据上传至后端进行处理，将乘客按照以往的行为记录进行等级划分，对有不好记录的人员进行重点监控。通过行为模式摄像机，对乘客异常行为进行判断并及时报警，如在自动扶梯处不慎跌倒、站内乘客突发疾病等情况发生，可通过后台算法及时识别，并向控制中心报警，通知距离最近的工作人员迅速赶往事发现场。同时通过视频监控，实时进行进出站客流人数、换乘人数统计和客流密度分析。根据BIM的站厅站台客流实时热力图，反映客流拥挤情况。通过大数据分析、云计算和人工智能等技术及时给出针对客流情况的客流疏散和行车调度方案。

三、智慧运维

良好的运维管理可以为地铁系统的可持续发展提供保障。然而，运维工作却是各个地铁公司都难以突破的技术壁垒，主要是由于人力资源使用量大、成本高、运维手段技术含量低、各系统信息共享程度低、数据分析不够准确及时、设备维护效率低等。地铁系统的运维工作一直阻碍着地铁系统的良性发展。为了打造一个健康有效的运维系统，地铁公司必须把握住改革的机会，将大数据和人工智能技术应用到智慧地铁的建设中，打造一套完整、立体化的运维系统。

1. 地铁运维系统分析

地铁运行设备的维护管理一方面具有及时性和预防性的特点，另一方面又具有管理协调复杂、可靠性保障要求高的特点。由于地铁运营具有连续性和大载荷的要求，地铁运营主要依靠成组供电设备和信号控制设备组成的大型系统来完成。这类系统中具有各类专业设备，这些设备的性能直接影响到地铁的运营，而设备的性能会随着运营时间而降低，因此，如何提升设施设备运行水平，提高运营维护效率就成为需要解决的问题之一。

2. 智慧地铁运维的平台架构

智慧地铁运维系统由感知执行层、数据传输层以及业务分析层构成。

1）感知执行层

感知执行层的工作内容：将热量、力度、红外线、激光及声音视觉传感器进行对接，利用大数据和人工智能技术对传感装置进行改造。改造的目的是把传感装置建设成一个微型和集成为一体的标准化、可移动的装置系统，达到智能感知前端数据的效果。

2）数据传输层

数据传输层以骨干网络为基础，将通信运输作为骨干网络的核心内容，把大数据、5G通信等先进的科技综合应用到数据运输网络中，构建一个效率高、速度快的数据信息传输渠道。使用这个数据信息传输通道后，数据的存储能力和传输能力都会得到大幅度提升。数据传输和存储的空间也会有所增加，地铁的运维就有了标准化、可视化、可持续的信息数据存储运输体系。这个体系将为地铁运行的数据分析提供科学、准确、全面的数据支持。

3）业务分析层

业务分析层是地铁运维体系的一个重要构成部分。业务分析层的工作内容是将大数据、人工智能、云计算及物联网等技术应用到地铁运维系统中，业务分析层不仅能够利用人工智能设备整合音频和视频等影像数据信息，还能够综合分析处理那些非结构性的内容。地铁运维过程中经常会出现各种突发事件，合理地调度维护人员，可以节约运维成本和人工管理成本，提高工作效率和工作质量。运维工作的最终目标是实现无人化、科学化的管理，业务分析层的建立有助于实现这个总目标。

3. 地铁运维中的技术应用

1）多元融合智能感知技术的应用

传统的地铁运营设备维护模式主要靠人工计划测量、维护，这种模式的维护效率低，劳动强度大、质量低，发现问题概率低，数据间断不连续、依靠人的主观能动性，不确定性大。

针对这种情况可以采用多元融合智能感知技术，即选择感知技术适配设备自动在线感知，这种模式效率高、质量高，能做到全天不间断感知，智能机器感知，数据可靠。多元融合智能感知技术主要有电气感知、视频感知、激光测距、环境感知、网络感知、无线场强、智能接口和红外感应等。

多元融合智能感知技术的应用为设备监测提供信息基础，针对不同的数据特性研发相应的分析方法实现数据的全量智能分析：实时波形分析（连续数据流实时特征分析）、曲线分析（事件型曲线特征分析）、推理机（综合型多数据的特征分析）和故障树（系统性特征概率分析）。多元融合智能感知技术的应用，可以做到对设备的实时针对，提前发现设备隐患，提供维修建议，提升设备可靠性，并且故障时能快速定位故障原因，压缩故障延时，提高了地铁运营效率。

2）数据挖掘和数据分析技术在运维系统中的应用

多元融合智能感知技术产生了海量的信息，有的线路可能每天产生上万亿的数据元，这些运营维护数据元已呈现“海量数据、复杂类型数据”的状态，已具有大数据特征，但地铁信号系统运营维护记录和监控大数据存在多源异构和信息非结构性等突出问题，因此如果无法形成一种有效的信息共享机制，最终形成大量的信息孤岛，不能有效实现知识的共享和互操作,造成信息浪费,这将影响地铁的智能运营维护决策和行车效率。

解决此问题的最好方法是应用大数据技术。大数据为 IT 行业术语,是指无法在一定时间范围内用常规软件工具进行捕捉、管理和处理的数据集合,是需要新处理模式才能具有更强的决策力、洞察发现力和流程优化能力的海量、高增长率和多样化的信息资产。通过大数据技术对运营维护数据元进行分析,可发现长期性的、全生命周期的、规模性的、多维度的设备运行规律,为产品设计、采购决策、库存决策、人员培训、设备改造、维护决策等提供建议。

传统的设备故障模型,即通过专家经验 + 设备工作原理转化为知识模型,每个知识模型都需要业务专家 + 知识工程师反复提炼。通过大数据技术建立的设备故障模型需要具备自学习功能,设备故障模型的自学习功能是通过机器学习算法将历史故障案例自动提炼成知识模型,从而使得设备故障诊断及预警分析更具备扩展性。

以转辙机为例,可以参考残差网络单元的网络结构,适当改进适用于道岔转辙机电气特性曲线的识别。在卷积层中采用 1X1、3X3 和 1X1 的卷积核堆叠,可以有效减少训练参数的个数,同时利用残差网络能更好地识别出正常曲线和故障曲线的区别。运用跨层连接实现残差的传递,避免训练过度导致退化和过拟合问题。

此外,在每个卷积层后对输出结果进行规范化,可以防止梯度弥散并且加快收敛速度。激活函数采用 ELU,它能减少正常梯度与单位自然梯度之间的差距,加快收敛,并且在负的限制条件下能够更有鲁棒性。图像及视频识别一直是人工智能领域的难题,它不同于电气特性按设备设计原理传导具备一定的规则性。图形及视频更多体现出其可变性,其随着光影、视角、远近等因素变化。基于大数据的机器深度学习算法擅长于图形及视频识别,在各领域已有成熟应用。

3)BIM 技术在运维系统的应用

使用 BIM 技术与信息化系统结合,对运营设备进行全生命周期的管理。通过建立的 BIM 系统打造一个闭环的设备监测 + 生产管理平台,可提高生产效率。

4. 多专业融合智慧运维平台功能

1)多专业监控、检测和智慧分析

智慧运维平台以变电所监控系统为基本出发点,整合接触网、轨道、桥隧、房建等多专业的检测和监测数据,实现全面监控和检测。

变电所监控主要包含电力监控系统及设备房辅助监控,通过视频、红外、开关动作特性、局放、气体浓度测量、感温测量等装置进行在线监测,融合电力监控系统采集数据,实现变电所设备及环境的全息感知。采用标准化数据接口和传输协议,具备自动巡检、智慧报表、定值管理等功能。电力监控系统数据显示和报警可以联动视频,增加了巡检可视化内容,解决了监测盲点,提高了数据采集和报警可靠性。

在运维现场,接触网、轨道、桥隧、房建等相关专业通常已经部署好各自专业的监控、检测仪器和设备,并掌握了大量的数据,如接触网拉出值、导高、磨耗、燃弧,轨道轨距、高程、轨向、正矢、三角坑、磨耗、桥隧及房建沉降量、水平移位、裂纹、渗漏水等。通过将各专业采集数据以标准的数据接口进行整合处理并展示，实现信息集中和操作统一；运用阈值分析、趋势分析、融合分析手段进行数据深度分析；根据离线数据分析和实时监测报警，实现设备故障、缺陷的报警提示和管理，为运营主动维护提供数据支持和决策指导。

2）全生命周期设备管理

将设备基础履历、设计运行限值、质量评价指标等静态数据，以及监控系统、生产管理系统生成的监测、故障缺陷、试验记录、检修台账、维修经历等动态数据，通过统一的设备模型建立全寿命周期的设备管理数据总仓。在静态数据基础上自动汇聚业务过程的全方位动态数据，实现设备信息全维度的查询统计及运维全过程的历史数据管理，从而为全流程的生产管理、各种智慧应用和跨专业的综合应用提供数据支撑，实现设备全寿命周期标准化管理。

3）全流程协同生产管理

通常在首条运营线路建成之初，运维部门就已经部署好诸如施工管理系统、安全生产系统、资产管理系统等运维管理和支持系统。这些系统通常由各责任部门主导开发，往往是各自孤立的系统，相互之间的数据无法互联和共享，导致很多关联业务需要在不同的系统中进行重复操作，同时也无法快速实现生产流程上全过程数据的综合展示和应用。

通过针对性的接口开发，打通各中心级智慧运维平台与既有施工管理、安全管理、资产管理等各类系统，实现各系统数据的互联和共享，整合各部门业务，实现全流程协同生产管理和综合应用。例如，以数据总仓中设备全寿命周期数据档案为基础，结合检修周期，实现年度检修计划的智慧排程，可防止漏修、过修。另外，也可结合实时的缺陷报警、故障预测和设备健康指数评估，实现缺陷维修、抢修和预防维修的智慧排程，及时处理故障，提高效率。

4）跨专业的智慧分析决策和综合应用

系统以设备基础数据、在线监测数据、故障缺陷记录、检修试验记录、值班日志等全寿命周期数据为基础，通过将零散的数据进行关联分析、专题分析和融合分析，对设备当前健康状态进行评估，得到设备健康状态和健康分值，以总维修—成本最低和系统整体可靠性最高为优化目标，系统化地制定维修决策，以提升维修价值。

在数据监测分析时，系统采用专业内的越限分析、状态分析，横向、纵向综合分析，实现跨专业的智慧分析决策。例如，结合接触网故障信号和变电所跳闸信号，判断故障范围；通过分析轨道平顺度检测和接触网导高监测数据，综合判定弓网关系；结合隧道沉降、变形监测、接触网、轨道几何参数，对隧道结构状态进行推导。

四、智慧地铁综合管控信息平台

实现智慧地铁的基础是利用物联网、大数据、人工智能等信息技术，技术建设包括地铁运营、服务各类数据的综合管控信息系统。而综合管控信息系统平台主要具备运营管理、车站设备数字巡检、车站视频巡检、车站客流热力图、数字施工监督、全景监视、特殊人员监视、场景化车站管理、应急预案、智能调控、数据治理、调度指挥、决策分析等功能。利用物联网技术，可实现信息全面、实时、精准采集和融合，使地铁各系统的互联和信息共享达到更高的程度，为智能化运行控制、服务管理提供数据支撑，结合大数据、云计算技术，促进地铁智能化进一步发展；利用大数据技术，可连通各业务“神经元”，赋予地铁感知能力，融合客流数据、设备运行数据、管理数据和外部数据，建设“地铁大脑”，通过大数据分析让地铁学会“思考”，形成数据驱动的“感知—决策—执行”一体化业务新模式；利用人工智能技术可以准确识别、理解包含视频监控数据，引入人工智能技术可以实现地铁站的运营服务、车站管理、安全防护等场景化智能分析控制。

1. 智慧地铁综合管控信息系统需求分析

基于物联网的智慧地铁信息系统面向管理方提供统一智能的运营指挥管理智能化基础服务，面向作业人员提供智能化、自动化作业交互基础组件，面向政府或第三方系统提供统一的数据服务，面向普通客户提供智慧、便捷的基础智慧化服务支撑算法，基于此需求系统数据信息层需实现数据共用，打破信息孤岛；统一存储、计算、网络资源管理；统一对外接口、统一用户管理；可视化集成展示。管理中实现统一指挥、协同联动、辅助智能决策。设备侧实现统一接入、统一监控、智能联动。系统功能设计满足集成数据展示、统一数据管理、统一AI服务、统一智能化运营管理、统一系统管理。

1）数据展示

（1）基础地形建筑设施数字化。即将地形、建筑结构、设备设施基于三维模型和地理信息进行可视化展示的功能。

（2）数据可视化。即以表格、列表、图形、视频画面等形式展示设备状态、人员考勤、生产经营计划、资产等数据，并在二维或三维地图中展示车员等位置信息及关联的业务信息和属性信息的功能。

（3）分析结果可视化。即具有区域内异常信息图形化展示的功能，包括设备故障、环境异常、人员异常、空间拥挤程度等信息，根据严重程度突出可视化展示。

（4）关联展示。即根据具体业务需求进行人、机、物、法、环等相关信息要素可视化关联展示分析。

（5）视频融合展示。即将视频信息融合于二维或三维GIS模型中，实现视频与地理位置联动，虚实结合展示视频。

2）统一数据管理

（1）数据集成存储。即依据各领域应用，将终端采集数据、内部生产运营数据、外部相关数据、地理信息数据等相关应用数据，进行集成、融合、存储。

（2）数据统一管理。即系统对内提供统一规范的数据格式，对外提供规范的数据接口，并对数据格式及接口进行维护，对集成数据及接入数据进行统一管理。

(3)数据共用及共享。即系统为内部模块和应用系统提供公共数据资源池进行数据共用,并为外部系统提供相关数据共享。

3)统一大数据挖掘、智能服务

(1)人工智能库。即搭建统一的知识库/算法库/规则库/模型库,对知识、算法、规则、模型进行统一管理,能够自主更新及优化扩展。

(2)场景模型。即根据不同领域应用场景、不同行业业务搭建模型模板,能对模板进行统一维护、升级。

(3)数据分析。即对实时现状数据进行数据分析,根据历史数据,进行设备、运营、生产环境变化趋势分析预测。

(4)辅助决策。即对历史运营生产数据、设备维护数据、事件信息数据,进行分析挖掘,引入知识库、决策树等技术,为事件提供科学的最佳决策。

(5)智能服务。即为智能终端设备提供面向业务的智慧化支持。

4)统一智能化运营管理

(1)智能人员调配。即根据运营需要及突发事件情况,结合人员的位置、技能等情况,进行人员智能指挥调度。

(2)设备设施管理。即实现统一设备接入、设备实时状态监控、设备远程控制,可根据业务需要实现灵活的设备联动控制、自动控制配置。辅助决策设备维护、维修、停用时间,由故障维修向状态维修转变。

(3)运营生产指挥。即实现多部门协同工作,打通工作流程,共享工作信息,实现协同联动工作。

5)统一的系统管理

(1)统一用户管理。即对账号、授权、认证、审计的统一管理,对不同用户进行角色分类管理,并赋予对应的访问账号和操作权限,通过访问认证和审计,确保系统访问和操作的安全性和合理性。

(2)统一资源调度。即对存储资源、计算资源、网络资源进行统一管理、动态调配,实现实时监测资源的使用情况,并对未来使用量进行智能预测评估,满足资源的动态按需分配。

2. 智慧地铁综合管控信息系统功能设计

1)逻辑分层架构

系统可划分为感知层、网络层、平台层、应用层。

(1)感知层。

感知层的功能是感知、识别地铁站设备或环境状态并且实时采集、捕获信息,感知设备包括智能仪表、温湿度传感器、摄像头、RFID识别、安检设备等,通过地铁站各个传感器获取信息,并通过接收网关获得控制命令。

（2）网络层。

网络层依托互联网、移动互联网、局域网或通信专网，实现地铁站信息的传送。提供网络连接的相关控制功能，接入和输送资源控制，为内外部设备与平台层之间提供通信和数据通道，实现站内外设备数据和命令的接入和传输。

（3）平台层。

平台层主要实现地铁站内外多网络、多协议、多平台、多地域的设备快速接入，提供设备与平台间稳定安全的双向通信，提供完善的设备管理和运维能力，提供多重防护保障设备云端安全。同时，结合平台内部集成的分布式存储、平台管理、大数据分析、人工智能分析和空间位置服务，提供数据的流式和离线计算、数据存储、数据融合、基于机器学习的数据分析和挖掘、智能化视频分析、资源共享、统一管理等能力。

（4）应用层。

应用层的功能是实现物联网信息技术与终端行业专业技术的深度接触，完成物体信息的协同、共享、分析、决策等功能，形成智能化应用的解决方案，从而实现物联网在智慧地铁行业的运用，解决包括设备管理、环境监测、能耗监测、运营感知以及应急管理等应用子系统的需求问题，提供智慧地铁行业通用的综合管控。

2）功能架构

系统以应用层接口为分界，向上是包含应用管理和系统管理两个应用层功能模块的智慧地铁应用平台，向下是集接入、计算、存储、管理等功能模块于一体的物联网平台。

（1）物联网平台以传感器接入、数据集成、统一的服务接口为核心功能，具备连接与整合、云计算和平台服务、大数据分析与平台安全保障，向下接入分散的传感器，汇集数据，向上面向应用服务提供应用开发的基础性平台和统一的接口。主要包括如下。

①物联网服务包括实现传感器、设备普适性接入，通过建立传感器产品的数字模型实现传感器数据标准化，创建设备模型，再绑定实际设备，连接后在线调试，保证设备信息稳定接入，实现对大量物联网设备统一监控、管理。

②大数据分析实现数据清洗、融合、加工处理、数据分析及可视化展示。根据业务应用需求对数据挖掘、分析返回可视化结果。功能包含数据清洗、数据格式规范化、数据融合、数据检索、数据建模、数据挖掘、实时数据分析、离线分析、数据可视化展示。

③智能分析服务面向应用需求提供智能化处理结果，包括图像识别、语音识别、文本识别、回归预测、自然语言理解、知识图谱等算法服务。

④数据储存为整个平台提供可靠、高速、安全的存储、查询接口服务。功能包括原始数据归档、文件数据存储、时序数据存储、结构化数据存储、数据查询接口。

⑤系统管理 / 运维模块实现人员管理、角色 / 权限管理、系统日志、系统配置、平台数据监测、平台告警管理等功能。

⑥空间位置服务模块主要面向应用端提供二维或三维地图基础服务及导航，以及空间计算服务。

⑦安全与隐私模块贯穿整个系统，确保数据传输安全，数据隐私符合国家要求。

⑧应用层接口是物联网平台对前端提供的接口，包括产品模型接口、设备管理接口、联动规则接口、大数据分析接口、人工智能服务接口、空间位置服务接口等。

（2）智慧地铁应用平台建立在物联网平台之上，融合了智慧地铁行业的多个应用子系统，包括设备管理与监控、环境监测与能耗、车站运营智能感知、应急指挥管理、乘客自助服务、信息发布和后台管理等。主要包括如下。

①应用管理模块直接面向地铁站的工作人员和管理者，提供综合看板、设备管理与监控、环境监测与能耗、应急指挥管理、车站运营智能感知、乘客自助服务、信息发布等应用服务和全局监管功能。

②系统管理模块面向智慧地铁应用平台的管理员，赋予管理员最高权限，通过与管理员交互完成人员管理、角色管理、权限管理和安全管理等应用平台公共服务管理功能。

3. 智慧地铁综合管控信息系统应用

1）应用发展方向

（1）全息感知。全息感知包括人员感知、设备感知、环境感知、事件感知、外部感知五大感知。

（2）智能分析。智能分析充分利用人工智能和大数据技术，实现客流预测分析、设备健康分析、智能节能、系统故障预警、安全事件预警和视频分析等智能分析。

（3）全景管控。全景管控在管控方面可实现的智慧应用最多，强调全业务、全场景的管理和控制，主要建设内容包括运营管理综合看板、设备数字巡检、全景监视、场景化的车站管理、数字施工监管、应急预案、车站视频巡检、客运联控、自动化运营、车站微观客流热力图、移动站务、安全管理等。

（4）精准便捷。智慧车站最终是要为乘客提供精准、便捷、安全、可靠、高效、经济的服务，未来可延伸的应用最多。主要建设内容包括智能安检、无感通行（过闸）、室内导航、乘客信息显示、智能客服、自助客服、乘客 App、客服机器人等。

（5）主动进化。通过数据建模，采用深度学习模型，基于大数据分析车站大脑，最终实现智慧车站主动策略优化、效率优化的进化。

2）全景管控的车站管理

（1）在车站物联网示范平台，开发车站全景应用功能，通过车控室设置的综合管理监控大屏实现车站设备、环境、现场状况集中监控。

（2）为站务人员配备移动工作终端，支持车站管理模式从固定化向移动化转变。

3）全覆盖智能化视频监控

（1）采用全高清数字视频系统，实现全域覆盖，通过智能化视频分析技术，实现车站客流状况监控、特殊人员行为监控、外部人员入侵监控、关键区域异常行为监控及报警，并实现车站全天候智能巡站功能。

（2）将原有专用模拟视频系统更新改造为数字视频系统。

(3)运用视频智能分析技术,构建全高清数字视频系统。

①人脸对比:在出入口通道、闸机处设置智能分析摄像机。

②热力密度:在购票区、安检口设置客流密度摄像机。

③人数统计:在出入口通道、换乘通道设置人数统计摄像机。

④入侵监控:在疏散通道、站台端门设置入侵检测摄像机。

⑤扶梯区域检测:扶梯处设置扶梯异常行为检测摄像机。

⑥智能巡站:车站视频监控全覆盖。

第二节　BIM技术应用

随着经济的快速发展,城市的规模越来越大,城市水平也在不断提高,城市地区的道路交通越来越拥挤,交通事故和道路交通的排放量不断增多,在这种情况下,城市轨道交通的发展受到了广泛关注。为了满足经济建设和生活实际需求,应积极推动城市公共交通的发展。城市轨道交通作为公共交通的重要组成部分,具有容量大、安全、环保等特点,能够在一定程度上解决当前城市的交通问题。

BIM技术是建筑的信息模型,该技术主要是在软件内部通过构建一个模拟的数字模型,对工程的各项数据进行分析研究,为工程投资方提供决策信息支持。随着近年来国内的城市轨道交通工程规模的扩增,各个城市都大力地开发建设地铁轨道基础设施。在轨道交通项目当中,应用先进的BIM技术可以提高工程的设计质量,并加强对工程建设与运营的管理。在现代的城市轨道交通工程中,BIM技术已经成为备受推崇的信息化技术。

一、BIM技术应用的现状分析

BIM技术在城市建设、房屋建设、市政建设等方面都有着广泛应用。我国使用BIM技术时间较短,但采用BIM技术进行施工与建设将是未来很长一段时期内的主要发展方向和趋势。BIM技术的使用,使得我们可以依据信息数据对地铁轨道做出合理规划,能够更好地避免在实际施工过程中出现的偏差,从而减少地铁工程建设的损失。

轨道交通工程的设计人员通过应用BIM软件,将设计的参数、数据传输到BIM软件系统内部,通过计算机的高效计算能力,进而在软件内部形成一个三维立体的建筑模型。随着当前国内科技的飞速发展,技术也在不断更新迭代:最初设计人员是手工绘制图纸,然后在计算机内部开展软件设计工作,如今工程设计人员的设计工作效率有了大幅度提升。BIM技术已经被当前部分国内工程设计单位广泛应用,尤其是在开展大型项目的建设时,应用BIM技术成为设计人员的一项工作技能。随着国内未来工程设计技术的不断发展,BIM技术应用也会普及到各个工程建设行业细分领域中。

二、BIM 模型的设计机理研究

工程设计人员要相互配合来完成整体的轨道交通工程设计，尤其是给大型建筑物设计工程设施时。首先，设计人员在计算机内部要使用 BIM 的设计软件，各设计人员科学分工，避免出现重复工作的现象。同时，工程设计人员结合建筑师建立的建筑模型，对这些施工单位所提供的各类施工方案在模型中开展模拟运算，并通过 BIM 软件估算未来建设工程量。应用 BIM 技术与传统的工程设计技术有较大差别，传统的设计工作得到的结果，主要是依靠施工人员工作经验。而应用新型的 BIM 技术，则可以在软件内部的模型当中快速预算，这时计算机得出来的预算结果更加精确科学。并且 BIM 技术能够将整个建筑物的三维立体图展现出来，从而方便了设计人员在三维立体图中发现工程设计不合理的部位。

三、BIM 技术应用时的问题分析

尽管当前国内的 BIM 技术相比传统的设计技术有了很大提升，但是随着国内工程项目建设内容的复杂化，在工程设计当中也会存在部分问题。如工程设计所需要的参数过多，增加了数据的修改难度。应用 BIM 技术时，该软件内部有一个数据库，能囊括工程设计的所有信息数据。因此，这些数据量较大，应用数据库会方便数据的查询。但是由于实际的工程数据量太多，划分比较细，如果发现某处数据有问题，更改其他数据时会带来较大的工作量。此外，BIM 软件内部所建立的建筑模板以及数据库与国内的建筑管理体系有一定出入。最初 BIM 软件是由国外的公司开发的，这些软件内部的功能是基于国外的建筑设计标准来搭建的，因而，在国内工程设计企业应用 BIM 软件时，也会存在一些不合理之处。

四、BIM 在城市轨道交通工程的应用

鉴于目前的情况，城市轨道交通项目受到社会高度关注，建设方面和运营商承担着更多的社会责任和使命，更加重视城市轨道交通建设和运行水平，通过 BIM 技术应用，为城市轨道交通建设和运行升级提供技术支撑。以三维可视化为主体的 BIM 设计工具能够通过工程信息（如价格、时间、型号和规格）对建筑部件进行设计，这些信息是相互关联的。

1. 规划阶段

通过 BIM 概念的应用，我们可以构建城市交通三维模型。该模型通常由许多模型元素组成，主要与城市经济社会信息有关，如人口状况、土地城市经济结构、经济规模和经济规划等信息。在对这些大量真实可靠信息进行详细分析后，结合模型信息进行相应计算，如线路尺寸计算、日乘客量计算、轨道网络的平均距离计算，最后使用分析层次过程和模糊决策等方法，对工程进行评估并开展程序优化工作。

2. 资源管理

将 BIM 技术与施工项目管理有效地结合，可大大提升项目管理水平。

1）人员管理

人员管理包括三级安全教育、平安卡、在岗情况、年龄、黑名单记录；并且对人员的门禁管理的授权与解权，是否为访客，以及对出入记录的查询予以统计。

2）设备、材料管理

通过设备生产商提交的设备结构尺寸图纸、元器件图纸及相关信息，建立 BIM 三维模型，精确到设备的每一个结构及工作状态。并按照地铁 BIM 技术方案要求在设备上张贴二维码标示，将设备型号、生产日期、检验日期、检验人员、出厂代码等相关数据在二维码中进行体现。设备到货后用专用二维码扫描仪扫描设备后将其录入 BIM 信息平台中。根据施工总体计划及时更新设备状态。

3）派工单管理

根据录入 BIM 系统的施工总体计划，采用 WBS 技术进行任务分解。根据现场调查的施工作业面，把建筑模型导入该系统，按作业计划、作业范围实行派工单制度，所有施工班组应根据派工单进行施工。

3. 运维管理

在城市轨道交通项目的运营期，以 BIM 模型为基础，结合其他技术手段，实现建筑物全生命周期的优化管理是 BIM 技术的最终价值体现。这不仅需要在建设过程中绘制的设备系统模型足够精细，还需要通过开发管理平台将模型与实际设备相连接，通过 OPC sever 接口获取硬件运行数据，再通过与既有的各种管理系统接口实现实时监控、检修维修辅助、资产管理、虚拟漫游、设备正反向定位以及消防演练等运维管理的各项功能。

五、城市轨道交通中 BIM 工作协同管理现状

随着 BIM 技术在城市轨道交通行业中的应用具有一定深度与广度，基于 BIM 的协同项目管理模式因企业而异，总体可分为以下几类。

（1）以设计单位为主导。设计单位 BIM 协同管理更多倾向于设计协同，但对后期建设，尤其是运维阶段的实际应用情况不甚了解，难以推动 BIM 的深入应用。

（2）以施工单位为主导。施工单位主要以某一标段或工点为对象，基于施工 BIM 模型进行施工阶段的进度、质量、安全管理，难以覆盖整条线路或线网的施工管理。

（3）以建设单位为主导。据相关统计，建设单位是整个工程应用 BIM 技术的最大受益者。从干系群体方面，围绕项目管理，建设方能牵动整个线网中的参与方，干系人更全；在项目实施阶段，以建设方为主体，BIM 技术可有效贯穿设计、建设、运维管理的工程全生命周期，信息链更全；在 BIM 技术推广方面，建设方作为城市轨道交通的管理实施主体，更有利于推动 BIM 技术的应用。

六、基于城市轨道交通的 BIM 综合管理平台应用

基于以建设单位为主体的协同项目管理模式，提出覆盖城市轨道交通勘察设计、建设施工、运营维护、物业资源等全方位信息的 BIM 综合管理平台应用框架。

地铁线网信息管理系统贯穿城市轨道交通工程全生命周期，基于位置管理、GIS+ 物联网技术等信息化手段，实现各阶段数据的集成，为用户提供全局的决策可视化窗口。系统集成线网、保护区、物业区、地块基础地理信息，实现土地管理、线网信息管理、物业管理、保护区管理等。

设计管理系统基于 BIM 数据共享，通过多方协同工作、专业协调等实现对城市轨道交通工程可行性研究、总体设计、初步设计和施工图设计等阶段的信息管理。

建设管理系统，利用 BIM+GIS 技术，依托移动互联网技术实现建设过程中施工场地、进度、质量、安全、工程变更等可视化、虚拟化的协同管理。主要包括施工总筹管理、进度管理、人机物料管理、工程质量安全管理、竣工验收等子系统。

运营维护管理系统，基于 BIM+IOT 技术、BIM+GIS 技术、大数据、云计算等技术将数字地铁与物理地铁无缝衔接，通过括设施设备管理、(预防性)维修管理、生产物资管理、移交资产管理、安全管理、地铁保护区管理、能源管理等子系统，最大限度地实现设备、物资、人力等资源的优化配置，有效实现运维阶段生产管理的信息化和智能化。

资源管理系统，将物业、商铺、地下商业街、广告位、地下停车场、设备等资源与实体 BIM 空间关联，实现各类资源的管理与维护。其包括招商管理、商铺施工管理、资源运营管理、广告 / 停车场管理、维修管理、安全管理、设备管理等子系统。

BIM 模型管理，利用计算机可视化、图形学等技术，实现对系统中所有 BIM 模型可视化信息的统一管理。包括工程各阶段 BIM 模型的轻量化与可视化、BIM 模型变更管理、BIM 模型自动集成、BIM 模型维护管理等子系统。

知识库管理系统，提供对知识访问的简单而直接的途径，主要包括资料维护、资料审核、贡献度管理、文档审计、资料检索、问题库系统、专业知识库、会议与培训知识库及交流平台等板块。

领导驾驶舱，通过实时采集各业务的数据，根据管理层的不同需要，以可视化图表直观展示企业各生产的关键指标，直观监测企业 BIM 项目生产情况，通过对异常关键指标预警和挖掘分析，实时反映企业的生产活动，为企业生产经营决策提供支撑。

平台充分考虑对 BIM 基础数据资产的管理，包括族库管理系统、文档管理系统等。此外，为了实现与既有系统的互联互通，平台在充分满足企业信息化接口规范的基础上，实现与既有系统的对接。

第三节　全自动运行系统应用

一、全自动运行概述

目前，全自动运行已成为全国轨道交通信号系统建设的首选制式。根据2020年的统计数据，全国超过75%的新线采用全自动运行模式。在启用全自动运行模式的新线中大多数采用最高自动化等级（GOA4级）的无人值守全自动运行（unattended train operation，UTO）。无人值守全自动运行的优势在于高效、经济并富有科技感，而它的不足之处是在无人值守状态下，一旦由设备故障或突发事件造成无法续用全自动运行，可能导致列车迫停区间，会对运营产生重大影响。为此，全自动运行系统在具备大量常规功能之余也增设相应的应急功能，旨在使列车在非正常状态下尽可能维持全自动运行，至少可自动运行至下一车站，再由工作人员登车处置，以达到《轨道交通城市轨道交通运输管理和指令/控制系统第1部分：系统原理和基本概念》（GB/T32590.1-2016）中对GOA4级系统的特定要求。

综上所述，只有当列车迫停区间的概率变得极低后，才能在管理模式上实现无人值守，真正体现出GOA4级全自动运行“减员增效”的价值。

在无人值守状态下，原司机的驾驶和应急处置职责由系统自动或调度员远程处置来代替，极端情况下需要由多职能队员登车处置。由于全自动运行线路控制中心设备的自动化水平与人工驾驶线路大体相当，对调度员而言，工作压力未减反增，未能共享自动化带来的便利。

二、全自动运行系统的整体自动化需求

自动化等级（GOA）分为5级（从0级到4级），GOA4为最高。目前自动化等级的划分多聚焦在列车上是否实现无人值守，相较而言，对控制中心的自动化要求和减员要求远低于列车。由此可见，全自动的“全”是有所欠缺的。以GOA4级全自动运行线路——上海市轨道交通15号线为例，控制中心调度员的工作除既有的行车调度和乘客调度外，还新增车辆监控，包括监视显示在中央显示屏上的列车驾驶台信息和在车载设备故障时对列车进行远程操作等。为此运营控制中心（简称控制中心）共设置7个调度席位：4个运营调度席位（负责行车调度、乘客调度和车辆监控工作）、2个设备调度席位（负责电力调度、环控调度和维修调度）以及1个调度长席位。

对于设有备用控制中心的线路，还应在备用控制中心配备运营调度员和设备调度员各1名。考虑到灾备，控制中心与备用控制中心一般异处设置，调度员无法兼顾两处，从而造成在极端情况下全自动运行线路的调度员应配备10人以上，而人工驾驶线路一般配备运营

调度和设备调度共 4 人即可。由此可见，全自动运行的中央调度员数量要远多于人工驾驶线路中的调度员数量，在调度员配备上不仅未能减员，反而造成增员。正常状态下，控制中心可实现自动下发静态运行图以控制全自动列车跑图，而在需要排查故障或运营调整时，需要调度员介入进行调度指挥。虽然在目前的普遍观念中对调度员处理复杂状况的信任度超过对系统，但是事实上由于调度员的失误而扩大运营影响甚至造成运营事故的情况时有发生。

随着人工智能、大数据等高新技术的快速发展，全自动运行系统（UTO）的下一步发展有望将重心从列车转向控制中心，提高调度指挥的自动化程度。

三、基于中央自动化水平的全自动运行等级新分类的设想

UTO 在车内无人值守的基础上，中央的自动化水平也有高低之分，可据此分为几个等级，所设想的再分级如表 6-1 所示。

表 6–1 UTO 再分级

UTO 再分级	列车运行自动化程度	应急处置自动化程度	行车管理自动化程度
UTO-1	高	低	低
UTO-2	高	中	中
UTO-3	高	离	高

由于定量存在难度，表 6-1 作为一种分级的设想，以低、中、高来表示自动化程度。

UTO-1 级具备列车运行的高度自动化，而应急处置具有一定的自动化水平，但多数需要人工确认甚至远程处置，在行车管理尤其是运营调整上多由调度员进行谋划和实施，自动，化水平较低。

UTO-2 级是在列车全自动运行的基础上实现较高自动化水平的应急处置，普通情况均由系统自动处置，仅在复杂情况下由人工干预处置。在行车管理中，当出现一般问题时由系统自动进行运营调整，出现较复杂情况时系统为调度员提供辅助决策以提升处置效率和正确率。

UTO-3 级则在列车运行、应急处置和行车管理上均达到高度自动化，甚至全自动化，实现“中央无人；UTO-3 级是轨道交通自动化发展的终极目标，而目前已开通及在建的全自动运行线路都仅处于 UTO-1 级。

为使轨道交通的自动化水平从 UTO-1 级向 UT（A3 级进化，实现中央自动化，应对应急处置自动化和行车组织自动化提出更高的要求，让系统代替调度员对各种情况进行处理。

四、应急处置自动化要求

为提升中央自动化水平，在应急处置等方面需要进一步提高系统、检测设备的性能要求及智能维护水平。

1. 对系统的高可用性要求

在实现应急处置自动化之前,需先考虑如何减少需要应急处置的情况。

(1)应精简设备架构。因为每个设备都有发生故障的可能性,较少的设备数量意味着在客观上可减少潜在故障点。目前的轨旁设备全电子化以及车车通信等均朝着设备精简方向发展。

(2)在部件可靠性暂时难以实现质变的情况下,应保证关键设备的有效冗余,实现故障时主备间的无缝切换。设备的冗余与架构精简并不矛盾,因为精简的是架构体系,冗余的是局部设备,整体上的设备数量是减少的。

(3)冗余设备应具备单系脱机维护能力,一旦单系故障可脱机维护,实现边运营边维护,便可达到在维护期间使乘客无感的效果。

(4)通过状态检修在设备发生故障之前进行修理或更换,防患于未然,减少故障发生的可能性。

2. 对监测设备的高可信度要求

应急处置自动化的基础就是配备高可信度的设备,目前轨道交通中所使用的各类监测设备,如车门和站台门防夹探测、烟火探测、障碍物探测、防淹门探测、库门探测等由于可靠性不足的原因有可能产生误报警,而由此产生的误报警信息一旦与信号构成联锁关系就会造成运营中断。此情况即为采集的信息可信度不高所带来的隐患。

确保监测信息的高可信度是实现智能监测的关键。为此,需要更智能的传感器、更强大的图像识别能力,通过获得更多样的精准数据信息提高判断的准确率,让监测设备可以像人一样分辨出真正的危险,甚至表现优于人类。

3. 对智能维护的要求

全自动运行需要高水平、系统化的智能维护作为支撑,而实现高可信监测仅是实现智能维护的必要条件之一。智能维护需基于大数据驱动,面向感知、诊断、预警、决策和协同全流程进行智能监测、智能分析和智能维护管理。

智能监测结合智能分析可根据设备状态进行预警,当设备出现性能劣化趋势时及时上报告警,以启动实施状态检修。同时通过全设备监控实现对突发故障或紧急情况实时响应,启动自动处置功能或辅助工作人员进行处置。

智能维护管理旨在实现设备健康管理和维保资源管理,系统化地实时掌握全设备状态以及备品备件、维护人员和维护工具等情况,实现组织架构、业务流程、检修制度、资源管理的创新与提升,促进维护工作向智能、融合、高效转变。

五、行车组织自动化要求

目前,行车组织的自动化主要体现在全线列车可根据运行图自动跑图,运行图内容较为固定,对于客流突变的情况适应度不足。因此需要通过智能调度、大数据分析等技术手段对客流进行预测，同时通过监测手段掌握实时客流，借此形成动态运行图。根据实时客流自动投放或回收相应数量的列车，使客流与运能精准匹配。还可通过在线灵活编组功能，实现全自动联挂和解编，在不降低行车密度的情况下使车辆资源达到最优配置。如此，既保障运输效率又实现节能最大化，从而达到降本增效的效果。

对于非正常行车组织，可通过完备的专家系统为调度员提供全方位的调度决策，甚至实现运营调整自动化，避免人为错误或延误的引入，实现中央减员直至无人。

第七章　城市轨道交通运输计划

第一节　客流计划

一、客流的概念与特征

1. 客流的概念和分类

客流是指在单位时间内城市轨道交通线路上乘客流动人数和流动方向的总和。客流的概念既明确了乘客在空间上的位移及其数量，又强调了这种位移带有方向性和具有起定位置。

（1）根据客流的时间分布特征分类，可分为全日客流、全日分时客流和高峰小时客流。全日客流是指每日城市轨道交通线路输送的客流量。全日分时客流是指一天内城市轨道交通线路每小时输送的客流量。高峰小时客流一般是指城市轨道交通线路早、晚高峰及节假日高峰小时内输送的客流。

（2）根据客流的空间分布特征分类,可分为断面客流和车站客流。断面客流是指通过城市轨道交通线路各区间的客流,车站客流是指在城市轨道交通车站上、下车和换乘的客流。

（3）根据客流的来源分类，可分为基本客流、转移客流和诱增客流。基本客流是指城市轨道交通线路既有客流加上按正常增长率增加的客流。转移客流是指由于城市轨道交通具有快速、准时、舒适等优点，使原来经常由常规公交和自行车出行转移到经由城市轨道交通出行的这部分客流。诱增客流是指城市轨道交通线路投入运营后,推动沿线土地开发、住宅区形成规模、商业活动繁荣所诱发的新增客流。

2. 客流的特征

客流可以是预测客流，也可以是实际客流。客流是动态流，随天、时、地的变化而改变，这种变化是城市社会经济活动、生活方式在轨道交通系统的表现。客流的特征主要体现在空间分布和时间分布两个方面。

（1）空间分布特征

①各条线路客流不均衡。沿线土地利用状况的不同是各线路客流不均衡的决定因素，而轨道交通线网的通达性也是各条线路客流不均衡的影响因素。各条线路客流的不均衡体现为不同线路的客流量差异和客流分布的差异。

②各个方向客流不均衡。在轨道交通线路上因为客流的流向不同，各条线路的上下行方向最大断面客流通常是不相等的。在放射状的轨道交通线路上，早、晚高峰小时的各个方向客流的不均衡最为明显。

③各个断面客流不均衡。在轨道交通线路上由于各个车站乘降人数不同，必然存在线路单向各个断面的客流不均衡现象。

④各车站乘降人数不均衡。在城市轨道交通线路上，全线各站乘降量总和的大部分往往集中在少数几个车站上。新的居民住宅区、新的轨道交通线路投入运营、商业中心分布变化，都会使车站乘降量发生较大的变化，引发不均衡的加剧或新的不均衡。

（2）时间分布特征

①一日内的小时客流变化。小时客流随人们的生活节奏和出行规律的变化而变化。一日内的小时客流变化主要分为工作日及双休日（节假日与双休日类似）小时客流变化两种类型。工作日客流呈现明显的早、晚高峰特征，因早晨客流的时间性较傍晚客流的时间性要求强，进而导致早高峰客流的密集程度及客流数量比晚高峰都大，而双休日及节假日客流没有明显的早、晚高峰，往往呈现出明显的单峰特征。同时客流在高峰小时内分布也是不均衡的，往往还存在着 15~20min 的超高峰期。

②一周内每日客流的变化

现代都市人的活动规律以周为循环，全日客流量在一周之内一般呈规律性日客流变化。在每周工作日，通常会出现早晚 2 个高峰。双休日出现的早晚两次高峰并不明显，全日客流往往也有所减少；而在连接商业网点、旅游景点的城市轨道交通线路上，客流又往往会有所增加。周一与节日后的早高峰小时客流量，以及周末与节日前的晚高峰小时客流会大于一般工作日早、晚高峰小时客流。从运营经济性考虑，应根据不同的客流量在一周内实行不同的全日行车计划。

③季节性或短期性客流的变化

客流还存在着季在性变化的特点。例如，每年的春节，因流动人口减少，线路客流通常是全年的低谷。在旅游旺季，城市中流动人口的增加会使城市轨道交通线路的客流也随之增加；而短期性客流的激增，通常是因为节假日、举办重大活动、遇天气骤变引起的。

二、客流调查

客流调查是轨道交通日常运营活动的组成部分，目的是掌握客流现状和变化规律。客流调查涉及客流调查内容、地点和时间的确定、调查表格的设计、调查设备的选用和调查方式的选择，以及调查资料汇总整理、指标计算和结果分析等多方面问题。

1. 客流调查种类

全面客流调查，即对全线客流的综合调查，通常也包含乘客情况抽样调查。这种类型的客流调查时间长、工作量大，需要配备较多的调查人员，通过对调查和资料整理分析，能对客流现状及变化规律有一个全面清晰的了解。

随车调查是在列车车门处对运营时间内所有上、下车乘客进行写实调查，站点调查是在车站检票口对运营时间内所有进出站乘客进行写实调查。轨道交通全面客流调查基本都采用站点调查方式。

乘客情况抽样调查是用样本来近似地代替总体，这样做有利于减少客流调查的人力、物力和时间。通常采用问卷方式进行，调查内容主要包括乘客构成情况和乘客乘车情况两方面。

乘客构成情况调查一般在车站进行，内容包括年龄、性别、职业、家庭住址和出行目的等，可选择在客流比较正常的运营时间段进行。

乘客乘车情况调查内容包括家庭住址、日均乘车次数、上车站和下车站、到达车站的方式和所需时间、下车后到达目的地的方式和所需时间等。

进行抽样调查，必须首先确定抽样方法与抽样数，以保证抽样调查的结果具有实用意义。抽样方法主要有简单随机抽样、分层抽样、整群抽样和多阶段抽样等。抽样数的大小取决于总体的大小、总体的异质程度以及调查的精度要求。

断面客流调查是一种经常性的客流抽样调查，可选择一个或几个断面进行调查。一般是对最大客流断面进行调查，调查人员用直接观察法调查车辆内的乘客人数。

节假日客流调查是一种专题性客流调查，重点对春节、元旦、国庆节、双休日和若干民间节日期间的客流进行调查。内容包括机关、学校、企业等单位的休假安排，城市旅游业、娱乐业的发展程度，市民生活方式的变化等，一般通过问卷方式进行。

突发客流调查是主要针对影剧院、体育场馆等客流快速集散的站点进行的专项客流调查，该项调查主要涉及影剧院、体育场馆的规模与附近轨道交通车站的客流影响程度和持续时间之间的相关关系。

2. 客流调查统计指标

客流调查结束后，对客流调查资料应认真汇总整理，列成表格或汇成图表，计算各项指标，并将它们与设计（预测）数据或历年调查数据进行比较，分析数据增减的比例及原因。主要指标如下：

乘客人数：分时与全日各站上下车人数、换乘人数、高峰小时乘客人数、高峰小时系数等。

断面客流量：分时与全日各断面客流量、最大断面客流量、高峰小时最大断面客流量。

乘坐站数与平均乘距：本线乘客乘坐不同站数的人数及所占百分比、跨线乘客乘坐不同站数的人数及所占百分比、平均乘车距离。

乘客构成：全线不同票种乘客人数及所占百分比、车站别三次吸引乘客人数及所占百分比等。

车辆运用：客车公里、客位公里、乘客密度、客车满载率和断面满载率等。

三、客流预测

1. 客流预测模式

（1）非基于出行分布的客流预测模式

这种模式将相关公交线路和自行车出行的现状客流向轨道交通线路转移，得到虚拟的轨道交通基准年份客流，然后结合相关公交线路的客流增长规律确定轨道交通客流的增长率，并据此推算轨道交通远期客流。又称为趋势外推客流预测模式。

趋势外推客流预测模式能较好地反映近期客流量的增长情况，但由于未考虑土地利用形态等客流影响因素，远期客流预测结果的精度较低，并且在预见未来出行分布变化上可靠性较差。但该客流预测模式操作简单，常用于其他模式预测后的比较验证，或作为定性分析的辅助手段。

（2）基于出行分布的客流预测模式

该模式以市民出行 OD（Origin-Destination，起讫点）调查为基础，得到现状全方式出行分布，在此基础上预测规划年度的全方式出行分布，然后通过方式划分得到轨道交通的站间 OD 客流。这种客流预测模式包括出行生成、出行分布、方式划分和出行分配四个阶段，因此又称为四阶段客流预测模式。

该模式以现状 OD 调查为基础，结合未来城市发展及土地利用规划，因此，客流预测结果的精度较高。该客流预测模式对于基础数据的要求较高、操作复杂。当前，国内许多城市的轨道交通客流预测采用了四阶段客流预测模式。

（3）三次吸引客流预测模式

此模式确定一个轨道交通车站对客流的吸引范围，车站吸引范围是一个以车站为圆心、合理的到达车站时间或到达车站距离为半径的圆形区域，在分析车站吸引范围内的上地利用性质，以及确定合理步行区与接运交通区的基础上，可以预测通过步行、自行车和常规公交三种方式到站乘车的人次（分别称为一次吸引客流、二次吸引客流和三次吸引客流），并在车站客流量的基础上进一步推算线路的断面客流量。

采用这种模式需要确定轨道交通车站客流吸引范围，主要是确定一次吸引的合理步行区和三次吸引的合理接运区。

2. 四阶段客流预测工作步骤

城市土地利用状况所反映的城市社会经济活动特征，以及城市交通设施及其特征决定了客流的产生、分布以及出行方式和线路的选择。同时，客流预测、运输规划的结果也会反作用于城市交通系统，并通过城市交通系统对城市的社会经济活动产生影响。四阶段客流预测一般有以下步骤。

（1）划分交通小区

一般沿河道、铁路、山林、城墙和道路等自然隙碍，以方便交通调查、交通分析和交通预测，并且交通小区内的用地性质、交通特点应尽量一致。划分交通小区一般应符合下列条件：①应与城市规划和人口等调查的划区相协调，一般不应打破行政区划，以便充分利用现有资料；②应便于把该区的交通分配到城市道路网、城市公交网、城市轨道网等网络上；③应充分考虑调查区域的大小和规划目的。

一般来说，城市交通规划中交通小区的划分小，区域交通规划中交通小区划分大；交通矛盾冲突的地方，交通小区应划分得小些，反之则可划分得大些。

（2）出行生成

该阶段预测每一交通小区的出行生成量和出行吸引量。其基础资料是城市远景人口和就业岗位数等预测数据。

依据土地利用规划，可以把交通规划的区域划分成许多交通小区，在已知各交通小区的居住人口数、就业岗位数以及家庭人口、收入和私人交通工具拥有数等特征数据的基础上，应用回归分析法、类型分析法等预测方法来预测各个交通小区的出行生成量和出行吸引量。

（3）出行分布

该阶段预测各交通小区出行生成量的去向和出行吸引量的来源，即各交通小区间的出行生成与吸引分布。

（4）方式划分

方式划分指确定轨道交通、常规公交、自行车、步行、出租汽车和私人汽车等各种出行方式承担的交通小区间 OD 出行量的比例。

其基本思路为：首先预测出行者对各种出行方式的选择率，然后用选择率乘以交通小区的出行生成量、吸引量或者交通小区的 OD 出行量，得到各种出行方式的运量分担比例。

影响出行方式选择的因素有出行者的特性、出行的特性、交通系统的特性。

预测出行方式选择概率时有两种模型：集计模型和非集计模型，集计模型以交通小区为基本单位预测出行方式的选择率，非集计模型先以个人为基本单位预测出行方式的选择率，然后把个人对出行方式的选择率集计起来。

（5）出行分配

出行分配指将 OD 出行量按一定的规则分配到交通网中的各条线路上去。出行分配常用的方法有全有全无分配法、逐次平均法和均衡分配法等。

3. 关于客流预测误差

国内客流预测中存在的主要问题是预测客流与实际客流误差较大、存在高估倾向，以及不同机构预测的客流数据离散性较大。

造成这些问题的原因主要有四阶段客流预测方法本身的缺陷、准确预测远期客流难度较大。

客流预测所需要的土地利用、人口、就业、交通调查等基础资料数据不足是远期客流预测难度较大的原因之一。

城市发展过程中的不确定因素，政策、经济与社会心理因素，以及城市交通网络结构的未来变化都会对远期客流产生影响，这种难以把握的复杂关系是远期客流预测难度较大的另一原因。

四、客流计划

在新线投入运营时，客流计划根据客流预测资料进行编制；在既有运营线路的情况下，客流计划则根据客流统计资料和客流调查资料进行编制。客流计划主要包括站间到、发客流量，各站分方向分别上、下车人数，全日、高峰小时和低谷小时的断面客流量，全日分时最大断面客流量等。

客流计划的编制基础为站间到发客流量资料，然后分步计算出各站上、下车人数和断面客流量表。

结合站间到发客流量资料，可以计算出各站上下车人数。根据各站上下车人数，可计算出断面客流量数据。

客流计划的编制以站间发、到客流量数据作为原始资料，通过计算得到各站分方向分别上、下车人数和全日分时最大断面客流量等客流数据。在客流计划编制过程中，高峰小时的断面客流量可以通过高峰小时站间发、到客流数据，以上面所述的步骤进行计算，也可以通过全日站间发、到客流量数据来估算。即采用全日站间发、到客流数据求出全日断面客流量数据后，依据高峰小时的断面客流量占全日断面客流量的一定比例来估算，比例系数的取值可通过客流调查来确定。

第二节　全日行车计划

全日行车计划是城市轨道交通运营时间内各个小时开行的列车对数计划，它规定了城市轨道交通线路的日常运输任务，是编制列车运行图、计算运输工作量和确定车辆运用的基础资料，全日行车计划编制的基础是客流计划。

一、全日行车计划编制资料

1. 运营时间

城市轨道交通系统的运营时间因城市而异，运营时间的安排主要考虑两个因素：一是方便乘客，满足城市生活的需要，即考虑城市居民出行活动的特点；二是满足城市轨道交通系统各项设备检修养护的需要。资料显示，世界上大多数城市的城市轨道交通系统运营时间为 18~20h，个别城市是 24h 运营，如美国的纽约和芝加哥。适当延长运营时间，是城市轨道交通系统提高服务水平的体现。当前，我国普遍要求城市轨道交通线路载客运营时间不宜低于 15h。

2. 全日分时最大断面客流量

全日分时最大断面客流量通常是在高峰小时断面客流量的基础上，根据全日客流分布模拟图来计算确定。如条件许可，采用分时断面客流量分布计算所得的全日分时最大断面客流量数据更为准确可靠。

3. 列车定员数

列车定员数是列车编组辆数和车辆定员数的乘积。列车编组辆数的确定以高峰小时最大断面客流量作为基本依据，在客流量一定的情况下，可采用增加列车编组辆数、缩短行千间隔时间、不同编组列车混跑等措施达到预定的运能要求。但在行车密度已经较大时，为满足增长的客流需求，往往会采用增加列车编组辆数的措施。此时，城市轨道交通系统保有的运用车辆数、车站站台宽度和车辆段停车线长度等是增加列车编组辆数的限制因素，车辆定员数的多少取决于车辆的类型、尺寸、车厢内座位布置方式和车门设置数。一般来说，在车辆限界范围内，千辆长宽尺寸越大，载客越多，车厢内座位纵向布置较横向布置载客要多，车厢内车门区域较车厢中部区域载客要多。

4. 列车满载率

列车满载率是指在单位时间内特定断面上的列车载客能力利用率。实际工作中，列车满载率通常是指在早高峰小时，单向最大客流断面的列车载客能力利用率。

列车满载率既反映了高峰小时开行列车在最大客流断面的满载程度，也反映了乘客乘坐的舒适程度。为了提高车辆运用效率、降低运输成本和提高经济效益，在编制全日行车计划时，城市轨道交通系统多采用列车在高峰小时适当超载的做法。

以地铁为例，列车载客工况等级一般分为 AW0、AW1、AW2、AW3 四个级别，分别代表列车空载、坐客载荷、定员载荷、超员载荷人数。空载即载客数为 0 人；坐客载荷即按设计座位数坐满的人数；定员载荷即坐客载客人数加剩余面积站立人数之和，剩余面积站立人数一般按照 5~6 人 / 平方米计算，通常取 6 人 / 平方米计算；超员载荷即坐客载客人数加剩余面积站立人数之和，剩余面积站立人数一般按照 8~9 人 / 平方米计算，通常取 8 人 / 平方米计算。

二、全日行车计划编制程序

1. 对各行车间隔进行调整

在对各时段行车间隔进行调整时应综合考虑以下因素。

（1）需满足大部分客流需求。

（2）便于正线行车组织及车场施工组织。

（3）需符合相关国标或者行业规范要求。如初期高峰时段列车最小行车间隔不宜大于

5min，平峰时段最大运行间隔不应大于10min，远期高峰时段列车最小运行间隔不宜大于2min，平峰时段最大运行间隔不宜大于6min。

（4）行车间隔应平稳过渡，应保证一定时间内相对稳定。

2. 最终确定全日行车计划

行车间隔确定后，需进一步计算开行的列车对数，最终确定全日行车计划。

第三节　车辆配备计划

车辆配备计划是为完成全日行车计划而制订的车辆保有数安排计划。一般情况下，车辆有运用、检修和备用三种状态。

一、运用车

运用车（也称为上线车）是为完成日常运输任务而配备的技术状态良好的列车，运用车的需要数与高峰小时开行列车对数、列车旅行速度及在折返站停留时间各项因素有关。

列车周转时间是指列车在线路上往返运行一周恢复到初始状态所消耗的全部时间。它包括了列车在区间运行、列车在中间站停车供乘客乘降，以及列车在折返站进行折返作业的全过程。

当列车在折返站的出发间隔时间大于高峰小时的平均行车间隔时，须在折返线上预置列车进行周转，此时运用车数需相应增加。

二、检修车

检修车（也称在修车），是指处于检修状态的列车。我国城市轨道交通运营企业多采用定期检修制度，这是一项有计划的预防性维修制度，列车经过一段时间的运用后，各部件会产生磨耗、变形或损坏，为保证列车技术状态良好和延长使用寿命，需定期对列车进行检修。

当前，列车检修制度一般分为预防性计划检修制度和技术状态检修制度两种。预防性计划检修制度是国内外城市轨道交通列车普遍采用的一种按列车运行周期进行计划检修的列车检修制度，列车的定期检修有日检（又称列检）、均衡修、架修和大修（又称厂修）等之分，各修程检修内容如下。

（1）日检

日检指对与列车的行车安全相关部件进行日常技术检查，检修作业范围主要包括对受流器、空调、走行部、牵引电机、控制装置、各种电气装置、空气制动装置、车钩缓冲装置、车门、车体、贯通道、车灯等进行外观检查，并进行故障处理。

(2)均衡修

均衡修指对与行车安全相关部件进行技术检查，主要对受流器、空调、走行部、牵引电机、控制装置、各种电气装置、空气制动装置、车钩缓冲装置、车门、车体、贯通道等系统进行检查及尺寸测量，对易损件和易磨耗件进行检查更换；进行列车重点部件的清洁、润滑，更换磨耗件，进行静态、动态调试。

(3)架修

架修指当列车运行公里数或运行时间达到各线规定值时，对列车重要部件进行分解、清洗、检查、探伤、修理，并对列车进行全面检测、调试及试验，以恢复列车综合性能，达到规程要求和质量验收标准。

(4)大修

大修指当列车在运行公里数或运行时间达到各线规定值时，对列车各部件和系统包括车体在内进行全面分解、检查、探伤和整修的综合修理，并对列车进行全面检测、调试及试验，以恢复列车原设计标准，或在原技术等级范围内局部提高，达到规程要求和质量验收标准。

不同的检修级别有不同的检修周期，表 7-2 为某城市轨道交通线路列车检修级别和检修周期对应表，列车检修级别和检修周期是根据列车各部件使用寿命以及列车运行环境等因素综合考虑确定的。通过对列车的不同部件制定不同的技术标准(检修规程)、检修级别和检修周期，使列车在经过不同种类的定期检修后，能在整个检修周期内保持列车良好的技术状态。

表 7–2 列车检修级别、周期和检修停时

检修级别	运用时间	运行里程(km)	检修停时
日检	1 天	400~500	50 分钟
均衡修	1 月	8000~14000	1 天
架修	5 年	550000~700000	30 天
大修	10 年	1200000	40 天

列车维修周期是一个与车辆段的建设规模和作业组织关系密切的技术指标，也是推算检修车数的基础资料之一。检修周期主要是根据设备的磨损和可靠性而定，而列车运用时间和运行里程通常是设备磨损和可靠性的表征，在实际过程中，我们将这两个指标作为确定列车检修周期的标准。在列车运用时间和检修周期确定的情况下，根据每种检修级别的年检修工作量和每种检修级别的检修停时，可以推算出检修车数。除列车的定期检修外，列车临修的平均时间按运用列车每年 1 次、每次 2 天确定。

检修列车数量取决于运用车配备数、检修周期和检修时间。检修周期和检修时间对检修列车数的影响可用检修系数反映。

检修列车数量需根据运用列车数量、综合维修能力、修程修制、库停时间和检修周期，一般为运用列车数量的 15%~20%，扣车是指将车停放于车辆段或停车场，不上线运营，进行临修或故障检测及处理。

三、备用车

为适应客流变化，确保完成临时的紧急运输任务，以及预防运用车发生故障，必须保有若干技术状态良好的备用列车。备用车的数量一般控制在运用车的 10%~15%。备用车原则上停放在线路中具备存车条件的车站或车辆段内。线路列车保有量可根据线路远期客流预测结果，远期计划运行行车间隔可由计算得出。

第四节　车辆运用计划

城市轨道交通系统是一个复杂的、技术密集的公共交通系统，它具有高度集中、协调联动的特点，车辆运用组织系统作为这个大系统中重要的组成部分之一，它在上级运营指挥部门的统一指挥下，按照列车运行图完成日常的车辆运用工作。

列车运转流程指列车运用过程，包括列车出车、列车正线运行、列车回库收车及车场内检修、整备作业 4 个环节。这些作业由车辆运用部门各个岗位协同配合共同完成。

一、列车出车

列车出车工作流程分为制订发车计划、出乘作业及发车作业三部分，从制订发车计划开始到列车发出结束。制订发车计划可分为编制、下达发车计划，检修交车、确认计划两个环节。出乘作业可分为驾驶员出勤、出车前检查、列车出库三个环节。出车工作流程如图 7-1 所示。

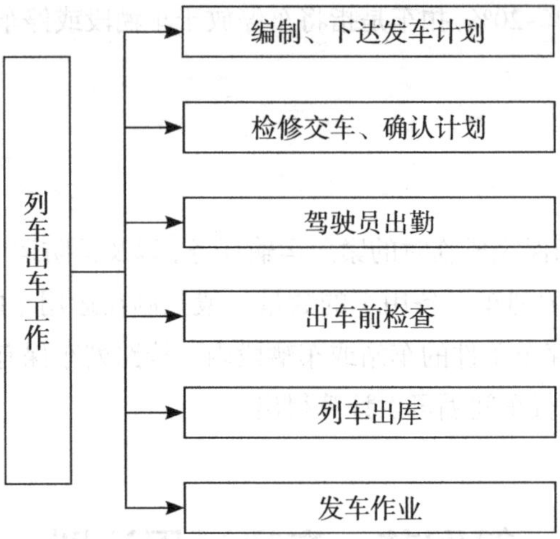

图 7-1 列车出车工作流程

二、列车正线运行

列车正线运行主要由乘务员（电客车驾驶员）完成，主要工作内容包括正线运行中的信息交流和正线交接班作业。

1. 正线运行中的信息交流

（1）当正线列车或其他行车设备发生故障时，驾驶员应及时报告行车调度员故障车次、故障时间、故障现象及处理结果。

（2）行车调度员将故障车次 / 车号、故障情况及其他相关信息通报维修部门。

（3）驾驶员除向行车调度员汇报有关故障信息，还应将故障信息在报单上记录备案。

（4）运营中列车因故障而导致下线时，行车调度员应及时通知运转值班员。

2. 正线交接班有关规定

（1）驾驶员在正线交接班时应提前 20min 至有关地点出勤，出勤方式按部门制定的相应规定执行。

（2）驾驶员在途中交接班时必须向接班人员说明列车的运行技术状态及有关行车注意事项，并填写在驾驶员报单上，其内容包括制动性能、故障情况、线路情况、当前有效调度命令及执行情况，以及其他必须交接的情况。

三、列车回库收车

列车收车工作流程如图 7-2 所示，分为接车及回库作业。其中，回库作业可分为列车入库、回库检行及收车、驾驶员退勤三个环节。

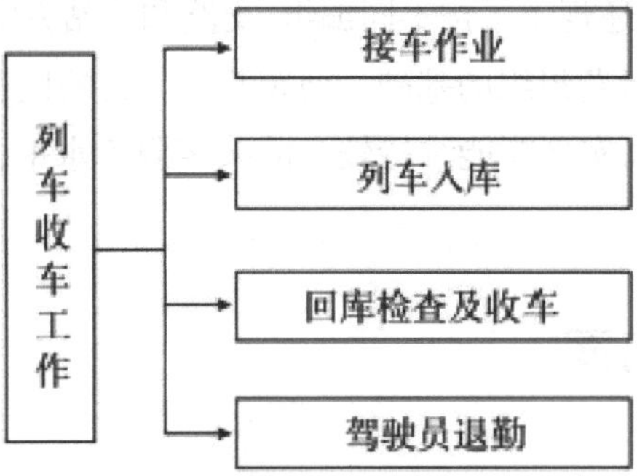

图 7-2 列车收车工作流程

四、车场内检修、整备作业

车辆的定期检修是一项有计划的预防性维修制度。车辆检修概念包括车辆检修级别和车辆检修周期。车辆的检修级别和周期根据车辆设计的技术性能、各部件在正常情况下的使用寿命，以及车辆运用的环境等因素确定。通过对车辆的不同部件制定不同的技术标准、检修级别与检修周期，到期进行车辆的检修，使车辆在经过定期检修后，能在整个检修周期内保持良好的技术状态。车辆的检修周期是关系检修车辆数计算和配属车辆数计算，以及车辆段建设规模和车辆段作业组织的重要技术指标。轨道交通车辆的检修级别通常分为日检、双周检、双月检、定修、架修和大修 6 种。表 7-3 是某地铁线路的车辆检修周期。

表 7-3 某地铁线路车辆检修周期及检修停时

检修级别	时间间隔	运行里程（km）	检修停时
日检	1 天	—	—
双周检	2 周	4000.1 小时	
双月检	2 月	20000	2 天
定修	1 年	100000	10 天
架修	5 年	500000	25 天
大修	10 年	1000000	40 天

注：确定检修周期时，时间间隔和运行里程取小者。

在以时间间隔作为确定检修周期的情况下，根据每种检修级别的年检修工作量和每种检修级别的检修停时，就可以推算在修车辆数。

第五节　列车开行方案

列车开行方案包括列车编组方案、列车交路方案和列车停站方案三部分。列车编组方案规定列车是固定编组还是非固定编组，以及编组辆数。列车交路方案规定列车的运行区段与折返车站。列车停站方案规定了列车是站站停车还是非站站停车，以及非站站停下的方式。另外,列车开行方案还规定了按不同编组、交路和停站方案开行的列车数。

列车开行方案是日常运营组织的基础。列车开行方案的比选应遵循客流分布特征与运营经济合理兼顾的原则,以实现既能维持较高的乘客服务水平,又能提高车辆运用效率的目标。

一、列车编组方案

1. 列车编组种类

大编组方案是指在运营时间内列车编组辆数固定且相对较多,如地铁列车采用的 6 辆或 8 辆编组的情形。

小编组方案是指在运营时间内列车编组辆数固定且相对较少,如地铁列车采取 3 辆或 1 辆编组的情形。

大小编组方案是指在运营时间内列车编组辆数不固定。一种是在客流非高峰时段编组辆数相对较少,在客流高峰时段编组辆数相对较多,如 3/6M/6M/8 辆编组;另一种是在全日运营时间内均采用大小编组。

离开一定的客流条件来讨论列车编组方案的比选是无意义的。只有在客流尚未达到远期设计客流量,并分时客流不均衡程度较大的情况下,才有必要对列车编组方案进行比选。

2. 影响列车编组方案比选的因素

影响列车编组方案比选的主要因素是客流、通过能力和车辆选型。此外,还应考虑乘客服务水平、车辆运用经济性和运营组织复杂性等因素。

(1)客流因素

客流因素主要是指高峰小时最大断面客流与分时客流的不均衡程度。在车柄选型、列车间隔一定的情况下,客流较大,列车编组也较大。

(2)车辆选型的依据

车辆选型的依据是高峰小时最大断面客流量,在高峰小时最大断面客流量大于或等于 3 万人时应采用 A 型车和 B 型车,车辆定员分别为 310 人和 230 人。

从提供必要的小时列车运能出发,在车辆定员一定的情况下,为适应小编组方案,列车间隔应相应压缩,但列车间隔的压缩受到线路通过能力和列车折返能力的制约。

(3)乘客服务水平因素

在进行列车编组方案比选时,应考虑不同编组方案下的乘客服务水平。在客流量不大、列车密度较低的情况下,与大编组方案相比,采用小编组方案时的乘客候车时间较短。因此,小编组方案有助于提高对乘客的服务水平。

(4)车辆运用经济性

采用小编组方案,对提高列车满载率及降低牵引能耗具有积极的意义,但动车比例的增加会导致车辆平均价格的上升,而小编组列车开行数的增加也会使乘务员配备数增加。

（3）运营组织复杂性

与采用固定编组方案相比，在选用大小编组方案时，列车的编组与解体、高峰与非高峰时段的过渡以及列车间隔的调整等均增加了运营组织的复杂程度。

二、列车交路方案

1. 列车交路种类

列车交路有常规交路、混合交路和衔接交路三种。

（1）常规交路

常规交路又称为长交路，列车在线路的两个终点站间运行，到达线路终点站后折返。

采用常规交路方案行车组织简单、乘客无须换乘、不需要设置中间折返站。若线路各区段断面客流不均衡程度较大，则会产生部分区段列车运能的浪费。

（2）混合交路

混合交路又称为长短交路，长短交路列车在线路的部分区段共线运行，长交路列车到达线路终点站后折返，短交路列车在指定的中间站单向折返。

采用混合交路方案可提升长交路列车满载率、加快短交路列车周转，但部分乘坐长交路列车乘客的候车时间增加，需要设置中间折返站。

（3）衔接交路

衔接交路又称为短交路，是长短交路的衔接组合，列车只在线路的某一区段内运行，在指定的中间站折返。

采用衔接交路方案可提高断面客流较小区段的列车满载率，但跨区段出行的乘客需要换乘，以及需要设置中间折返站。短交路列车在中间站是双向折返，增加了折返作业的复杂性。

2. 影响列车交路方案比选的因素

符合客流的空间分布特征是列车交路方案选用的前提条件和必要条件。影响列车交路方案的比选因素如下。

（1）客流的空间分布特征

只有在线路各区段断面客流分布不均衡程度较大时，才有必要对常规交路和特殊交路方案进行比选。

在断面客流分布为阶梯形时，可选用混合交路或衔接交路方案；在断面客流分布为凸字形时，可选用混合交路方案；在断面客流分布比较均衡时，一般选用常规交路方案。

（2）乘客服务水平

在采用混合交路时，部分乘坐长交路列车的乘客会增加候车时间；在采用衔接交路时，跨区段出行的乘客需要在中间折返站换乘。因此，采用特殊交路会使部分乘客增加出行时间，从而导致乘客服务水平下降。

特殊交路方案对乘客服务水平影响的程度，取决于乘坐长交路列车或跨区段出行乘客的数量及其所占比例。如果乘客出行时间增加较大，一般不宜采用特殊交路方案。

（3）运营经济性

采用特殊交路能提高列车满载率、加快列车周转、减少运用车数，从而提高车辆运营经济性、降低运营成本。但由于需要在中间站铺设折返线、道岔和安装信号设备，因此也会增加投资和运营费用。

（4）通过能力适应性

在采用特殊交路方案时，不同交路列车的折返作业可能会产生进路干扰。此时，线路折返能力，甚至最终通过能力均有可能降低。所以，通过能力是否适应是采用特殊交路方案的充分条件之一。

（3）运营组织复杂性

由于列车按不同的交路运行并在中间站折返，以及需要加强站台乘车导向服务，特殊交路方案的运营组织要比常规交路方案复杂。

此外，在采用特殊交路方案时，中间折返站的选择也是运营组织中需要考虑的问题。

三、列车停站方案

1. 列车停站种类

（1）站站停车

站站停车指列车在全线所有车站均停车。

优点：线路上开行列车种类简单，不存在列车越行，乘客无须换乘，也无须关注站台上的列车信息显示。

缺点：在跨区段、长距离出行乘客比例较大时，站站停车在车辆运用与服务水平方面均未达到最佳状态。

（2）区段停车

区段停车在长短交路情况下采用，长交路列车在短交路区段外每站停车，但在短交路区段内不停车通过；而短交路列车则在短交路区段内每站停车，短交路列车的终点站同时又是乘客换乘站。

优点：采用区段停车方案有利于压缩长距离出行乘客的乘车时间和减少车辆运用、降低运营成本。

缺点：在行车量较大的情况下可能会产生越行，需要修建侧线；在不同交路区段上下车的乘客会增加换乘时间，而在短交路区段内上下车的乘客会延长候车时间。

（3）跨站停车

跨站停车在K交路的情况下采用，将线路上开行的列车分为A、B两类，全线的车站分为A、B、C三类，其中A、B类车站按相邻分布的原则设置，C类车站按每隔4个或6个车站选择一个的原则设置。

A 类车在 A、C 类车站停车，在 B 类车站通过；B 类车在 B、C 类车站停车，在 A 类车站通过。

优点：跨站停车方案比较适用于 C 类车站上下车客流较大，并且乘客乘车距离较远的情形。

缺点：由于 A、H 两类车站的列车到达间隔加大，在 A、B 两类车站上车的乘客候车时间有所增加。此外，在 A、B 两类车站间上下车的乘客需要在 C 类车站换乘，会增加换乘时间及带来不便。

（4）部分列车跨多站停车

部分列车跨多站停车是指线路上开行两类长交路列车，即普速、站站停列车和快速、跨多站停列车，快速列车只在线路上的主要客流集散站停车，而在其他站则不停站通过。

优点：该停车方案在提高跨多站停车列车运行速度的同时，避免了跨站停车方案存在的部分乘客需要换乘问题，既能提高运营经济性，又不降低对乘客的服务水平。且该停车方案运用比较灵活，运营部门可根据客流特征、按不同比例确定快速列车开行对数。

缺点：在线路通过能力利用率比较高的情况下，采用该停车方案通常会引起快速列车越行普速列车；如果不安排列车越行，则只能以损失线路通过能力来确保追踪列车间隔时间。

2. 影响列车停站方案比选的因素

（1）站间 OD 客流特征

在长距离出行乘客比例较大及某些发到站间的直达客流也较大时，采用非站站停车方案通常是有利的。在线路上以同一区段内发到的短途客流为主时，不宜采用非站站停车方案。

（2）乘客服务水平

采用非站站停车方案是否可行，应结合站间 OD 客流，定量分析计算长途乘客节约的出行时间与部分乘客增加的换乘与候车时间。如果乘客的节约时间总和大于增加时间总和，或者乘客的节约时间与增加时间基本持平，采用非站站停车方案是可行的，能提高或至少不降低乘客服务水平。

（3）列车越行问题

采用非站站停车方案，必须对列车越行相关问题，如列车越行判定条件、越行站设置数量及位置等做进一步分析。

（4）运营经济性

非站站停车方案能加快列车周转、减少运用车数，进而降低运营成本。但采用非站站停车方案时，通常要在部分中间站增设越行线，车站土建与轨道等费用的增加会引起车站造价上升。

（5）运营组织复杂性

由于各类列车的停站安排不同以及列车在中间站越行，控制中心、车站控制室对列车运行的监控以及站台上的乘车导向服务均应加强。因此，非站站停车方案的运营组织要比站站停车方案复杂。

第八章　乘务管理

第一节　概述

乘务员是轨道交通行车作业的关键工种。列车在区间运行时，乘务员负有列车安全与乘客安全的重要责任。因此，对于乘务员的招聘选拔、业务培训和平时考核均应围绕建立一支具有较高综合素质、过硬业务水平、较强安全意识的乘务员队伍展开。另外，在乘务管理方面，合理选择乘务方式、优化配备乘务人员，对提高乘务管理水平和企业经济效益具有显著意义。

一、乘务方式

乘务制度是列车乘务员（司机、副司机）值勤的一种工作制度，它表示列车乘务员对运行列车值乘的方式。城市轨道交通乘务方式通常使用两种乘务制度：包乘制和轮乘制。

1. 包乘制

包乘制是指列车的值乘乘务员固定，由若干个乘务员包乘包管。其特点为：

①列车乘务员能够比较全面地掌握值乘列车（车辆）的性能、熟悉列车（车辆）情况，有利于处理列车运行时的故障；

②有利于管理、监督；

③有利于列车维护、保养；

④由于定人包车，对提升列车（车辆）的技术状况有一定的好处；

⑤投用列车台数较多，列车（车辆）使用相对不均匀、不平衡；

⑥需配备的乘务员人数较多。

采用包乘制后，便于乘务员掌握车辆性能、状态，有利于提高乘务员对车辆保养的责任心。但与轮乘制相比，采用包乘制时，乘务员劳动生产率较低；对车辆运用计划的编制要求较高；另外，夜班乘务员下班不便。

2. 轮乘制

轮乘制是指列车的值乘乘务员不固定，由各个乘务员轮流值乘。其特点为：

①节省参与运行的乘务员数，其配量可减少到最低程度，有较高的工作和管理效率；

②能够比较合理地利用列车台数，降低车辆使用成本；

③对列车乘务员的技术素质要求较高，对列车（车辆）性能的适应性要求较强；

④不利于列车保养、维护。

采用轮乘制后，有利于合理安排乘务员作息时间，以较少的乘务员完成乘客输送任务。但乘务员对车辆性能、状态的熟悉和对车辆保养的责任心，可能不如包乘制，对此需要通过建立制度、加强教育，明确乘务员的职责、提高车辆保养质量。当前，大多数轨道交通线路采用轮乘制，这里面既有提高劳动生产率的考虑，也有车辆可靠性不断提高的因素。

二、乘务轮班制度

乘务员轮班制度是指制定乘务员每日执勤班种的规则。目前常见的轮班制度有以下4种。

1. 四班二运转

"四班二运转"采用的轮转规则为白班、夜班、休息、休息。其中各班基本作业时间如表8-1所示。表中"夜班"工作时间跨越两天，实际上"四班二运转"中第一个休息日并非完全休息，而是需要在当日凌晨4：00—11：30之间完成一定的驾车任务。因此，"四班二运转"轮转规则实际为白班、夜班、早班、休息。其中夜早班需要连乘完成，乘务员夜间留宿在出退勤车站。

表8-1 "四班二运转"基本作业时间

班种	出勤时间	退勤时间	工作时间
白班	8：00—1：00	14：00—19：30	约10h
夜班	14：00—19：30	次日8：00—11：00	约14h（夜间休息时间不计）

2. 四班三运转、五班三运转

"四班三运转"采用的轮转规则为白班、早班、夜班、休息。其中各班基本作业时间如表8-2所示。"四班三运转"乘务员夜班结束后不留宿在车站。"五班三运转"采用的轮转规则为白班、早班、夜班、休息、休息，相对于"四班三运转"多了一个休息日，各班基本作业时间没有差异。

表8-2 "四班二运转""五班三运转"基本作业时间

班种	出勤时间	退勤时间	工作时间
早班	运营开始至11：00	8：00—11：00	约5h
白班	8：00—11：00	14：00—19：30	约10h
夜班	14：00—19：30	20：30一运营结束	约9h

3. 三班二运转

"三班二运转"采用的轮转规则为工作、工作、休息。在城市轨道交通中，乘务任务分为白班、夜班(夜早连乘)。因此,若采用“三班二运转”,则必须将“夜班”和“早班”分开轮转,即一部分人员专门轮转“夜班”,一部分人员专门轮转“白班”。其中夜班轮转规则为夜班、休息(或夜班、早班、休息);白班轮转规则为白班、白班、休息。其各班基本作业时间与“四班二运转”一致。

根据各个轮班制度的工作时间分布,可以得出各轮班制度特点,见表 8-3。

表 8–3　各轮班制度特点

<table>
<tr><th colspan="2">轮班制度</th><th>工作时间</th><th>休息时间</th><th>乘务员数量</th></tr>
<tr><td colspan="2">四班二运转</td><td>单次工作时间长，夜班后留宿车站</td><td>集中</td><td>四班组</td></tr>
<tr><td colspan="2">四班三运转</td><td>工作时间分散，夜班后不留宿车站</td><td>分散</td><td>四班组</td></tr>
<tr><td colspan="2">五班三运转</td><td>工作时间分散，夜班后不留宿车站，轮转周期长</td><td>分散
总休息时间长</td><td>五班组</td></tr>
<tr><td rowspan="2">三班二运转</td><td>夜</td><td>单次工作时间长，轮转周期短，夜班后留宿车站</td><td>集中</td><td rowspan="2">三班组</td></tr>
<tr><td>白</td><td>工作时间合理，轮转周期短</td><td>分散</td></tr>
</table>

第二节　乘务计划编制

城市轨道交通乘务计划编制是城市轨道交通运营管理的核心计划之一,良好的乘务计划,既能确保列车按图正常行车,保证乘务员正常地驾车工作,同时又能降低城市轨道交通运营成本。

一、乘务计划编制的前期工作

乘务计划编制之前需要做很多前期工作,如制定正线配备人数、备用人数、制定乘务轮转制定等。

1. 确定正线配备乘务员数量

正线乘务员是指参与正线列车驾驶的乘务员。在轨道交通线路运营前期,依据线路的列车配备数量,需要确定该线路配备乘务员(此处仅指列车司机)人数,一般采用人车比进行配备。

2. 确定备用乘务员数量

除配备正线乘务员之外,一般还需配备一定的备用乘务员。备用乘务员数量的确定,需要一定的科学依据,乘务员数量配备过多,会导致人员空闲,成本提高;反之,会导致现场人员使用紧张，部分乘务员工作强度过大，影响正常工作。

（1）影响乘务员备用数量的主要因素

①处于婚龄的年轻乘务员数量：处于婚龄的乘务员结婚时，需要为其安排一定时间的婚假，会因此影响正常上班。满足此条件的乘务员数量越多，需要配备的备用乘务员越多。一般婚假安排的休假时间为 7 天。

②未生育的女乘务员数量：未生育的女乘务员，随时可能因为怀孕需要休长时间产假，对现场工作影响较大。一般产假的休假时间为 6 个月。

③乘务员生病或特殊事假：乘务员日常可能会生病或者存在一些特殊事件需要请假的，此时可能需要考虑配备相应的备用乘务员。一般特殊事假或生病的休假时间平均为 2 天。

④人员调动：人员调动指部分乘务员可能因为特殊原因被调离岗位，如：升职、离职等。此时可能需要考虑配备一定的备用乘务员。

⑤人员储备：一般运营公司需要储备一定的乘务员，以用于后期扩建，或者人员退休等事件。

除上述事件外，各运营公司根据具体情况，可能还存在其他补充。

（2）备用乘务员人数计算

一般备用乘务员每年会存在一次变动。所以，备用乘务员一般以年为单位进行配备和更换。

（3）算例

设某条线路正线乘务员数量为 200 人，设以上五类事件的基本参数见表 8-4。

表 8-4 五类事件的基本参数

事件类型	发生人数（人）	发生概率	影响天数（天）
婚假	100	0.2	7
产假	30	0.1	180
特殊事假	200	0.1	2
人员调动	200	0.03	365
人员储备	200	0.03	365

根据以上参数，可以计算出该线路需要配备的备用乘务员人数为 15 人。

3. 设定基本乘务驻点

乘务驻点是指乘务员可以下车停留的车站。

（1）乘务驻点分类

①出退勤地点。

出退勤地点是指允许乘务员出勤和退勤的车站，乘务员不得在出退勤点以外的车站出勤或退勤。

②轮换休息地点。

轮换休息地点是指乘务员可以下车休息轮换的车站，乘务员在轮换点下车休息时，会安排其他乘务员接替当前乘务员驾驶的列车，当前乘务员休息一段时间后，再接替其他乘务员，继续执行列车驾驶任务。

③用餐地点。

用餐地点是指允许乘务员下车用餐的车站，用餐车站需设立相应的食堂，供乘务员用餐食用。

（2）乘务驻点的设立的影响因素

①设施设备影响。

一般设立为用餐的车站必须建设食堂等场所；设立为轮转休息的车站，必须设立乘务员休息的场所；设立为出退勤地点的车站必须设立乘务员储物间、更衣室等场所，方便进行乘务员出退勤准备工作。

②便于统一管理。

一般乘务员出勤需要进行统一的班前培训，因此，出退勤地点与班组长办公室必须设立在同一地点，便于班组长对乘务员进行统一管理。

③与车站性质有关。

车场是列车出入库的车站，因此该车站必须设立为出退勤车站之一。

④功能集中型车站。

一般轨道交通会将多个属性的乘务驻点设立在一个车站，节省建设成本，例如：将用餐地点和出退勤地点设立为同一车站，将用餐点和轮转点设立为同一车站。此方式对于乘务排班来说，也存在便利和优势，例如：部分乘务员出勤前可安排用餐，或者退勤后安排用餐，这样避免在中途安排用餐，提高乘务员利用效率。

4. 制定乘务员轮班制度

城市轨道交通每天运营时间长达 20 多个小时，而乘务员不可能一天持续工作 20 多个小时。因此，需要制定乘务员轮班制度，以此保证乘务员正常的工作负荷。

各轮班制度各有优缺点，一般根据现场人员喜好而定，例如：广州采用“四班三运转”；上海基本均采用“四班二运转”；而北京 4 号线采用“四班二运转”与“三班二运转”相结合的方式，而 6 号线则采用“三班二运转”。

5. 制定乘务员基本工作指标

在编制乘务计划之前，需要确定乘务员的基本工作指标，这些指标对乘务计划编制提供参考作用，需要确定的指标主要有乘务员每日工作时间、乘务员每日驾驶里程、乘务员月基本指标等。

二、乘务计划编制的基本流程

1. 根据列车运行图，基于设立的乘务驻点，将其拆分为乘务任务段

乘务任务片段（简称任务段）定义为：两个相邻乘务驻点之间的列车片段。任务段是一

个乘务员驾驶列车的最小单元,任务段不可以再进行拆分。

2. 将任务段组合,形成可行的乘务任务

乘务任务是指由若干任务段组合而成,可供乘务员一天值乘的任务段序列。一个合理的乘务任务需满足若干条件,如轮转休息时必须满足最小休息时间,用餐必须满足最小用餐时间等。组合形成乘务任务的过程称为乘务任务配对。

3. 编制乘务任务配对方案

将运行图拆分的所有任务段进行配对,形成若干个乘务任务,当所有任务段均被安排完成后,所形成的乘务任务集合即为乘务任务配对方案。

一个合理的乘务任务配对方案必须保证以下条件。

(1)所有任务段包含在乘务任务中

合理的乘务任务配对方案必须保证乘务任务包含了所有运行图中的任务段,不得出现遗漏现象。

(2)所有任务必须为合理乘务任务

合理乘务任务必须满足若干约束,如休息时间约束、用餐时间约束、出退勤地点约束、工作量约束等,乘务任务方案中若所有的乘务任务均为合理的乘务任务,则该方案为合理方案。否则,为不合理方案。

4. 编制夜早连乘方案

夜早连乘方案编制针对"四班二运转"和"三班二运转(夜班)"两种乘务轮班制度,其主要工作是将"夜班"任务与"早班"任务进行搭配,形成夜早连乘任务,满足乘务员夜间休息时间均衡、夜早连乘工作量约束等要求。

夜早连乘方案编制需结合乘务任务配对方案使用计划而定,如若第一日使用乘务任务配对方案 A,第二日使用乘务任务配对方案 B,那么就需要对方案 A 中的夜班任务集合与方案 B 中的早班任务集合进行夜早连乘搭配,编制夜早连乘方案。

5. 编制乘务任务轮转方案

乘务任务轮转是在乘务任务配对的基础上,基于特定的轮班制度(四班二转、四班三转、五班三转等)安排乘务员一个阶段的工作计划。乘务任务轮转的需要安排的内容有:

(1)完成阶段内每日乘务任务

每日乘务任务是指由乘务配对工作所形成的乘务任务集合(即乘务任务配对方案)。乘务任务轮转需要将每日乘务任务安排给乘务员,确保完成每日乘务任务配对方案中所有的乘务任务。

(2)安排乘务员正常的休息日

根据国家劳动部(现人力资源和社会保障部)1994 年下发的《关于铁路轮班工作制和工作时间有关问题的函》,轨道交通采用集中工作、集中休息或轮换调休等工作方式。因此,城市轨道交通乘务员并非统一在正常休息日休息,而是采用轮换方式安排。因此,乘务任务轮转需要合理安排乘务员在阶段内正常的休息日。

（3）安排乘务员特定的活动单元

城市轨道交通乘务员除完成每日需要完成驾车任务外，还需进行一定的特定活动，如阶段性培训、特殊请假、年假等。因此，乘务任务轮转过程中，还需安排乘务员完成这些特定的活动单元。

安排 7 天的乘务任务轮转工作，其中每日需安排的乘务任务和特殊活动图中已给出，正线配备乘务员为 n 人，乘务任务轮转工作即安排 n 名乘务员的阶段工作计划。

乘务任务轮转工作即为每个乘务员对应一个阶段工作安排，如乘务员 1 为“早 1、休息、白 2、夜 1、早 1、培训 1、白 1。所有乘务员的乘务任务序列集合即为乘务任务轮转方案，一个合理的乘务任务轮转方案必须包含所有的乘务任务，不得出现遗漏。

6. 乘务计划结果文件编制与打印

乘务轮转工作编制完成后，乘务计划编制的工作基本完成，后期需将编制结果整理成特定文件，并打印发布给制定乘务员。常用文件包括：

（1）乘务任务详情表

乘务任务详情表需标明各版本运行图中所配对出的任务详细信息。具体包括：任务的编号、任务基本指标（工作时间、驾驶里程）、任务详情（详细驾驶任务）、出退勤时间等。

（2）轮班表

轮班表标准指每个乘务员每天的具体安排。具体包括每日班组、对应的任务号、对应的任务详情表等。

第三节　乘务作业管理

列车乘务员（以下简称驾驶员）在驾驶列车时，必须确认各类行车信号，严格按照信号指示驾驶列车，同时必须坐姿正确，目视正前方，遇到危及行车安全的状况时应及时采取有效的应对措施，尽量避免人员及财产的损失。

一、行车作业

列车在驶入正线前，乘务员必须对列车进行一次出乘检车作业，行车作业流程为：出勤—列车检查—静、动态调试—出库驾驶—出停车场—驾驶正线驾驶；列车结束正线运行后的作业流程为：退出正线运行—进停车场驾驶—进库驾驶—列车检查及收车—退勤。

1. 驶入正线前的工作

（1）出勤

驾驶员作为服务于一线的员工，必须树立良好的个人形象，规范着装不仅代表企业形象，而且也是岗位识别的重要标志。因此，驾驶员在上岗前必须按规定穿着驾驶员工作服，并佩戴驾驶员工号牌等。

①库内出勤。

A. 驾驶员根据出勤计划时刻表，提前到运转值班室出勤。出勤时，应穿着指定的驾驶员工作服，并佩戴好工号牌或其他规定的相应标志，携带电动列车钥匙、驾驶证、驾驶员报单及相关工具。

B. 驾驶员出车前应充分休息，上班前八小时禁止饮酒。

C. 驾驶员应认真听取和阅读当日运行注意事项和通知，有必要时，需做好记录。

D. 驾驶员应了解发车车次、车号及停放股道。

②正线出勤。

驾驶员在正线交接班时，必须提前在规定的地点出勤，了解当日行车注意事项及通知、接车车次、车号和发车时间，按时上线接车。交接班时，需办理以下内容：

A. 下班的驾驶员，应将延续有效的行车命令、通知及注意事项向接班的驾驶员说明；

B. 下班的驾驶员，应将本列车技术状况向接班的驾驶员交代清楚；

C. 驾驶用品、驾驶员报单及电动列车钥匙必须当面点清；

D. 其他必须说明的事项。

（2）列车检查

驾驶员在列车出库前，必须做好检查工作，这是确保列车安全载客运营的前提。

地铁列车驾驶员与铁路机车驾驶员工作性质较为相似，地铁列车驾驶员出车前同样也要对列车的车体、转向架、轮对、闸瓦、客室中的各类设施、照明及驾驶室中各类开关等进行细致的检查，目的也是确保列车的安全运营。

（3）静、动态试验

列车静、动态试验是指列车在受电条件下，驾驶员对列车的一些相关设备设施进行测试，确保满足列车上线运营的要求。

静态调试简单来说就是在列车静止并且受电的情况下，对列车的一些辅助设施（如列车的蓄电池、辅助逆变器、车门、广播、无线通信设备、驾驶员显示屏、空压机、空调、客室照明等）进行测试，来确保列车操作性能符合要求，并且为乘客提供一个舒适的乘车环境，动态调试中包含了牵引和制动性能的测试，确认列车能全部缓解从而能正常起动，通过对列车常用制动及快速制动的测试，确保列车能够在有效的安全制动距离内停车，进而绝对保证列车的安全性能。

对列车进行检车及静、动态试验的目的在于确认列车是否具备了上线载客运营的基本条件，符合安全行车的要求。

（4）出库驾驶

①电动列车驾驶员必须掌握该列车出库时间，保证按照规定正点出库。

②电动列车驾驶员在起动列车前必须确认出库调车信号开放、驾驶台上无禁动牌及列车周围安全情况与状态。

③列车在车库内行驶时限速 5km/h。驾驶员应加强瞭望，注意行人及其他车辆的动态，必要时应采取紧急停车措施。

④电动列车出库时，驾驶员应使列车头部越过车库大门时一度停车并确认出库大门开启并锁牢，无行人及其他车辆穿越。

（5）出停车场驾驶

①驾驶员在停车场内驾驶途中，应确认信号开放正确，道岔进路排列正确，发现异常情况时，应立即采取紧急停车措施，并与信号楼联系。列车在停车场内的行车限速一般为 20km/h。

②需出停车场的列车，驾驶员必须在出场信号机前一度停车，依据出场信号显示的开通信号，驶出停车场，在规定地点停车后，将驾驶模式转换为正线驾驶模式。

2. 正线驾驶

正线驾驶的要求如下。

（1）正线上的驾驶

①驾驶员在正线驾驶列车时，应做到思想集中、瞭望不间断、并严格按运行图指定的时间运行。

②驾驶员在手动驾驶列车时，右手按下警惕按钮，并紧握主手柄，左手靠近“鸣笛”按钮附近。

③手动驾驶列车牵引时，驾驶员应以缓慢匀速逐渐递增的方式，在保证一定加速度的前提下，平稳启动列车，待速度接近 ATP 指示速度前，将主手柄放至慢行位，遇线路前方有上坡时，驾驶员可在车速下降前将主手柄推至牵引位适当增加牵引，以保持车速，遇下坡时，应提早制动，控制好车速，以防止列车超速而引起紧急停车。

④在采用 ATO 自动驾驶时，驾驶员右手接近“蘑菇按钮”处放置，左手靠近“鸣笛”按钮处。

⑤在区间运行时，驾驶员应不间断瞭望，确认线路、信号、道岔及接触网设施设备的情况。

⑥在地面区段运行时，驾驶员应加强瞭望，以防有人或异物侵入线路。

⑦在紧邻楼房的线路上运行时，驾驶员应加强瞭望，以防有异物侵入及高空坠物，无特殊情况，严禁鸣笛。

⑧遇大风、大雨、大雪、浓雾等恶劣天气或在大弯道、瞭望条件不理想的线路上运行时，驾驶员应适当减速运行。

（2）进站时的驾驶

①在手动驾驶列车进站前，驾驶员应提早做好制动准备，制动时，驾驶员应以缓慢匀速

逐步递增或递减的方式，进站过程中严禁将主手柄回零，以防列车冲出站台或使用快速制动停车，进站限速一般为 40km/h。

②列车必须带制动进站，严禁采用接近停车位置的一把闸制动方式停车，遇钢轨涂油或轨面湿滑时，应提前减速，防止列车越过停车位置。

③列车进站时，驾驶员应注意观察站内及站台情况，以防有人或异物侵入安全线内，发现异常情况时，应鸣笛示警，有必要时，采取紧急停车措施。

（3）车站停车及开关门

①列车进站后，驾驶员应在规定停车地点（停车牌）处停车。

②列车停稳后，驾驶员应先走出驾驶员室，再打开靠站台侧所有客室车门及屏蔽门并确认，时刻监护乘客上、下车情况及发车信号显示；在收到发车表示器允许发车指示后，驾驶员应根据乘客上、下情况，掌握关闭客室车门及屏蔽门时机，尽量做到一次关门成功，如遇客室车门或屏蔽门未全部关闭时，驾驶员应进行再开门作业。

③列车关门后，驾驶员必须确认客室车门或屏蔽门全部关闭，车门、屏蔽门及两者之间夹缝中无夹人夹物，遇客室车门、屏蔽门未全部关闭，夹缝中有人或物及瞭望不清时，驾驶员不得上车，待确认后方可上车。

④在弯道车站，驾驶员无法观察列车后部客室车门及屏蔽门情况时，需确认车站相关人员的关门良好手信号和屏蔽门红外或激光监控装置无报警后，方可动车。

（4）出站

①列车出站前，驾驶员应确认出站信号机开放正确，在有岔站应确认道岔防护信号机开放及道岔位置正确后，方可起动列车。

②列车出站时，驾驶员应控制好牵引，平稳起动列车。

③对于安装 CCTV 监视器的列车，驾驶员应通过监视器观察站台情况，发现异常情况应立即采取紧急停车措施。

（5）列车折返

①列车到达终点站，清客完毕后，驾驶员应迅速关闭客室车门，确认前方道岔防护信号及进路开放正确后，方可驶入折返线。

②列车在折返时，一般限速 30km/h，在手动驾驶列车进入折返线中段时，应做好制动准备，降低车速，做到距离过半、速度减半，防止列车制动距离不够而冲出车挡。

③列车在规定地点（折返停车牌）处停车，停车后，驾驶员应迅速关闭主控制器钥匙并在驾驶员室等候；驾驶员室转换成功且列车起动后，进折返线端的驾驶员在离开驾驶室前，应关闭车窗、锁闭驾驶室门及客室通道门。

④出折返线端的驾驶员，进入驾驶室后，应打开两侧驾驶室门锁，并检查驾驶室内所有开关位置是否正确。

⑤进折返线端的驾驶员，应主动将列车状况及注意事项告知出折返线端驾驶员。

⑥出折返线端驾驶员，在确认前方道岔防护信号机及进路开放正确后，方可驶出折返线。

（6）广播报站

①列车在终点站发车前，驾驶员应设置好列车报站器；

②列车在车站起动后，驾驶员应及时打开报站器报站；

③用报站器报站时，驾驶员应加强监听，当发现报站错误时，应及时改正；

④当列车报站器发生故障无法使用时，驾驶员应及时通过人工广播进行报站，人工报站必须用普通话，做到声音清晰、用语规范；

⑤当驾驶员遇到列车故障、清客等特殊情况时，应通过人工广播及时向乘客说明情况。

3. 退出正线驾驶的工作

（1）进停车场驾驶

①驾驶员应在规定地点停车，将驾驶模式转换为停车场驾驶模式，在确认入场信号机及进路开放正确后方可起动列车；

②在驶入停车场过程中驾驶员应加强瞭望，确认调车信号机及进路开放正确，一般限速为 20km/h，列车在停车库前平交道处，应一度停车。

（2）进库驾驶

①列车在驶入车库前，驾驶员应先确认车库库门开启良好，门销插好，库内无人或异物侵入线路；

②列车进车库时的行车限速一般为 5km/h，在接近停车位置时，驾驶员应控制好速度，直至停车点停车。

（3）列车检查及收车

①列车驶入车库停车后，驾驶员应巡视客室内部，发现乘客及不明物品时，应报告运转值班员；

②驾驶员离开列车前，应做好相关行车及列车走行公里数的记录，并依据运转值班员命令收车。

（4）退勤

①在停车场内退勤的驾驶员，应到运转值班室退勤；

②在正线上退勤的驾驶员，应到规定地点退勤；

③驾驶员在退勤前，应与运转值班员或接班驾驶员做好移交手续，移交内容包括电动列车钥匙、驾驶员报单、所交接列车的技术状况及当日列车运行情况等。

二、应急处置

运行列车如遇突发列车应急故障，应及时汇报行车调度员，服从行车调度员指挥，并运用合理的方法解决列车应急故障，如列车自身不能运行，需要动用其他列车配合进行救援。

1. 处置列车应急故障的方法

列车应急故障是影响列车正常运营秩序的主要原因之一，随着列车设备的老化以及原有设计的不合理等诸多因素，列车在载客运营中时常发生因列车故障掉线、清客、救援的现象，给正常的运营组织带来混乱。列车故障形成的原因主要包括下列几种情况：设备老化、欠修、维修保养不当、驾驶员操作不当、人为损坏等。

（1）故障恢复法

驾驶员通过驾驶员室显示屏或仪表指示灯的显示内容，明确故障发生部位并检查相关设备有无异常。通过重新分合空气断路器、供气阀门关闭等，可恢复其功能，以达到排除故障的目的。

（2）故障切除法

有些列车设备发生故障后，会直接影响列车的驾驶性能及安全性能，列车控制系统会采取限速运行或停止运行等手段来确保列车安全，此时驾驶员只需将故障部件切除就可以维持列车继续运行。如发生单扇客室车门关闭不到位时，驾驶员可以采取切除该扇车门的方法，继续载客运行。

（3）旁路法

在列车监控系统发生故障时，会影响列车驾驶功能，导致列车无法牵引，此时驾驶员必须按故障情况严格区分故障发生的成因，是监控系统本身原因发生的故障还是设备真正存在故障。假如是监控系统故障，驾驶员可尝试使用旁路相关监控设备，以维持列车运行；如监测列车空气制动是否缓解的压力传感器发生故障时，会致使全列车无牵引的现象，驾驶员应先确定列车制动已经真正缓解后，再使用旁路制动监控电路的方法，以排除故障。

（4）重启法

20 世纪 90 年代末引进的电动列车，基本采用计算机控制，在控制信号或通信信号发生误差时，会造成信息显示紊乱，严重的会影响列车某些设备的正常使用（或死机），在这种情况下最好采用重新启动列车或重新启动相关设备的方法，以激活故障设备，恢复列车功能，相当于使用计算机中的重新启动功能。

2. 列车救援处置

当需要进行列车救援时，一般执行正向救援原则，即由后续列车对故障列车实施救援。

（1）列车因故障无法继续运行时，驾驶员经处理无效后，应及时向行车调度员提出救援请求；

（2）故障列车驾驶员，在得到救援命令后，应及时打开客室车门进行清客，完毕后将方向手柄或模式开关打至后退位，点亮尾部头灯进行防护；

（3）故障列车驾驶员，按下停放制动按钮做好防溜措施，并逐个关闭客室中的制动缸阀门，并回到瞭望端驾驶室待命；

（4）救援列车驾驶员，在得到救援命令后，在指定车站清客，完毕后以 ATP 手动方式行驶至救援地点；

（5）救援列车，应在距离故障列车安全距离处一度停车，救援列车驾驶员下车，确认双方列车的自动车钩状态是否良好，并根据连挂车辆技术条件，决定是否进行电气连挂；

（6）救援列车与故障列车连挂完毕后，由救援列车驾驶员进行试拉，确认连挂良好后与故障车驾驶员进行联系，通知故障列车驾驶员，缓解故障列车所有制动；

（7）故障列车驾驶员，缓解停车制动（关闭剩余的制动缸阀门）后，将方向手柄或模式开火打到向前位，救援列车即可牵引运行；

（8）此时，采用的是推进运行模式，由故障列车驾驶员负责瞭望，救援列车驾驶员进行驾驶，一般限速 30km/h。

第四节 乘务指标统计与分析

乘务员的基本工作指标对乘务计划编制提供参考作用，指标主要有以下三个方面。

一、乘务员每日工作时间

乘务员月工作时间一般保持在 180h 左右，而周工作时间则应在 40h 左右。根据周工作时间，一般制定白班工作时间为 8~10h，夜班工作时间为 6~7h，早班工作时间为 3~4h。工作时间由多部分组成，一般包括：

（1）备车时间

若乘务员出勤由车场开始，那么乘务员需有一部分时间进行备车准备，主要工作为领取车钥匙、检查列车状况、填写列车状况基本信息等。一般为 20~30min。

（2）备班时间

乘务员出勤前需安排一定的备班时间，主要工作为更换工作服、查看班前注意事项、进行班前培训等。一般为 15~20min。

（3）驾车时间

驾车时间是乘务员工作时间中最主要的组成部分，为乘务员在列车上的纯驾车时间，包括列车区间运行时间、停站时间和折返时间。

（4）休息时间

休息时间为乘务员在轮换点轮换时的休息时间。一般为 8~20min。

（5）退勤时间

退勤时间为乘务员退勤的准备时间。如填写工作日志、更换工作服等。一般为 15~20min。

此外，乘务员在值乘图中还存在用餐时间。部分运营公司将用餐时间计为工作时间，但也有不计为工作时间的情况，需结合具体情况而定。

二、乘务员每日驾驶里程

乘务员每日驾驶里程指乘务员每日驾驶列车的里程。为确保乘务员工作任务之间的均衡性，一般需要确定驾驶里程的范围，避免出现部分乘务员驾驶任务过重，而部分任务过轻的情况。

乘务员每日驾驶里程与轮转班制有关，一般先计算白班、夜班、早班一次总驾驶里程。

三、乘务员月基本指标

乘务员月基本指标指乘务员月平均工作时间、月平均驾驶里程。根据《中华人民共和国劳动法》，城市轨道交通一般规定乘务员月工作时间为180h左右。乘务员月驾驶里程，需根据该月运输计划而定。

一般在基础指标基础上，需根据线路具体情况，制定详细指标，包括：

（1）最大日工作指标

最大日工作指标指乘务员一日最多工作指标，起到最大限制作用。如白班最大驾驶里程、白班最长工作时间等。

（2）最小日工作指标

最小日工作指标指乘务员一日最少工作指标，起到最小限制作用。如白班最小驾驶里程、白班最短工作时间等。

（3）最大月工作指标

最大月工作指标指乘务员月最多工作指标，起到阶段最大限制作用。如乘务员月最多驾驶里程、月最多工作小时等。

（4）最小月工作指标

最小月工作指标指乘务员月最少工作指标，起到阶段最小限制作用。如乘务员月最少驾驶里程、月最少工作小时等。

第九章　车站客运管理

第一节　客运站的设备及能力

车站每天要办理大量的行车作业与客运作业，因此，要依据车站的运营功能和客流量的不同来设置不同类型和容量的客运设备，从而保证车站的客运能力。

一、客运设备

1. 乘客导向系统

乘客导向系统由设置在车站外、出入口、通道、站厅、站台和车辆等处，包括图形、文字、符号和数字在内的各种静态导向标志以及实时发布的视觉和听觉导向信息组成。

（1）导向系统的组成

静态导向标志：按基本的功能不同，静态导向标志分为方向性标志、示警性标志和服务性标志三种。

①方向性标志为乘客提供引路信息和定位信息，如出入口方向、售检票区域方向、换乘方向、列车的运行方向、紧急出口等。

②示警性标志一般是危险或者警告标志，指示乘客注意安全或者不能进入，如注意碰头、禁止吸烟、乘客止步、严禁跳下站台、高电压危险等。

③服务性标志为乘客提供公共服务信息，如线路和车站分布图、列车运行时刻表、票价信息、厕所、公共电话、车站周边公交线路和公共设施指南等。

动态导向信息：实时发布的导向信息，是静态导向标志的补充，按媒介的形式不同，车站的动态导向信息分为视觉信息和听觉信息两种。

站台上的电子视觉信息，为乘客提供列车到站时刻及目的地、列车到站预告及安全提示、末班车离开后本站运营结束以及发生紧急情况等信息。

车站内的广播信息，为乘客提供列车到站时刻、候车安全提示、紧急情况时的安抚乘客和撤离通知等信息。

（2）导向系统设计

导向系统是为方便乘客及其出行而服务的，导向系统设计的关键是了解与满足不同乘客以及他们在不同地点对导向信息的需求。导向系统设计的要点如下。

①全过程、不中断地提供导向信息：从车站外面的公交站点与商业设施到车站的出入口、从车站出入口到站台以及换乘站台之间，在乘客选择前行方向的位置处均应设置导向标志，以排除乘客对前行方向是否正确的疑虑。

②静态导向标志以图形、符号及其组合为主：应采用标准的用语、规范的字体、易于辨认和理解的符号、统一的形状和颜色、合理地设置位置。

③在满足引导客流的功能前提下，信息量应最小，为避免导向信息被弱化，商业广告应远离导向标志。

④考虑盲人乘客、轮椅乘客、不识字乘客对导向标志设置的特殊要求：如设置盲道触觉标志、在无障碍通道内设置导向标志以及采用中英文对照等。

⑤考虑运营结束后保养、维修的方便与经济。

2. 售检票设备

售检票设备是指为乘客提供售票和检票的相关设备。当前，国内新建轨道交通线路均采用自动售检票系统。

在自动售检票（AFC）系统的发展过程中，先后出现了磁卡 AFC 系统、接触式 IC 卡 AFC 系统和非接触式 IC 卡 AFC 系统三种技术制式。由于非接触式 IC 卡 AFC 系统具有使用方便快捷，售检票能力高，运营成本低等优点，使其成为轨道交通 AFC 系统的首选技术制式。

车站自动检票设备主要有自动售票机、半自动售票机、检票机、自动验票机和自动加值机等。

3. 站台

站台供列车停靠和乘客候车、上下车使用。站台按形式不同，有岛式站台、侧式站台、混合式站台和纵列式站台等形式。岛式站台在地下车站采用的较多；侧式站台在高架车站采用的较多；混合式站台通常在需要较大的通过能力情况下采用；纵列式站台主要是路权共用的轻轨线路采用。

在实践中，还存在车站的两个侧式站台分别位于上、下层的特殊站台形式，如深圳地铁 1 号线国贸站的上、下行线侧式站台分别位于地下 3 层与地下 2 层。

4. 站台屏蔽门 / 安全门

站台屏蔽门安装在站台边缘，是将站台区域与列车运行区域隔开的设备，站台屏蔽门系统由门体结构、门机驱动系统和控制系统组成。

（1）站台屏蔽门的主要功能

①降低空调能耗：避免列车运行产生的活塞风进入站台的区域，减少站台区域与列车运行区域的热交换。根据广州地铁 2 号线的资料，安装站台屏蔽门后，车站空调的负荷可以降低 40% 以上。

②保证候车安全：可防止乘客因拥挤而掉下轨道、防止乘客跳下轨道拾取物品、防止外部人员跳下轨道自杀，保证乘客候车安全，提升了轨道交通运营可靠性。

（2）站台屏蔽门 / 安全门的控制模式

站台屏蔽门 / 安全门的控制模式有系统控制、站台级控制和手动控制三种。

①系统级控制：在正常的运行情况下，由列车司机对屏蔽门 / 安全门进行控制。

在列车到站并停车在许可的误差范围内时，列车司机在驾驶室内开启和关闭屏蔽门 / 安全门。此时，车门与屏蔽门 / 安全门同时开闭。

②站台级控制：在列车到站并停在许可的误差范围内时，如系统级控制无法实现，列车司机可通过站台上的控制盘开启和关闭屏蔽门 / 安全门。

③手动操作：单个屏蔽门 / 安全门出现故障无法正常开启时，由工作人员在站台侧用钥匙开启屏蔽门 / 安全门，或者乘客在轨道侧用手开启屏蔽门 / 安全门。

5. 升降设备

车站升降设备主要包括楼梯、自动扶梯和无障碍电梯等，其作用是为乘客提供快速、舒适的升降服务。

为降低运输成本，出入口的升降设备通常采用步行楼梯，但在出入口提升高度超过 6m 时应设置上行自动扶梯，超过 12m 时应设置上、下行自动扶梯。站厅、站台间的升降设备通常采用上行自动扶梯，下行步行楼梯，但在高差超过 6m 时应设置上、下行自动扶梯。自动扶梯选用重载型，要求每天能够连续工作 20h，在任何 3h 内持续重载（每个梯级 120kg）时间不小于 1h。

无障碍电梯主要是为行动不便的乘客服务。广州地铁 2 号线在国内首次采用楼梯升降机，主要是为轮椅乘客服务。楼梯升降机操作安全方便、占用空间不大，安装后保证进、出车站均有一条无障碍通道。

6. 其他设备

车站的其他客运设备还有广播、照明、通风和空调设备等。

二、设备容量及其确定

设备容量是指站台、通道、楼梯、自动扶梯等的能力，其决定了车站的规模，也是车站日常作业顺利进行的物质基础。

车站设备容量计算确定的基本依据之一是车站远期高峰小时预测客流量，但还要考虑超高峰小时内进出站客流的不均衡性。在高峰小时内，存在一个 15~20min 进出站客流特别集中的时间段，称为超高峰期。超高峰期的平均客流与高峰小时平均客流的比值称为超高峰系数。

为了避免乘客因拥堵而不能顺畅地进出车站，甚至影响列车的正常运行秩序，必须考虑超高峰期的客流强度较大这一因素。从留有余地出发，应采用设计客流量来计算确定车站设备容量。高峰小时设计客流量等于高峰小时预测客流量乘上超高峰系数。

超高峰系数一般取值为 1.1~1.4。终点站、客流较大的换乘站和中间站通常取高限值，其他车站则取低限值。

第二节　客流组织

分析乘客在站内的走行路径，揭示乘客在站内接受服务的状态，研究车站服务设施能力的适应性以及服务设施配置与布局的合理性，是改善车站客流组织的基础。

一、乘客站内走行径路

乘客在站内走行有进站上车走行、下车出站走行和换乘走行三种形式，统称为乘客在站内的走行径路。

乘客从进站起至出站止，始终处于接受车站服务设施服务的状态。以进站上车为例，大体可分为三种接受服务的状态：经由道路等至售检票设备、经过楼层转换至站台、在站台上候车。车站客流组织应做到：乘客在站内走行顺畅安全、距离较短，避免较大客流的对流，客流径路不存在交叉。

二、改善客流组织措施

改善车站客流组织的途径是提高售检票设备、通道、自动扶梯或者楼梯、站台等服务设施的能力（容量），以及将这些服务设施进行合理的运用，对已建成投运的车站，关键是合理运用服务设施，充分发挥服务设施的现有能力。

一般而言，改善车站客流组织的措施主要有：合理设置导向标志、售检票设备和收费区，避免乘客拥挤、促进客流顺畅；根据乘客的走行径路，调整服务设施运用，引导乘客流线、避免客流交叉；在大客流车站，设置隔离栏杆避免乘客对流；通过拓宽通道、合理疏导（活动移门）等措施消除通道瓶颈。

三、大客流组织

大客流是指客流在某一时段集中到达，使车站候车、滞留的乘客人数接近或者到达车站服务设施的设计能力，以及超过线路输送能力的情形。

车站大客流处置的基本思路是：保证安全、及时疏散。在大客流的情况下，为使车站乘客人数恢复至正常运营情形，应根据预案及时采取有效措施。

对经常性或者可预见的大客流（因大型活动或者恶劣天气引起的大客流），除增开列车、适当延长停站时间外，车站应设专门窗口发售应急票，以及采取增设临时检票口或采取进站免检、出站检票等措施尽快疏散乘客。

对突发性大客流，车站应及时向控制中心等报告，报告的内容包括大客流发生的单点、时间、原因、规模、造成影响等。同时，立即采取有关措施，包括对出入口、自动扶梯、楼梯和站台等重点部位，通过设置临时导向标志、警戒绳和人工引导等方式，疏散乘客、消除拥堵；采取停止售票、关闭部分出入口、出入口进出分流、延缓乘客进站等限流措施；必要时由控制中心下达命令关闭车站。

车站的客流组织主要内容包括车站售检票位置的设置、车站导向的设置、车站自动扶梯的设置、隔离栏杆等设施的设置及车站广播的导向、售检票的配置、工作人员的配备、应急措施等。其中最主要的环节是售检票过程，它是系统的窗口和象征，也是影响车站定员和运营效率的关键因素。

（1）客流组织原则

为了保持客流运送过程的通畅，避免拥挤，在进行客流组织时应遵循以下原则。

①合理安排售检票位置、出入口，楼梯、行人流动线路简单、明确，尽量地减少客流交叉、对流。

②乘客与其他交通工具之间换乘连接顺利，人流与车流的行驶路线严格分开，以保证行人的安全和车辆的行驶不受干扰。

③完善诱导系统，快速分流，减少客流聚集和过分拥挤。

④满足换乘客流的方便性、安全性、舒适性等基本要求。

（2）客流组织方法

轨道交通的选址、规模在轨道交通建设时已经确定，一般不能再改变，而出入口及通道宽度、站厅及站台的规模一般在建设时根据预测客流量确定，因此在运营管理中如何正确设置售检票位置、合理布置付费区和进行合理的导向对客流组织起着很重要的作用。在布置时，一般要以符合运营时最大客流量、保持客流的畅通为原则，因此一般按以下要求进行布置：

①售检票位置和出入口、楼梯应保持一定距离。

售检票位置一般不设置在出入口、通道内，并尽量保持与出入口、楼梯有一定距离，从而保证出入口和楼梯的顺畅。

②保持售检票位置前通道宽敞。

售检票位置一般选择站厅内宽敞位置设置，以便于售检票位置前客流的疏导；售检票位置应适当保持一定的距离，避免排队时的拥挤。

③售检票位置根据出入口数量相对集中布置。

因轨道交通车站一般有多个出入口，为了减少乘客进入车站后的走行距离，一般设置多处售检票位置。但过多设置售检票的位置容易造成设备使用的不平衡，降低设备使用效率，并且不利于管理,因此售检票位置应根据车站客流的大小相对集中布置。

④应尽量避免客流的对流。

客流的对流减缓了乘客出行的速度,同时也不利于车站的管理。因此,车站一般对进出客流须进行分流,使进出车站检票位置分开设置,保持乘客经过出入口和售检票位置的线路不至于发生对流。

第三节 客运服务

客运服务是城市轨道交通客运组织工作的一项重要内容,是完成城市轨道交通运营任务的重要组成部分,也是反映城市轨道交通服务质量的一个主要因素。在日常工作中,客运服务人员要以端庄大方的仪容举止,给乘客提供美好的形象服务;以热情、和蔼、谦虚的态度,给乘客提供礼貌的语言服务,以文明、和谐的乘车氛围,给乘客提供赏心悦目的文化服务。为了体现城市轨道交通一流的服务质量,客运服务人员必须恪守职业道德,讲究服务艺术,提高服务质量。

客运服务工作必须确保乘客安全及列车正点为目的,为及时、快速疏导乘客而提供优美舒适的乘车环境和便利周到的各种服务。为了提高服务质量,客运人员必须认真学习客运服务有关规章制度和标准,掌握服务技能,严格根据各工种的岗位作业标准进行操作,本着全心全意为乘客服务的原则,让乘客享受城市轨道交通一流的服务。

一、车站客运服务原则与规范

1. 服务工作的原则

客运服务人员在日常工作中必须贯彻“全面服务、重点照顾、主动热情、诚恳周到”的服务工作原则。城市轨道交通正是一个反映社会文明的“窗口”,城市轨道交通职工的精神面貌,是社会文明的缩影,是从一个侧面反映国家的巨大变化,客运服务人员一定要从思想上认识本岗位工作的重要性。

2. 车站客运服务工作

城市轨道交通作为城市公共交通系统中一种速度快、运量大、行车间隔小的电动有轨客运系统,同时作为城市公共交通系统的重要组成部分,对缓解城市地面的交通压力,减轻城市地面交通拥挤起着十分重要的作用。“快速、准确、安全、舒适、便利”是城市轨道交通运营的宗旨,所以要求城市轨道交通车站能安全、快速、方便地组织乘客乘降,为乘客乘坐城市轨道交通提供良好的服务。

城市轨道交通客运服务是指为乘客乘坐城市轨道交通提供的服务。城市轨道交通客运服务人员是直接从事城市轨道交通客运服务的工作人员。在城市轨道交通客运服务中城市轨道交通客运人员必须按以下基本服务程序来工作：进站服务售票—检（验）票—疏导—组织乘降—监护列车—出站服务。

每个岗位都按照以下基本程序作业：准备作业—基本作业—整理作业。

车站的对外客运服务主要按以下几个功能划分。

（1）售票服务

在城市轨道交通车站中，售票服务是帮助乘客用有效的货币换取价值等同的车票，以便乘客进入车站的计费区。随着城市轨道交通运营的进一步完善，自动售检票系统（简称AFC）将逐步取代原有的人工售检票。虽然自动售检票的自动化程度很高，但是人工售检票方式在特殊情况下仍适用。因此掌握各种状态下的售票作业内容，是每个服务人员应有的技能。

①人工售票服务。

售票员在售票前要备足零钱，售票时应严格执行"一收、二唱、三撕、四找"的作业程序，迅速准确地发售车票，严禁以售代检。

②半自动售票服务。

收款、付款、操作键盘由售票员完成，在出售面值较大的车票和智能卡时必须由售票员提醒乘客确认、报销凭证由乘客自取。售票时严格执行"一验、二售、三找、四清"的作业程序。

③自动售票服务。

对自动售票设施应进行巡视检查，确保设备正常运转，必要时应及时采取人工售票进行补偿服务。

（2）检验票服务

检验票服务是为了维护正常的车站及车辆秩序，保证乘客的安全，对乘客所持的车票进行确认，使乘客按规定乘车。

①人工检票服务

在进站检票或出站验票时，检验票员要正确佩戴工号牌。检验票员应进行对岗交接，认真检验票、严格执行"一撕、二看、三放行"的作业程序。并负责检查乘客是否携带超限物品或者易燃、易爆、有毒等危险品乘车，精神患病者、1.2m以下儿童等特殊乘客单独乘车时，更劝阻其进站乘车。

②自动检验票服务。

自动检验票应设人监督，保持设备的正常运转，指导乘客按要求正确使用票卡，阻止携带易燃、易爆、有毒等危险品的乘客进站乘车，对不能正常进出闸机的票卡进行分析，办理补票等业务。必要时，应及时采取人工检验票进行补偿服务。

（3）站台服务

站台服务为候车乘客提供各种乘降信息，确保列车在站及候车安全，使车站有一个良好的乘车环境。

①对候车人员要做到热情服务，重点照顾，注意乘客候车动态，及时发现乘客异常情况，防止乘客跳下站台或进入隧道内，积极疏导宣传，维护车站正常的候车秩序。

②列车进站前，应做好乘客的疏导工作，宣传有关安全事项，引导乘客站在安全线内候车。

③列车进站后，应组织先下后上，照顾特殊乘客。人多拥挤时，应积极进行人工广播宣传。

④列车关门时，应密切注意列车车门状态，如有车门关闭不上或者夹人夹物，应及时通知司机并迅速查明原因，在最短时间内排除故障。

⑤列车起动后，应注意乘客候车动态及列车的异声、异味、异态。如有异常，要及时通知行车值班员，并及时向有关部门汇报。

⑥遇有清空列车或者其他通过列车到达本站时，对需要继续乘车的乘客，要做好解释劝说工作，动员乘客乘坐下次列车。

⑦遇有车站发生伤亡事故，应及时向有关部门汇报，引导乘客，不扩散事态，并协助公安人员清理现场。

（4）广播服务

广播服务是车站客运服务的一个重要组成部分，也是客运服务的一个重要宣传工具。由于其影响面较广，要确保广播内容准确、健康。

①车站应进行向导广播，如列车到、发情况，换乘介绍，疏导乘客等。

②车站应广播乘车规定，如乘客须知、通告、公告等。

③车站的电视应按规定播放有关内容，宣传车站设施的使用方法及有关内容。

二、客运服务质量评价

1. 服务质量概念

研究质量管理的学者对服务质量有不同的定义。比较有代表性的是早期符合性定义与后来满足性定义。

早期符合性定义认为：服务质量是以提供的服务是否符合设定的标准为衡量依据，符合设定标准的程度反映了服务质量的水平。

后来满足性定义认为：服务质量是以提供的服务是否满足顾客期望为衡量依据，满足顾客的期望程度反映了服务质量的水平。

上述两个定义均反映了服务质量概念的某一方面，存在一定的片面性。但满足性定义强调服务应以顾客为中心，顾客对服务的期望和体验是评价服务质量的基本依据，显然是一个进步。

1994 年，国际标准化组织下属的质量管理和质量保证技术委员会将服务质量定义为：满足规定要求和隐含需要的特性总和。该定义综合了上述两个服务质量定义的内涵。

2. 服务质量评价指标

进行车站客运服务质量评价，首先应构成一组评价指标。构建评价指标应符合全面性、针对性、独立性和可操作性等原则。

全面性是指评价标准应能系统评价客运服务质量。针对性是指评价指标应能反映客运服务质量的主要方面。独立性是指各个评价指标的内涵不能相互替代。可操作性是指评价指标不宜太多，乘客评价意见易于采集和处理。

在构建评价指标时，应在分析车站客运服务的同时，重点分析乘客从进站到上车（或下车到站）过程中对车站客运服务的期望。根据分析，乘客对车站客运服务的期望主要是便捷、舒适与安全，而车站客运服务的内容主要是乘客导向、售检票、乘降组织、车站环境、对老弱病残孕等乘客的特殊服务等。因此，车站客运服务质量可从便捷性、舒适性和安全性等方面指标来评价。

①便捷性：便捷性主要反映乘客在车站内所需要时间和方便程度。对便捷性的评价可以考虑采用导向标志设置、售检票作业、列车信息提供、换乘时间等指标。

②舒适性：舒适性主要是反映乘客对车站及候车环境的总体感知。对舒适性的评价可以考虑采用卫生、温度、湿度、新风量、照明、自动扶梯使用、高峰小时拥挤程度、无障碍化服务态度、有责投诉及其处理等指标。

③安全性：安全性主要反映乘客在车站内免除危险的程度。对安全性的评价可以考虑采用候车秩序、站台安全、乘客疏导、应急救援措施等指标。

3. 服务质量评价方法

车站客运服务质量涉及多方面属性，所以评价指标体系是多层次结构。例如，在评价指标体系中，第一层是综合指标，即乘客满意度；第二层是要素指标，即便捷性、舒适性和安全性；第三层是各个特征指标。此外，乘客的评价意见是一种定性评价，具有一定的模糊性。

因此，车站客运服务质量评价是一个典型的多因素、多指标综合评价问题，可以采用模糊综合评价方法来对服务质量进行评价。该评价方法具有数学模型简单、综合评价效果较好等特点。

第十章 票务管理

售检票作业是轨道交通为乘客服务的环节之一。售检票方式一般以封闭式售检票为主，其包含人工售检票与自动售检票两种方式。与自动售检票相比，人工售检票效率低，检票作业组织难度大，运营成本也相对较高。在售检票过程中，乘客更希望接受一个方便、快捷、文明的服务，企业也希望通过使乘客满意的服务来树立良好的企业形象，以吸引更多客流。若城市轨道交通系统中存在不同的运营公司管理和运营不同的地铁线路，则该城市轨道交通实现网络化运营后，需要票务清分来解决将运费收益按照各运营实体的贡献进行公平合理分配的问题。

第一节 自动售检票系统

自动售检票实行全封闭的计程，计时收费，乘客进出收费区均需通过检票机检票后方能通行，可以实现售票、检票、收费和运营统计的自动化。而自动售检票系统的应用，是自动售检票方式取代人工售票方式的基础。

一、AFC 系统发展概况

AFC 系统在轨道交通方面的应用可以追溯到 20 世纪七八十年代，如巴黎地铁在 1967 年就采用了当时相当先进的磁卡 AFC 系统，东京营团地铁在 1988 年 4 月开始应用磁卡 AFC 系统。随着 E 卡的出现及 IC 卡技术的发展，一些地铁在 90 年代先后采用磁卡(单程票)与 IC 卡(储值票)兼容的 AFC 系统。

AFC 系统在我国的发展已有 20 多年历史，上海地铁在 20 世纪 80 年代末率先进行采用 AFC 系统的研究。在 90 年代中期，磁卡 AFC 系统技术已相当成熟，而 IC 卡技术在城市交通收费方面的应用刚刚开始，上海轨道交通 I 号线最初采用的是磁卡与 IC 卡兼容的 AFC 的系统，广州地铁 1 号线最初采用的是预留 IC 卡功能的磁卡 AFC 的系统。近年来，IC 卡技术在轨道交通 AFC 系统的应用规模迅速扩大。非接触式卡以其储存量大、保密性强、系统结构简单、运营成本较低、可实现一卡多用等优点，逐步代替了磁卡的地位，成为轨道交通车票的首选媒介。目前，国内新建轨道交通线路的 AFC 系统均选用非接触式 IC 卡技术；上海和广州也对早期的 AFC 系统进行了升级改造。上海在 2005 年底完成了 AFC 系统的“一票通”改造,组建了轨道交通票务清分中心,改造后的 AFC 系统采用非接触式 IC 卡技术,实现了轨道交通的“一票换乘”。

非接触式 IC 卡 AFC 系统的应用使城市公共交通行业的票务联营成为发展趋势,上海的“一卡通”和广州的“羊城通”收费系统目前已拓展到多个城市公共交通领域。例如,上海的“一卡通”可以在常规公交、轨道交通、出租车和轮渡通用,为乘客带来出行便利。

二、AFC 系统技术制式

AFC 系统是集电子技术、计算机通信和微机实时控制等于一体的自动收费系统和数据库系统。在轨道交通 AFC 系统的发展过程中,先后出现过磁卡 AFC 系统、磁卡和 IC 卡兼容 AFC 系统、IC 卡 AFC 系统三种技术制式。

1. 磁卡 AFC 系统

磁卡 AFC 系统投入应用的时间最早。磁卡车票上涂有两条磁粉物质,一条为磁卡密码、编号等不变信息,另一条为车站、进站时间和地点等可变信息。磁卡车票可作为单程票或储值票使用。磁卡 AFC 系统技术比较成熟,但也存在下列缺点:磁卡存储信息有限、用途单一;磁卡密码等信息易被破译、伪造和盗用,安全性较差;读写设备机械结构复杂,购置成本和维护费用较高;乘客使用不熟练和吃卡、误读写等故障均会影响检票机的通过速度。

2.IC 卡 AFC 系统

IC 卡是将一块集成电路芯片封装在塑料基片上(非接触式 IC 卡内还嵌入一小型天线),在集成电路中有微处理器,微处理器由存储和控制两个单元组成。由于微处理器具有人工智能功能,E 卡又称为智能卡。IC 卡具有数据存储能力,其内容可供外部读写与内部处理。随着超大规模集成电路和大容量存储芯片技术的发展 JC 卡和 IC 卡系统所具有的优点使其逐步取代磁卡和磁卡系统。

与磁卡系统相比较,IC 卡系统具有下列特点。

①使用方便快捷:IC 卡与读写设备的信息交换通过触点接触(接触式 IC 卡)或电磁感应(非接触式 IC 卡)方式进行,不会产生因机械故障导致的吃卡和误读写等现象,提高了检票机的通过能力。

②存储容量大:IC 卡数据容量大于 8kBit(磁卡数据容量小于 300Bit),可划分多个数据区供不同的用途,便于一卡多用。

③保密性能强:IC 卡复杂完善的加密处理,以及多次双向验证,能有效防止解密、伪造票卡和对数据内容的修改、复制行为。

④使用寿命长:IC 卡无机械磨损,可重复使用 10 万次以上。

⑤设备成本较低:IC 卡系统的读写设备为电子设备、无复杂的机械移动部件,造价较低、维修简单。此外,票卡不需维护、能耗较低,因此,IC 卡系统的设备购置和运营成本均大大低于磁卡系统。

⑥票卡成本较高：IC 卡在应用于单程票时，卡的成本一般远高于票价，如果票卡不能回收，将给运营企业带来经济损失。

根据 IC 卡与读写设备的信息交换方式，IC 卡有接触式 IC 卡和非接触式 IC 卡两种。在 IC 卡发展早期，使用的是接触式 IC 卡。接触式 IC 卡应用于轨道交通 AFC 系统，最大的问题是乘客插卡不便、通过检票机速度慢，难以适应大客流的情形；接触式 IC 卡系统对使用环境要求较高，脏、湿环境均会影响读写效果；此外，由于票卡芯片裸露，磨损和污染均会影响票卡的使用寿命。因此，接触式 IC 卡在轨道交通实用化方面的进展缓慢。

与接触式 IC 卡相比较，非接触式 IC 卡在读写时操作简单、无接触、无磨损，只要读写距离在 10cm 内，读写设备就可准确读写卡中信息。非接触式 IC 卡的这种特性，一方面有利于提高检票机的通过能力，另一方面也降低了检票设备的故障率和维护费用。非接触式 IC 卡在技术上的先进性，经济上低成本，以及使用上更加方便快捷，使其成为轨道交通 AFC 系统的首选技术制式。

三、AFC 系统组成与功能

AFC 系统由轨道交通票务清分系统、线路中央计算机系统、车站计算机系统、车站 AFC、设备和票卡五个层次组成。

1. 轨道交通票务清分系统

票务清分系统由两台冗余配置的服务器、磁带库、管理工作站、监控工作站、局域网设备和编码分拣机等组成，其基本功能有：

①对各类票卡进行统一采购、制作、发行和管理，负责所有票卡的编码初始化，以及调配、发放、回收和注销工作。

②制定票务清分规则、配置系统运行参数；审核各线路交易数据；对各类数据（费率表、黑名单等）进行维护管理。

AFC 系统运行参数有运营类参数和车票类参数两大类。运营类参数包括线路名称表、车站名称表、操作员表、检票机运行参数、自动售票机运行参数、半自动售票机运行参数、系统故障代码和本地语言资源文件等。车票类参数包括国际标准时间（GMT）转换参数、车票类型表、费率表、区域表、非高峰时段表、节日表和车票黑名单等。

③从各线路中央计算机系统接收交易数据，根据票务清分规则对各线路的票务收入进行公平、准确、高效的清分；同时与公共交通卡清算中心进行交易数据交换和票务收入清算。

④采集客流、票务收入和车票使用等运营信息，进行统计分析，生成各类运营报表。

2. 线路中央计算机系统

中央计算机系统由服务器、磁带库、管理工作站、监控工作站和局域网设备等组成，其基本功能有：

①接收各车站计算机系统的交易数据，将需要清分的交易数据上传给票务清分系统；

同时接收来自票务清分系统的清分数据；

②从票务清分系统接收 AFC 系统运行参数、费率表和黑名单等信息，并传输给各车站计算机系统；

③采集客流、票务信息，进行客流和票务收入等统计分析，生成各类运营报表；

④实时监控 AFC 设备运行，对 AFC 设备维护进行集中管理。

3. 车站计算机系统

车站计算机系统包括车站计算机、监控工作站和数据传输设备等，其基本功能有：

①从线路中央计算机系统接收 AFC 系统运行参数、费率表和黑名单等信息，并传输给车站终端设备。

②采集车站终端设备的交易数据和运行状态信息等，并上传至线路中央计算机系统。

③对车站客流、票务信息等进行统计分析，并生成报表。

④实时监控车站终端设备运行，具有故障报警、自诊断等功能。

⑤设置车站终端设备的各种运营模式。

⑥紧急情况下，通过车站计算机发出指令或按下紧急开启装置，使检票机处于自由通行状态，便于乘客快速疏散。

4. 车站 AFC 设备

车站 AFC 设备又称为车站终端设备，包括检票机、自动售票机、半自动售票机、自动验票机和自动加值机（自动加值验票机）等。车站 AFC 设备的基本功能分别叙述如下。

（1）检票机

检票机又称闸机。根据用途的不同，检票机分为单向检票机和双向检票机，其中单向检票机又分进站检票机和出站检票机。根据闸门阻挡方式的不同，分为三杆式检票机和门式检票机等。在磁卡与非接触式 IC 卡兼容的情况下，检票机上读写设备的配置有两种方式：一种是兼容通道方式，所有的检票机均配置非接触式 IC 卡的读写设备和磁卡的只读设备；另一种是专用通道方式，大部分检票机配置非接触式 IC 卡的读写设备，小部分检票机配置磁卡的只读设备。

检票机可对各类车票进行读写操作，进站时在车票上写入进站有关信息，出站时扣除乘车费用；对车票进行有效性确认，有效票放行、无效票禁止通行。出站检票机能自动回收单程票，具有闸门紧急开启功能。

（2）自动售票机

自动售票机用于乘客自助式购买单程票。能识别、接受指定的硬币和纸币，可以找零，能够对无法识别的现金予以退还。接收运行参数、费率表和黑名单等信息，上传本机交易数据和运行状态信息。对本机的运行状态进行自动监控。

（3）半自动售 / 补票机

半自动售 / 补票机又称为人工售 / 补票机。用于辅助售票员处理各种售票和票务查询业务，如各种车票发售，车票的赋值、充值和分析，以及退票、补票和车票挂失等。设备的交易数据和运行状态信息自动传输给车站计算机。

（4）自动验票机

自动验票机用于乘客自助式查询车票的相关信息，包括车票种类、卡号、金额、有效期以及近期若干次乘车记录等。

（5）自动加值机

自动充值机用于乘客自助式对储值票用现金或银行转账方式进行充值，用现金充值时能识别伪币、可以找零，具有分析车票和自动显示余额功能，设备的交易数据和运行状态信息自动传输给车站计算机。

5. 票卡

轨道交通使用的票卡，目前主要有磁卡和非接触式 IC 卡两种。磁卡通常用于单程票、多程票和纪念票等票种，非接触式 IC 卡通常用于储值票和员工票等票种。

新建轨道交通线路更倾向于选用非接触式 IC 卡 AFC 系统，如大连轨道交通 3 号线的单程票和储值票均采用非接触式 IC 卡，单程票用的是薄型卡，存储容量为 512Bil，因卡的采购成本较低，解决了票、卡价格倒挂的问题。

单程票解决方案除了采用磁卡或薄型非接触式 IC 卡外，还有一种解决方案是采用筹码型单程票。筹码型单程票的采购成本较低，使用次数可达 1000 次，因此每次使用成本很低。此外，筹码型单程票的回收机械简单、可靠，由于分拣直接在检票机上进行，车票可在车站内循环。筹码型单程票的缺点是不适宜作为商业广告的载体。目前，广州地铁、深圳地铁、东莞轨道交通以及武汉地铁等均采用筹码型单程票。

四、AFC 系统运营模式

通过线路中央计算机或车站计算机的设置，可使 AFC 系统处于不同的运营模式，以适应列车故障、大客流集中进站等各种非正常运营情况和火灾等紧急情况，确保乘客的利益或安全。

1. 正常运营模式

正常运营模式采用计程、计时收费运营方式。乘客进出收费区均须持有效车票通过检票机检票后方能通行。检票机根据设定的运行参数、费率表，自动扣减车资，储值票在显示余额后返还给乘客，单程票则进行回收。如车资不足或超过时间，乘客需补票。

2. 特殊运营模式

特殊运营模式主要有下列几种。

（1）列车故障时的运营模式

因列车故障、部分车站处于停运状态时，通过中央计算机或车站计算机的设置，允许已进入收费区的乘客、故障列车清客后下车的乘客不收费通过出站检票机。单程票将不回收，乘客可在今后一段时间内(一般为 7 天)继续使用。如果乘客不准备继续使用,也可退票。

(2)超时、超程忽略的运营模式

由于站台拥挤、列车故障和发生事故等原因,使列车跳站停车或运行时间延长,中央计算机或车站计算机可将有关车站设置为“超时忽略”“超程忽略”运营模式,对乘客车资不足或超过时间不再补票。

(3)大客流集中进站时的运营模式

在大客流集中进站而进站检票机能力不足时,车站可发售“应急票”,乘客持“应急票”不通过进站检票机进站,此时中央计算机或车站计算机将其他车站设置为“进站检票忽略”运营模式,允许持“应急票”的乘客通过出站检票机正常出站。

(4)紧急情况下的运营模式

当车站发生火灾、爆炸等危及乘客人身安全的情况时,为及时疏散收费区内的乘客,中央计算机或车站计算机将该车站设置成“紧急”运营模式。此时,检票机的闸门处于自由通过状态,保障乘客能尽快地撤离。

(5)高峰 / 非高峰运营模式

通过中央计算机的设置,将每日的运营时间分为高峰时段和非高峰时段,在非高峰时段,对票价实行折扣优惠,以吸引客流或鼓励乘客在非高峰时段乘车。

第二节 轨道交通票制票价

一、票价制式

票价制式又称为票价结构,票价制式是票价制定的基础。

轨道交通票价制式主要有单一票价制、计程票价制、区段票价制和分区票价制四种。采用何种票价制式,取决于对收费合理化、乘距结构调整和企业经济效益等方面的综合考虑,但也与采用的售检票方式有密切关联,自动售检票方式是轨道交通采用非单一票价制的基础。

1. 单一票价制

不论乘车距离远近,全线实行一种票价。单一票价制的优点是售票速度快,检票可实行单检制,即进站检票、出站不检票。因此,单一票价制的票务管理相对简单,车站售检票设备与人员的投入也可减少。单一票价制通常按平均乘车距离来确定票价,对短距离出行乘客,因票价偏高不利于吸引短途客流;而对长距离出行乘客,又因票价偏低减少了车费收入。另外,在客流统计方面,只能统计上车人数,不能统计下车人数、乘车距离和断面客流量等,不利于运营组织。国内早期建设的地铁，如北京地铁 1、2 号线长期以来采用的就是单一票价制。

2. 计程票价制

票价根据乘车距离或乘车站数计算。计程票价制提高了收费的合理性，避免了单一票价制的缺点，有利于吸引更多的客流、提高企业的经济效益。计程票价制的缺点是车票种类多、进出站均检票、票务管理与售检票作业比较复杂。因此，采用 AFC 系统是实行计程票价制的前提，实行计程票价制后，还能更加实时、准确地进行客流与收益统计，有利于提高运营组织水平。

3. 区段票价制

区段票价制是将轨道交通线路划分成若干个区段，乘客在同一区段内乘车采用单一票价、跨区段乘车采用计程票价。因此，区段票价制兼有单一票价制和计程票价制的特点。区段票价制与单一票价制相比，收费比较合理；与计程票价制相比，收费比较简单。在采用区段票价制时，为使乘车收费合理，对在两个区段的相邻站间上下车可按在同一区段内乘车进行收费。

4. 分区票价制

分区票价制是将轨道交通线网划分成若干个区域，乘客在区域内乘车采用单一票价、跨区域乘车则采用多级计程票价。分区票价制便于乘客在不同公共交通方式间换乘，也便于推行综合票价政策。但对乘车距离较近的跨区域乘车，需要制定特殊票价。欧洲的一些城市实行了分区票价制，如巴黎按同心圆方式将城市公共交通圈划分成 8 个计费区域。

实行分区票价制时，计费区域的划分应尽可能做到对乘客、企业和城市公共交通的发展均是相对有利的。为了合理划分计费区域，必须对市民的出行方式选择、出行目的、出行距离、出行流量和出行成本等进行详尽的调查与分析。

二、票价制定

1. 运价制定理论

票价制定是在一定的运价理论指导下进行的。

（1）劳动价值理论

该理论认为，商品（服务）的价格必须以价值为基础，价格是商品（服务）价值的货币表现形式。

根据劳动价值理论，运输服务的价值是由运输过程中消耗的劳动力价值、生产资料价值和运输服务所创造的剩余价值所组成。其中，消耗的生产要素构成了运输成本，创造的剩余价值即为利润。因此，运输价格应是围绕运输服务的价值波动，它可按运输成本加上一定的利润率来确定。

劳动价值理论考虑了运输生产的必要劳动消耗，即活劳动和物化劳动的消耗，对运价制定无疑是有指导意义的。但它也存在若干缺陷，如不能反映市场供需关系和市场竞争对运价制定的影响；运价及利润完全是以运输成本为基础，不利于促进运营企业经营管理的改善。

（2）均衡价格理论

该理论认为，在市场经济条件下，商品（服务）的价格由需求和供给共同决定，某种商品（服务）的需求和供给相等时的价格称为均衡价格。

按照均衡价格理论，运价最终是由运输市场的供需关系所决定，运价会对运输市场的需求或供给变动做出反应，并始终围绕均衡价格波动。应该指出，均衡价格理论是以完全竞争市场为前提的，因此它的应用也是有条件的。

（3）厂商理论

该理论认为，每个企业都面临着市场竞争，因此每个企业在决定产量的同时还要合理确定价格，以便实现利润最大化。利润是成本与收益的差额，因此，厂商理论从成本与收益的角度研究如何制定价格。

根据厂商理论，在垄断竞争的市场条件下，当某一运价水平能使边际收益等于边际成本时，运营企业能在短期达到利润最大化；而当某一运价水平能使边际收益等于边际成本，同时平均收益又等于平均成本时，运营企业能在长期达到利润最大化。实践中，运营企业通常是以短期成本为基础来制定运价。

2. 国内票价制定特点

影响轨道交通票价制定的因素主要有运输成本、客运需求、市场竞争和公益性目标等，国内轨道交通票价制定具有以下特点。

①政府对票价实行管制：轨道交通是服务性行业，提供准公共产品，通常由一家或少数家运营企业垄断经营，具有一定的自然垄断性，这就决定了政府对轨道交通的票价进行管制。

②票价不按运输成本制定：运输成本由运营成本、折旧成本和贷款利息三部分组成。轨道交通属于资金密集型基础设施，投资额大、回报期长、年度折旧成本很高。如广州地铁1999年测算的成本票价达到15.3元，深圳地铁运营第一年测算的成本票价达到18.3元。显然，从乘客消费能力角度，以运输成本来制定票价是不现实的。

③票价与物价指数联系不紧密：在政府管制票价的情况下，票价调整周期往往较长，票价变动滞后于物价指数变动。运营企业无法对票价进行及时调整，一定程度上影响了运营企业对客运需求的调节和自我积累、追加投资的能力。而单次票价调整幅度过高，又引起客流骤减，使运输能力得不到充分利用。

④票价未体现鼓励长距离出行：在实行计程票价制时，起步基价以远的票价是按每多乘车几公里或几个站递增车费1元计算，即不是实行递远递减的票价率。另外，在各条轨道交通线路未采用统一票制的情况下，乘客因为不能一票换乘，即使出行距离并不长也要增加

一定的车费支出。票价制定中的上述情形，影响了轨道交通对长距离出行客流的吸引力。由平均票价不到 3 元 / 人次（上海调价后不到 4 元 / 人次）的数据可知，在轨道交通运送的乘客中，短距离出行客流占了相当大比例，而短距离出行客流应是常规公交的主要服务对象，这反映了轨道交通与常规公交服务功能的重叠。

3. 票价制定原则

社会效益与企业效益兼顾是轨道交通票价制定的基本出发点，具体来讲，轨道交通票价制定应遵循下列原则。

（1）兼顾公益性目标

要求票价以较低水平制定，目的是吸引客流转向有利于节约能源、保护环境、缓解道路拥挤和减少交通事故的城市公共交通方式，解决日益严重的城市交通问题，实现城市社会经济的可持续发展。

但票价水平较低并不是说不考虑成本。如果在制定轨道交通票价时不考虑成本，结果必然是运营企业连年巨额亏损、失去持续经营能力，新的投资者不敢进入、轨道交通线网建设难以为继，使轨道交通的建设与运营陷入恶性循环。

同样，票价水平较低并不是说轨道交通的票价应与常规公交的票价看齐。对建设与运营方而言，轨道交通的成本远高于常规公交的成本；对乘客方而言，轨道交通具有快速、准时、舒适、安全等优点。考虑到上述因素，轨道交通的票价高于常规公交的票价是有理由的。

（2）以运营成本为基础

根据轨道交通的建设投资与票务收入实际情况，现阶段轨道交通起始票价可根据运营成本加上一定的利润率等制定。为体现票价以较低水平制定，实际执行票价可低于计算票价。票价的调整应考虑运营成本、物价指数的变动和居民收入水平的变化。一般而言，票价调整幅度可与物价指数变动幅度同步，但不宜超过居民的实际收入增幅。

$$\text{人公里票价} = \text{人公里运营成本} \times (1+ \text{利润率} + \text{税费率})$$

由于实际票价与成本票价存在较大差额，轨道交通的发展需要政府在财政、税收和信贷等方面给予扶持，如财政补贴、沿线土地开发权、减免营业税与关税、调整折旧方法等。应该指出，票价以运营成本为基础，再参考运输市场平均利润水平来制定，目的是能保本盈利。但在运营成本不合理时，也会出现票价背离运输服务价值的情况。因此，企业应通过提高劳动生产率、提高车辆满载率、加强企业管理、引进市场机制等各种途径和措施来降低运营成本。

（3）有助于调节客流

在城市公共交通体系中，合理的分工应是：轨道交通以吸引中、长距离出行客流为主，常规公交是轨道交通的补充，以吸引短距离出行客流为主。票价过低，将使大量短距离出行客流转向轨道交通，造成运输能力紧张、乘客服务水平降低。而票价过高，轨道交通又将失去对长距离出行客流的吸引力，导致运输能力的浪费、经济效益的下降。

在票价水平、客流量、运输能力三者关系中，票价水平是引起客流量变化的重要原因，而客流量大小又决定了运能 - 运量相适应的程度。因此，在制定票价时，应充分发挥票价的调节客流功能，使轨道交通处于良好的运营状态。

理论上，存在一个有助于使运量与运能达到相适应的票价水平。一般而言，在高峰时段运能紧张的情况下，可采用较高的票价水平，如华盛顿地铁的高峰时段票价是非高峰时段票价的 1.5 倍。在非高峰时段运能富余的情况下，可采用较低的票价水平，即优惠票价。非高峰时段采用优惠票价，有助于客流的削峰填谷，在缓和高峰时段运能紧张的同时，还能提高非高峰时段的列车满载率；此外，非高峰时段采用优惠票价对吸引潜在客流，提高轨道交通经济效益具有积极意义。

4. 票价制定策略

在票价制定原则已经确定的情况下，运营企业可根据市场供需关系、运输服务水平和客运需求的价格弹性等采取相应的票价制定策略。

（1）差别定价策略

由于运输服务供给在一定的时空条件下总是相对稳定的，当运输市场供需平衡被打破，出现运输供给小于或大于客运需求时，采用差别定价不仅可能，而且非常必要。

在运输供给小于客运需求时，可采用以“削峰填谷”为主的票价制定策略；反之，出现运输供给大于客运需求时，则宜采用以吸引客流为主的票价制定策略。例如，递远递减的票价率、客流高峰时段适当提高票价、客流低谷时段适当降低票价等均是差别定价策略的运用。

根据不同的服务水平制定不同的票价，也是差别定价策略的运用。从乘客消费心理角度分析，乘客对票价的认同程度，除与收入水平有关外，还与服务频率、运送速度、安全准点和便利舒适等方面的满意度有密切关系。因此，在服务水平较高，并且乘客对运输服务价值的认同程度也较高的情况下，可以采用票价较高的定价策略。

（2）折扣定价策略

折扣定价是一种向乘客让利的票价制定策略，折扣通常有现金折扣和数量折扣两种。

现金折扣是指乘客购买储值票时给予金额折扣或票价折扣的优惠，储值票面值越大、使用时间越长，给予的折扣优惠也越高。如 50 元面值储值票按 97 折优惠发售，100 元面值储值票则按 95 折优惠发售等。广州地铁对持储值票乘车实行票价折扣优惠，对起步基价，50 元储值票按 95 折票价优惠、100 元储值票按 9 折票价优惠、学生票则按 7 折票价优惠，对起步基价以远，乘车站数越多、票价折扣优惠也越多。

数量折扣是指乘客乘车累计达到一定次数或金额，赠予若干免费乘车次数或给予每次乘车的票价优惠。上海轨道交通自 2005 年 11 月起，对使用公共交通卡乘坐轨道交通列车的乘客，在每自然月乘车金额满 70 元后，当月再乘坐轨道交通列车每次按 9 折票价优惠。

合理运用向乘客让利的折扣定价策略，有利于吸引更多的客流，并有助于提前收进票款，加快运营企业的资金周转。

(3)价格弹性与定价策略

客运需求的价格弹性是指票价变动的百分比所引起的客流量变动的百分比，价格弹性的大小可用弹性系数来表示。

对轨道交通客运需求的价格弹性进行分析，可以得出以下结论。

①早晚高峰时段通勤、通学类出行的价格弹性相对较小；而非高峰时段购物等出行的价格弹性则相对较大。

②在乘车距离较远的情况下，价格弹性相对较小；而在乘车距离较近的情况下，价格弹性则相对较大。

③在收入水平较高的情况下，价格弹性相对较小；而在收入水平较低的情况下，价格弹性则相对较大。

④在出行方式选择余地较小的情况下，价格弹性相对较小；而在出行方式选择余地较大的情况下，价格弹性则相对较大。

价格弹性为测算客流量对票价变动的反应程度提供了基础。在制定票价时，定价策略的运用必须考虑价格弹性。对价格弹性相对较大的客运需求，采用薄利多销的定价策略容易奏效，可以达到吸引客流和增加收入的目的。而对价格弹性相对较小的客运需求，提高票价对客流的分流或削峰填谷的作用往往不够明显。

第三节　车票管理

一、车票分类

轨道交通车票的种类可根据车票采用的媒介，车票使用的时间、次数和线路的限制等进行划分。

1. 根据采用的媒介划分

车票分为纸质车票、筹码车票、磁卡车票和 IC 卡车票。纸质车票上印有票价、站名和编号等，适用于人工售检票。筹码车票采用代币 TOKEN，投入后能开启闸门。磁卡车票的塑料基片上载有密码、编号、车资、进站时间和地点等信息。IC 卡车票的塑料基片上封装了集成电路芯片等，具有存储容量大、保密性能强、使用寿命长等优点，又分为接触式 IC 卡车票和非接触式 IC 卡车票。

2. 根据使用时间的限制划分

车票分为普通车票和定期车票。普通车票是只能在当日一定时间内乘车使用的车票，定期车票是可以在一段时间内(如周内、季内或年内)乘车使用的车票。

3. 根据使用次数的限制划分

车票分为单程车票和储值车票。单程车票是供一次乘车使用的车票，储值车票是在车资用完前可多次乘车使用的车票。

4. 根据使用线路的限制划分

车票分为专线车票和联合车票。专线车票是只能在指定线路乘车使用的车票，联合车票是可以在多条线路乘车使用的车票。这里所指的多条线路，既可以是轨道交通线网的线路，也可以是票制一体化下的常规公交线路。

除了以上主要的分类外，根据车票发售对象的不同，车票还包括乘车证、学生票等。

下面简要叙述采用自动售检票系统时的各种车票发售与使用特点。

（1）单程票

日常使用，车票有面值，限当日、当站使用，在下车站由出站检票机自动回收。

（2）储值票

日常使用，车票有面值，乘客一次购票、多次使用，并有尾程优惠，可设定使用有效期，使用完毕可回收。

（3）纪念票

为纪念政治、经济、文化等重大事件或题材而限量发售，兼有乘车和收藏功能的车票。车票有面值并有尾程优惠，可设定使用有效期，使用完毕一般不回收。

（4）应急票

在大客流时应急使用，类似单程票，由车站人工发售，使用有效期与使用车站可设定，一般限当日、当站使用，使用完毕回收。

（5）多程票

车票设定使用有效期与使用次数，例如，在使用有效期一个月内，每天乘坐不超过规定次数，使用完毕可回收。

（6）公务票

公务票仅限于轨道交通员工使用，有全路网公务票和指定线路公务票两种。为加强票务管理，公务票可设定使用有效期，如仅在月内或季内有效；以及设定允许使用次数，如每天允许持有人进出检票机几次。公务票是一种特殊的多程票。

二、车票流程

新票卡采购回来后，首先在制票中心进行编码、赋值等初始化处理，然后配送给各个车站，通过自动售票机和半自动售票机发售给乘客。乘客持票进出收费区时，检票机对有效票给予放行，进站时写入进站有关信息、出站时扣除乘车费用（储值票）或回收车票（单程票、应急票）；如遇到出站检票机拒收车票、禁止通行的情形，通常是单程票超程、超时使用或票卡读错误等原因，此时乘客需到补票亭去进行车票分析及处理。出站检票机回收的单程票可在车站重新发售、循环使用,而储值票则应送交制票中心再次编码后才能配送给车站发售。

三、车票管理

1. 车票安全

车票流程包括多个环节,车票安全管理是车票管理的首要问题,关系整个票务系统的安全、高效运行。车票安全管理的重点是防盗、防火、防作弊等,包括制票中心、车站与车票配送三个环节。

(1)制票中心

在制票中心,设备方面的安全措施有防盗门、密码门和闭路电视监控设备,设置防灾报警和自动灭火系统等。规章制度方面,应制定严格的出入登记制度、钥匙保管与交接制度、工作场所监控制度、票库审核与盘点制度、车票分区管理制度等。作业程序方面,对每一张车票进行动态追踪管理,建立车票分区保管的台账,制定车票出入库与交接作业程序、车票在制票中心内部流程标准、制票过程作业标准、账册每日核对作业程序、车票注销与销毁作业程序等。

(2)车站

在车站,应设置专门保管车票的票务用房。票务管理的安全措施有配置保险柜、安装防盗门、密码门和闭路电视监控设备,制定出入管理制度、房门及保险柜钥匙保管与交接制度,以及车票的存放、保管和交接制度等。

对售票亭,安全措施有;安装密码门、加强钥匙的保管与交接、对进入人员进行严格控制、安装报警装置、将车票放在外部人员触及不到地方等。

(3)车票配送

在车票回收方面,安全措施有:对出站检票机的钥匙进行控制;车票回收由专人负责,对每日回收的车票进行加封,并注明加封人、加封日期和加封车票的种类、张数;票务审核人员定期核查回收后在车站循环使用的车票。车票配送:在车票配送给各个车站的途中,应使用专用的车票装载箱与运输工具、配备保安人员押运、并按作业程序要求进行车票的交接与签收。

2. 车票保有量与应急票

车票保有量是对单程票而言的,为保证车票发售,车票保有量一般应控制在车票发售量的两倍左右。对短时间内有大客流进站的情形,制票中心应根据计划提前制作应急票,并提前一天配送给有关车站;车站发售应急票应设专窗,对回收和结存的应急票,应按规定上交、不得截留。

3. 降低成本

降低票卡摊销成本的途径主要包括减少票卡的流失率、降低票卡的废卡率和降低票卡的库存量等。在票卡的发售、使用和回收环节，由于售检票设备、乘客使用、作业人员截留、票卡清洗不当等原因均会造成票卡流失。因此，为降低票卡的流失率，应有针对性地强化相关作业环节的管理，如做好售检票设备日常维护，改进票卡回收、清洗作业组织，提高售检票作业人员素质等。

四、票款流程

票款来自自动售票机和半自动售票机的车票发售收入，以及乘客因各种票务问题所支付的现金。票款设置专人定期收取（自动售票机为钱箱已满、半自动售票机为班后），并根据车站计算机或半自动售票机的打印清单进行清点核对；将票款解缴银行，银行出具解款回单，车站将票款现金日报表、银行解款回单交给票务管理部门，票务管理部门将各站的票款现金日报表、银行解款回单汇总后交给财务部门入账。

票款解缴银行有多种模式，如银行到车站收取、第三方到车站收取等。在选择票款解缴银行模式时，尽量减少现金在轨道交通内部的留存是主要考虑因素。

第四节　网络票务清分

一、影响清分的主要因素

1. 社会经济因素

乘客的社会经济因素主要包括乘客的性别、年龄、职业以及收入水平等。

（1）年龄

通常，年龄较大的乘客由于身体原因，在路径的选择过程中，更希望选择换乘次数少、换乘方便、乘坐舒适的路径。出行距离越长，则换乘对乘客的路径选择影响就越大。一般来说，对于长途出行，倾向于不换乘的比例随着年龄的增长而逐渐增加。年轻人更希望能够通过增加换乘次数而节约总的出行时间，老年人由于身体原因或老年人时间充裕的缘故，他们宁愿花费更多的出行时间而不愿意消耗体力去换乘。对于短距离的出行，由于换乘的可能性较小，而且通过换乘对于总的出行时间的节省并不明显，因此，换乘因素在乘客的路径选择中影响并不明显。各个年龄段的人群都希望选择时间更短的路径。

（2）职业

职业因素对乘客路径选择具有一定影响，一般情况下，离退休人员更希望选择换乘次数少且方便舒适的出行路径，这与年龄因素的影响是一致的。另外，学生和工薪阶层更倾向于选择出行时间最短的路径。

(3)收入水平

通常，随着收入水平的提高，乘客对于方便、舒适和安全等方面的要求更高，因此，对于收入较高的乘客来说，在其路径选择中，更希望选择换乘次数少且方便舒适的路径。

(4)性别

考虑性别因素时，女乘客对于不同距离的换乘意向相对来说没有男乘客明显，其在路径选择中更希望选择相对方便、舒适和安全的路径。

2. 出行特征因素

出行特征因素主要包括出行距离、出行目的、出行时段、出行次数以及付费方式等。

(1)出行距离

出行距离是指乘客一次轨道交通的出行距离。通常，不同的出行距离对乘客选择路径具有一定影响。通常，对于长途出行，由于出行时间较长，因此乘客更希望通过换乘而减少总的出行时间；对于短途出行，乘客则不希望选择换乘次数较多的路径。

(2)出行目的

不同的出行目的，乘客对路径选择也是不同的。例如以探亲访友为目的的乘客一般不会太在意出行时间的长短，而更在意出行过程中的方便舒适等因素；而上班或公务的出行则对时间比较敏感，此类出行更希望能够通过换乘来节省总的出行时间。

(3)出行时段

出行时段包括高峰与平峰。在高峰时段，由于上下车的人数很多，车厢内和车站的乘客也很多，每次换乘都要上下车和步行一段距离，消耗一定体力，因此，乘客希望选择换乘次数少的路径，对于时间的敏感度不是很高。

(4)付费方式

目前，城市轨道交通的付费方式有月票、一卡通、现金和乘车证等其他形式。上班和上学的居民使用月票和一卡通的较多，偶尔出行的居民多采用现金作为付费方式，乘车证为地铁员工的乘车证明。通常，付费方式对于乘客的路径选择没有影响。

3. 轨道交通网络因素

轨道交通网络因素主要包括路网结构、换乘方便性、运营模式、运营时间以及出行时间等。

(1)路网结构

在城市轨道交通网络中，各条线路之间相互交叉连接，共同构成了相当多的环形结构，使得路网的连通度大大提高，也将为乘客在两站之间出行路径决策提供更多的选择。这就要求在确定清分规则的时候充分考虑乘客出行路径选择多样性的特点，采用切实有效、接近实际的清分方法，确保运费在做出经济贡献的各运营主体之间进行合理的分配。

(2)换乘方便性

换乘方便性是指轨道交通乘客在换乘距离、时间等方面的便利程度，基本内容包括：发车间隔，有无自动扶梯，自动扶梯可使用程度，自动售检票系统可靠性，换乘步行距离，站内导向指引等。通常，乘客更希望选择换乘方便的路径。也就是说，换乘方便的路径可以吸引更多的乘客流量。

（3）运营模式

主要包括以下几种模式。

①单路径单运营商。单一有效路径只涉及一家运营商。单路径单运营商的情况下，收入分配较为简单，乘客此次出行的运费按照清分规则应全部划归唯一路径所涉及的唯一的运营商所有。

②单路径多运营商。单一有效路径涉及多家运营商。单路径多运营商的情况下，由于担当运输任务的是多家运营商，因此，可以按照各自承担的运距比例将收入分配。

③多路径单运营商。多条有效路径只涉及一家运营商。多路径单运营商的情况下，首先应该将运费在多条路径之间分配，然后每条路径所得的运费再分配给所涉及的唯一的运营商。

④多路径多运营商。多条有效路径涉及多家运营商。多路径多运营商的情况下的收入分配较为复杂，要分两步计算。首先，把该 OD 的运费在多条可选路径之间分配；其次，针对每条路径，根据所涉及的各运营商的运距比例分配该路径的运费收入。

（4）运营时间

运营时间对于收入分配的影响较为容易判断。路网中的各条线路的运营时间可能不完全一致，有的可能一天运营 18h，有的可能一天运营 16h。因此，OD 之间的路径的运营时间就是该路径涉及的线路的运营时间的共同部分。运营时间对于收入分配的影响主要体现在，当某 OD 之间存在多条乘客的可选路径时，每条路径的运营时间可能不一致。因此，根据各条路径的运营时间，可以得到一天当中的不同时段由不同路径参与该 OD 的收入分配。

（5）出行时间

出行时间是指乘客从轨道交通起始点至轨道交通出行终点所需的全部时间，包括乘车时间、换乘时间等。当乘客从出发地至目的地有多条路径可供选择时，一般来说，出行时间越短的路线被选择的概率越大。一般来说，出行时间与里程是正相关的。但在实际路网中，可能会存在这种情况：两条出行路径中，里程较短的路径出行时间较长；里程较长的路径出行时间较短。

①换乘时间。换乘时间是指乘客从一条轨道交通线路下车时起，经过换乘路线（含通道、扶梯等），到达另一条轨道交通线路，经候车后登上另一条线路上的列车离开时止的时间。换乘时间包括换乘步行时间、换乘候车时间。

②乘车时间。乘车时间是指乘客从乘上列车开始到下车时只在上车站与下车站之间线路上花费的时间。出行路径是由区间组成的，因此，一次出行的乘车时间就等于组成该路径的所有区间运行时间之和。

4. 运营商管理因素

运营商管理因素是指由于运营商提供的差别化服务，而导致乘客出行需求中质量需求的变化，进而影响乘客路径选择的特征。它体现出了乘客对不同运营商的服务差异程度的理解，以及由此产生路径选择偏好。

（1）票价

一般情况下，乘客会选择票价较低的路径。但在目前国内各大城市的轨道交通中，且OD点确定，则该OD点之间的票价就是确定的，也就是说，不同路径上乘客所支付的票价是一样的，因此，票价对乘客的路径选择不产生影响。

（2）安全性

安全性是指运营商保证乘客使用其轨道交通线路的安全程度。目前，这一因素对乘客的路径选择也没有显著影响。

（3）方便舒适性

舒适性和方便性参数是指乘客在使用轨道时能享受到的一些舒适功能。基本内容包括是否拥挤、环境、是否有空调、车内座椅的舒适程度、站内设施的布局合理程度等。通常，在其他条件不变的情况下，乘客更愿意选择更方便、更舒适的线路进行出行。

（4）正点率

正点率是指运营商在运输组织时，提供给乘客出行的客运产品，即运行列车的准时程度。高的正点率会节约乘客的时间，满足乘客出行对于时间的需求，目前，由于不同线路在正点率尚没有明显区别，因此，可以忽略该因素对乘客路径选择的影响。

二、清分原则

城市轨道交通在实现网络化运营之后，乘客在不同线路车站之间的出行可能存在多条路径的选择，而“一票换乘”条件下，乘客换乘的具体信息难以准确获取，这也就使得相关的运营主体对其做出的经济贡献不能明确地界定，而清分正是为了解决将运费收益按照各运营实体的贡献进行公平合理地分配的问题。清分方法应基于一定的路网结构、运营模式、票价政策、客流特性等，体现其有效性、全面性、整体性和可扩展性，具体的原则应包括以下几个方面。

①可适应轨道交通线网发展趋势，满足线网规划要求，同时适应线网运营调整的需要。

②清分方法应以影响清分的路网结构因素为主，理论分析与实际调查相结合。清分模型中相关参数应反映乘客出行特征，通过分析调查数据计算拟合。

③与票价政策相关，满足票价政策调整要求。

④根据全路网中独立的经营核算实体（目前按线路）清分，利益分配应与其经济贡献合理地匹配。

第十一章　城市轨道交通运营筹备

第一节　轨道交通运营筹备的任务

顾名思义，城市轨道交通运营筹备就是为新建轨道交通线路的安全可靠投入商业运营进行筹划准备。运营筹备组织的任务就是全面履行两个阶段、三大块内容。两个阶段是指“三权”（调度指挥权、属地管理权、设备设施使用权）接管前和接管后两个阶段；三大块内容包括“三权”接管前的外部工程建设筹备，内部运营管理组织架构、管理体系及试运营所需人、财、物、技术等资源筹备，以及“三权”接管后的联调演练、试运行及开通试运营管理（视具体情况，联调也可安排在“三权”接管前进行）。

（1）第一阶段（“三权”接管前）

“三权”接管前要配合工程建设工作、筹备运营管理资源和管理体系。涉及的任务和工作程序是：

①确立运营筹备总体战略，即根据所筹备新线的投 / 融资模式、建设运营衔接模式、运营管理模式，确立运营筹备的总体目标、工作基本原则以及运营筹备人员加入工程建设的深度和参与形式。

②在总体战略的指导下，筹建运营筹备处或运营筹备项目部，开始正式启动运营筹备工作。

③以运营筹备处或运营筹备项目部为单位，根据开通运营目标要求和工程建设工期策划信息，全面、系统地策划和编制运营筹备计划，落实计划执行的责任主体。

④按照计划，有目的、有组织、有步骤地以不同的形式直接或间接地参与工程建设的设计审查、用户需求书编制、设备监造、工程验收标准审查以及施工过程的协查、跟踪验收工作。

⑤按照计划，有目的、有组织、有步骤地以不同的形式直接或间接地参与工程建设的设计审查、用户需求书编制、设备建造、工程验收标准审查以及施工过程的协查、跟踪验收工作。

⑥按照计划，提前组织编制“三权”接管方案、综合联调及演练方案、试运行方案、开通试运营组织方案。

⑦按照计划，有步骤、有层次地开展人、财、物、技术、后勤保障、安全保卫等资源筹备以

及单位工程验收和“三权”接管。

（2）第二阶段（“三权”接管后）

“三权”接管后至国家竣工验收前，开展综合联调演练、试运行和组织新线开通试运营管理。经过第一阶段筹备，应该说到“三权”接管时，新线开通试运营所需的人、财、物、技术等资源已基本筹备到位，试运营管理的组织架构和管理体系经过一段过渡期（为保证筹备期设计的试运营组织架构在“三权”接管后能正常运转起来，通常在新线开通前 1 年，原有的筹备组织就要逐步过渡到试运营组织，对于首次筹备城轨交通试运营的单位，该时间还应视情况适当提前 1~2 年），磨合、调整也基本成型，新线的调度指挥权、属地管理权、设备设施使用权也已经由建设单位移交给运营单位，此时的运营筹备已由紧张的筹备期过渡到试运营期，开始了由综合大联调演练及试运行到正式试运营的组织管理，其主要内容包括：

①按照综合联调演练的方案和实施计划，组织开展各项综合联调和演练，并对存在的问题进行跟踪整改；开展试运行工作，检验系统的稳定性及各项运作的协调性。

②委托专业评估机构对即将开通线路进行开通前评估，明确是否具备开通条件。

③组织新线开通试运营管理。

④配合建设单位开展国家竣工验收，提交试运营总结报告。

第二节　轨道交通运营筹备实施与控制

一、人力资源筹备

人力资源筹备就是紧密围绕企业的发展战略，建立影响员工行为、态度以及绩效的各种岗位、绩效、薪酬、培训管理等制度体系，并综合运用规划、招聘、调配、考评、晋升、培训等手段，激发和调动员工的积极性、创造性，实现企业价值最大化的动态过程。因此，人力资源筹备分宏观和微观两个层面，宏观层面即建立一套与企业发展战略相匹配的人力资源管理体系，微观层面即根据企业发展战略的需要，进行人力资源储备。

人力资源专业人员必须前瞻性地深入到城市轨道交通运营各项筹备工作的每一个环节，与其他业务模块管理人员共同讨论、分析每一个业务流程对岗位设置的需求，开展岗位工作分析，建立岗位管理体系和任职资格管理体系，在此基础上建立与城市轨道交通运营开通规模相匹配的人力资源规划、绩效管理体系、培训体系、薪酬体系，并通过这些体系将企业的使命、文化、行为规范、流程、授权、招聘、任用、晋升、考评、培训等一系列过程和环节有机结合起来，协调一致，才能使人事相宜、权责有序、发挥团队的力量，从而为城市轨道交通的安全、持续、经济、高效运营建立坚实的人力资源保障。

1. 人力资源筹备原则

（1）系统化原则

系统化原则，要求在进行人力资源筹备时，必须具有战略眼光，必须打破传统的人事管理思维——重人员招聘、轻机制建设，重眼前利益、轻长远目标，认为人力资源筹备就是人力资源储备，只要将运营开通所需要的各种人才按时招聘、培训到位就大功告成，而忽视机制建设，不愿意在流程设计、岗位管理、绩效管理、薪酬管理、培训管理的体系设计上花费太多的时间和精力。用这种传统的人事管理理念来进行人力资源筹备，必定无法有效整合人力资源并形成合力，从而给城市轨道交通安全、持续、经济、高效的运营带来极大的安全隐患。

系统化原则，要求必须按照机制设计是先导、人员招募与配置是基础的思维来组织人力资源筹备的相关工作，只有准确把握好城市轨道交通的行业特色，前瞻性地设计好一套与城市轨道交通相匹配，以岗位管理、绩效管理和薪酬管理为核心的人力资源管理机制，才能有效整合各类人力资源，形成合力，为城市轨道交通运营单位的持续、高效、安全运营建立起良好的内在驱动机制。

（2）市场化原则

市场化原则，要求所有的人力资源筹备策略，特别是招聘、薪酬和培训策略的设计，能经得起市场检验。城市轨道交通运营单位尽管是政府主导的企业，具有较高稳定性，但其公益特性决定了其稳定性越高竞争力就越低，在当前越来越鼓励人才自由流动、行政对人力资源的配置功能越来越弱化的大环境下，对优秀人才的吸引力和保留力就越弱，而城市轨道交通作为一个新兴的融合各种新技术的产业，又需要大量掌握相关技术的优秀人才，在这种背景下，如果不能向政府争取一些特殊的招聘和薪酬政策，就很难从市场上招聘到优秀人才，进而直接影响到企业的运作。

（3）与运营组织结构模式相匹配的原则

不同的运营组织结构管理模式决定了不同的资源配置方式，从而对组织的运作效果产生直接的影响。如果将一条轨道交通线路看作一种产品或服务，那么随着线路增加、运营产品的多样化，运营的组织也趋复杂，越是复杂的组织，对人、财、物的统筹要求就越高，相应对人力资源管理提出了更高要求。

（4）一专多能的岗位设置原则

城市轨道交通的运营成本中，人力成本占 40%~50%，要实现城市轨道交通的持续、经济、高效运营，对人力资源的开发至关重要，而轨道交通系统的维护和运营涉及电子、通信、信号、机械、液压、无线传输、计算机、消防、自动化、变电、牵引供电、电力机车等众多专业，在审慎经济的效益原则下，如果按照专业来划分维修模式、设置岗位，一方面会导致人力资源的大量闲置和浪费，增加人力成本，另一方面会增加一些不必要的专业接口，无形中增加管理沟通和协调成本，并最终导致整个系统的运营人不敷出、难以为继。因此，国际上经营得较好的城市轨道交通企业，基本上都确立了一专多能的岗位设置原则。例如，旧金山和丹佛国际机场的旅客自动输送系统服务中心，要求所有检修人员在经过6个星期的课堂培训和6个月的在岗培训后，均具备检查、监控和处理该系统所有子系统故障的能力，并按照一定周期，有计划地安排每一个检修调度人员，尽可能让他们有监控、检查和处理每一个子系统事务的机会。新加坡的新捷运公司在设备的维护、保养和故障处理方面也基本上采用了这一模式。在这种模式下，每一个员工都是一个单兵作战的主体，都独立地为自己的决策和行为承担责任，这一方面极大发挥了员工的主动性和创造性，另一方面也提高了对现场问题的处理和响应速度，保障了系统的持续高效运行。

2. 影响人力资源筹备的因素

影响人力资源筹备的因素，可分为两个层面即宏观层面和微观层面。宏观层面的因素包括城市发展战略、政府公共交通规划、当地就业环境和政策、人才市场供给趋势、人们的就业观念等；微观层面的因素包括运营的组织管理模式、流程、文化等，这些因素相互作用和影响，从体制、规模、策略等方面对人力资源筹备工作产生影响。

城市发展战略和公共交通政策会直接影响到轨道交通的建设力度和功能定位，从而对人力资源储备的规模产生影响；当地的就业环境、政策和人们的就业观念，特别是政府是否限制异地用工，则直接影响到招聘渠道和策略的选择；人才市场供给趋势，则对招聘和培训的策略产生影响，如某一时期的人才供给不足，可能需要采用委培或订单培养的策略等；组织管理模式、流程、文化，则直接通过岗位设置对人力资源的管理机制产生影响。

3. 人力资源筹备的思路

以城市发展战略、轨道交通建设规划、政府对城市轨道交通运营单位的管理体制以及工程筹划、可行性研究报告为依据，通过系统建立影响员工行为、态度以及绩效的各种政策和制度，在充分的人力资源需求预测基础上，结合城市轨道交通运营单位的管理模式和城市轨道交通运营单位的运营组织架构，根据总体线路和车站规模，综合采用比例定员、设备定员、经验估算、行业对比等方法，细化各类岗位设置和具体编制。在此基础上，综合考虑未来几年的人才供给趋势、市场竞争状况、各类人才的成长培养周期、招聘难易程度等因素，制订出总体的薪酬策略、各类人才的招聘及培训实施计划。

二、资金筹备

运营资金筹备和资产移交是城市轨道交通运营单位开展运营筹备活动的必备条件。运营筹备资金是指城市轨道交通运营筹备从启动到开通试运营管理直至国家竣工验收前，贯穿于全过程的资源配置、运作发生费用所需的资金，以及线路竣工验收后预留的线路完善、整改项目资金。而运营资产全生命周期指从资产的规划、设计、制造、购置、安装、运行、故障维修、改造、更新，直至报废的全过程。新线建设形成实物资产移交运营，是运营筹备开通的重要前提，更是后期安全正常运营、维修维护和资产更新报废等管理的关键。

资金筹备是运营筹备的重要部分，也是全面启动运营筹备工作的重要环节和必备条件。

它是有关资金的筹集、投放和有效使用的管理工作，是一项重要的财务活动，其工作对象是资金及其流转，主要职能是决策、计划、控制、监督及考核。

1. 资金筹备的任务

运营筹备资金的所有来源均归属于建设投资资金。运营资金筹备决定于运营筹备人员工资及工资性费用、筹备物资及运营筹备过程所有成本费用的需求。它的基本任务是：

（1）确立资金涉及范围及资金使用规模，制定符合运营筹备需要的资金使用计划

资金筹备前，必须先要解决两个问题：一是制订规划，明确资金需求内容和规模；二是筹集一定的资金，作为最初的启动资金。如果没有资金，运营筹备无法实现。

筹备资金有多种用途。例如，用于购买生产办公及生活家具；用于购买工器具；用于购买运营运作时必需但线路投资合同内缺少的生产设备；用于支付运营筹备时的人工费及成本费用等。最初的启动资金通常为运营筹备的人工费。

（2）反映各时期资金使用总量、各类资金使用构成，把握资金使用进度

这是资金运用过程的控制环节，与资金计划有密切联系。资金计划只是根据估计和预测而对未来做好安排，由于在计划编制时难以预见一些问题，在执行过程会发生或多或少的偏差；控制过程就是定期对每类资金的使用进度进行检查，然后对出现偏差的部分采取必要措施，以维持资金控制在预算内。

（3）遵循价值最大化原则，评价资金运用的适度性，促进运营筹备资金的合理运用

此任务主要是分析和衡量资金的使用价值并提供有关信息，以帮助管理者改善资金运用决策。一要综合资金运用反馈信息，对整体和各类资金的运用情况作综合和细致的分析，并对资金运用做出评价。此过程应全面了解资金使用是否恰当，现金流量状况是否正常等。二要评价其资金管理水平，应该对各类资金的占有配置、利用水平等作全面、详细分析，不能只对总体运用水平作评价，也要对运用配置作评价，才能促进资金有意义的运用。三要评价成本费用控制能力，也就是说，对一定时期的成本费用进行全面分析和评价。只有对成本和费用的组成结构进行分析，才能真正说明成本费用增减变动的实际原因。

2. 资金筹备的目标

资金筹备管理是运营筹备部门管理的一部分，是有关资金的获得和有效使用的管理工作。资金筹备的目标取决于运营筹备部门的总目标，并且受建设投资财务管理的制约。

（1）运营筹备部门的目标及其对资金筹备的要求

运营筹备的出发点和归宿是完成线路筹备接管、顺利开通运营，这也是运营筹备部门的工作目标。运营筹备部门一旦成立，就将会面临人、财、物的不断供给，才能保证筹备接管工作的开展。运营筹备部门一方面需要付出资金，从市场上取得所需资源；另一方面通过资源投入，换取线路开通运营的一切保证。

（2）资金筹备的目标

运营筹备部门的资金筹备目标可以分为最终目标、直接目标和具体目标三个层次。

资金筹备的最终目标与运营筹备部门的目标具有一致性，通过资金保证作为基础，实现

线路筹备接管完成和运营顺利开通。

资金筹备的直接目标是一方面为运营筹备提供财力保证，另一方面提供物力及资金需求信息。

在提供财力保证方面，它需要保证运营筹备部门物资采购上的资金需求，同时保证运营筹备过程相关管理费用的资金需求。

在提供物力及资金需求信息方面，应强调三方面的要求：一是相关性，指所提供的信息必须是与运营筹备活动密切相关；二是可靠性，指所提供的信息必须准确反映与运营筹备业务活动相关的资金使用情况；三是重要性，指所提供的信息必须是对建设投资资金管理及运营筹备活动有影响的信息。

资金筹备的具体目标是满足运营筹备业务的需要，使拥有的资金效益最大化。资金筹备的管理在保证运营筹备业务物力、人力等需求基础上，还要追求最大化合理的效用，避免物资重复购置或无效使用造成存货积压、业务开支的不规范等，纠正不利局面，实现以至超过预期的效益。

3. 资金筹备的总体思路

以价值指标为主导的全面预算管理是通过对企业发生的资金流和业务流进行事前的规划，将其权责落实到人或部门，进而实现对业务流、资金流、人力资源流的高效控制，具有明确目标、规范运作、强化内部控制、减少运作风险和财务风险等作用。因此，在运营筹备过程中，如组织、管理等机制成熟，运营筹备资金管理建议以预算管理为纽带，通过资金预算，使线路建设组织强化投资过程的控制，使运营筹备组织事前做好筹备规划、制定物资采购方式、掌控筹备成本费用的投入；通过过程中资金的动态控制保证投资控制，促使线路筹备目标得以实现。

考虑到大部分城市轨道交通运营筹备部门在筹备过程中各项管理机制、人力组织尚在起步阶段，而且此阶段的工作侧重于基础管理的建立的现实，运营筹备资金管理可按如下思路进行。

（1）资金筹备的组织及职责

运营筹备资金的管理职能通常设置在经营管理等部门，通过运营筹备资金管理部门将资金计划编制、执行、反馈、检查、监督及考核全过程管理起来。该部门在资金管理业务上的职责主要包括以下七个方面：牵头组织筹备资金计划的编制；组织筹备资金计划的审核；负责筹备资金的落实及到位；负责筹备资金管理规章的编写；定期收集筹备资金执行信息，向有关领导及建设投资部门反馈执行情况；负责筹备资金运用的监控，把握资金动态，编写执行分析报告；对各部门的资金使用情况进行考核，提高资金使用率。

（2）资金筹备计划体系

资金筹备计划体系包括采购资金计划、成本费用资金计划。

采购资金计划是对运营筹备部门在运营筹备期采购物资所需的资金投放进行具体安排。

成本费用资金计划是指运营筹备期对组织线路运营筹备所发生的各种费用所需资金做出的具体安排。具体的财务科目有工资、电费、材料费、办公费、培训费、差旅费、汽车费等。

(3)资金管理考评体系

考评是对运营筹备期过程中各时期(一般以年度为一个时期)的计划执行、资金管理的评价。通常以设置明确的量化指标为考评方式,因有翔实的数据作依据,说服力强,能避免人情化,是确定考评方式的首选。在指标选择方面,重心必须体现运营筹备期对资金管理的目标层次,比如资金计划上报的及时性、资金计划执行率、采购计划执行率等。

(4)资金管理的报表体系

报表体系是资金管理的方式之一,包括编制资金计划的报表、资金执行信息反馈的报表、考评管理的报表。

资金计划报表是为了解和掌握资金结构、各时期需求而提供的重要资料。

资金执行信息反馈报表是掌控各时期资金执行进度和变动趋势的重要保证。

考评管理报表是资金管理的完成情况与事先约定的目标差距的记录载体。

(5)资金管理报告

通过定期或不定期对资金执行、资金利用情况进行系统分析和评价,一方面掌握资金计划的执行与运营筹备目标的配合程度,为下一阶段的资金执行提供依据,另一方面为考评管理提供依据。

三、物资筹备

1. 物资筹备的目标与任务

(1)目标

城市轨道交通运营物资筹备的目标是优质服务、降低成本、保障供应,确保轨道交通运营筹备战略目标的实现。

(2)任务

轨道交通运营物资筹备的任务是从组织保证、资金保证、技术保证、人员保证出发,运用现代化物流供应链管理技术及现代信息系统和信息技术,充分运用市场,开拓供应商,合理地组织物资采购活动,以最低的成本、合适的价格、合格的物资,保障运营筹备生产的供给。它的基本任务有:

①确立物资筹备所需项目范围、种类、数量及到位时间,落实采购金预算总量、来源等情况。

②合理编制采购资金使用计划,编制符合运营筹备需要的物资采购计划。

③根据采购计划合理组织采购活动,针对不同物资种类、资金大小、数量多少、市场化程度高低以及政策规定来确定一定的采购模式,实现高效、低成本的采购。

④合理组织到货物资的质量、数量验收,以及入库存储、出库发放、配送供应等活动。

2. 轨道交通运营物资的管理特征

①涉及物资类别范畴多、种类繁多，各种物资消耗量少。

②供应商体系较庞大，采购控制及供应商管理的控制环节多。

③设备分布分散，一般设多个二级仓库供应维修备件，以保证生产正常运行。

④物资的所有权需要集中调配，以最大程度地控制和降低物资库存成本。

⑤物资供应需要有较快的响应时间。运营初期（1~3 年）物资采购的品种及数量处于不规则阶段，存量控制条件（设再订货点）不具备，国内物资采购占大多数，需要有较快的响应时间；运营中期（4~10 年）备件物资采购量逐渐占较大比例。进口备件产品更新换代快、采购周期长，容易出现采购瓶颈。

3. 轨道交通运营物资筹备的规划

城市轨道交通运营的特殊性，决定了其物资供应与其他企业在物资管理上存在很大的差别，因而其物资筹备也与其他企业也有很大差异。

轨道交通运营物资的管理，首先是要做好人、财、物、仓库、信息管理系统的规划；其次是在物资上要保证轨道交通的安全运营，降低物资的采购成本，因此轨道交通运营物资的筹备也应当以此为中心展开管理工作。

（1）新线物资管理人力规划

应根据线网发展规划及开通时间，制订相应的物资管理人力规划。

（2）新线物资的资金规划安排

物资采购前必须落实资金。物资管理部门应与财务部门（或资金预算管理部门）协调相关采购资金计划，以便作好资金规划安排。

（3）新线筹备的物资设施和仓库设计规划

轨道交通运营物资的供应与管理的特殊性，主要体现在专业的多样性和着重维修方面的物资供应与管理，因此不可能像生产企业一样做物资的零库存，必须做好物资的库存和相应设备设施规划。

轨道交通的仓库设置，除普通仓库外必须设有化学危险品库、油库、车库、材料棚、露天场地和危险废弃物存放场地，相应设备设施规划包括各仓储装卸设备、维护设备和运输设备设施等规划。

（4）建立较全面的物资管理信息系统

根据线网发展规划及物资管理要求、财务核算要求，建立较全面的物资管理信息系统，以保证信息完整、清晰透明，操作简便，运转高效，提高资金周转率。

4. 物资筹备主要工作内容

运营筹备期间，物资筹备主要以运营筹备的目标和任务为指导，制定出运营物资筹备的目标和任务，原则上运营物资需在开通前 3 个月到货。依据目标和任务，需做好以下几项工作。

(1)综合计划筹备管理

①建立和完善物资筹备管理的各项规章制度、工作流程，明确各工作流程的接口与职责。

②明确物资筹备采购资金总预算的来源、资金量、使用范围等，根据资金总预算，结合实际，做好预算分解工作并下达预算实施计划。

③根据筹备物资到位的时间及重要性，结合采购周期，合理安排和组织，及时下达采购计划。

④运用信息系统和信息技术对物资数据库进行全方位的管理，做好采购计划以及在途物资、到货物资的管理与控制。

(2)物资采购筹备管理

①编制采购操作实施计划，按公开招标、邀请招标、网上公开比价或书面比价、特殊谈判(指独家生产的专项物资)等不同采购模式编制。

②依据采购操作实施计划，组织开展采购活动。

③做好市场寻源、开拓供应商渠道，了解并控制采购成本。

④做好采购物资不合格品的质量控制，遇到问题及时与供应商协商解决。

(3)物资库存筹备管理

主要是做好新线备件接管和筹备物资到货验收工作。到货物资经验收合格后及时发放给使用部门，对入库物资进行妥善保管，保持良好状态。

四、后勤保障筹备

后勤保障一般分为三个方面：一是思想保障，其要点是对人员的需求期望值作出评估，并给予引导，将人员的需求期望值限定在一个合理的范围内，对企业而言就是向员工表明物质保障的程度；二是金钱保障，主要由员工的福利待遇决定；三是物资保障。后勤保障的核心是对用于后勤工作的人、财、物进行组织的一种行为，表现的结果就是对人员提供衣、食、住、行的保障，是人员需求期望值、收入及实物供应的综合结果。

城市轨道交通运营单位的后勤保障筹备工作就是在企业战略的统一指导下，为一线员工提供适度的衣、食、住、行及办公环境等保障，进而推动城市轨道交通运营单位高效有序运转。它不仅包括传统的衣、食、住、行保障，还包括绿化、办公家具、办公用房、通信等系列保障工作。

1. 后勤保障筹备的任务

要做好后勤保障筹备工作，在思想上，要认识后勤保障的特点、范围、内容、程度和标准；组织上，要确立后勤保障的体系，即专业保障队伍与兼职保障队伍相结合；在人员上，要选配综合素质高、执行力强、能够独当一面的基层管理人员；行为上，要以规章制度为基础，以满足一线需求为要点；在设备设施上，要以专业化生产的概念组织场地、设备设施的设计规划和建设；在实施中，要注重新线开通前、开通和开通后正常运营三个不同阶段的后勤保障的特点。

2. 后勤保障筹备工作的特点

一是点多、线长、面宽、安全要求严格。点多是其工作地点分布在各站点每一个有员工到的地方；线长是其工作范围与城市轨道交通线路的长度相一致；面宽是涉及的专业很多；安全要求严格是食品安全、财务安全、行车安全的要求比较高，不能出现任何差错。

二是琐碎、长期、组织工作繁杂。琐碎是指每项单独的工作科技含量不高，更多的是靠经验积累；长期是指每项工作都必须长期坚持，不能松懈；组织繁杂是指许多琐碎的、不相统属的工作集合后，使组织工作难度增大，增加了组织上的复杂性。

3. 后勤保障筹备工作的目标

后勤保障筹备为运营筹备工作提供和保证必要的物资条件，是运营筹备工作中一项相当复杂、繁重而又必不可少的工作。建立科学、规范、有效的后勤保障筹备方式，是履行后勤保障筹备职能、提高后勤保障管理效率的根本保证。要按照市场经济要求，坚持优化后勤筹备资源配置、提高资金效益、促进国有资产有效运营的原则，逐步建立集中统一的集约化、专业化、社会化后勤保障方式。

首先，要按照集中统一原则规范后勤部门各室的职能，明确管理职责，以后勤服务保障为中心，把该管的事情管住、管好、管到位，把不该管的事逐步交给市场和社会去调节。其次，要合理设置管理机构，按照精简、效能、统一的原则，该集中的集中，该统一的统一，优化机构和人员配置，确保运转有序高效。再次，要合理配置并有效使用资产，做到统一管理、统一调配、统一标准。后勤筹备资源的配置分散、运作不畅、效益不高直接制约和影响着后勤保障能力的提高，应按照专门化、集约化的原则，重点对车辆、膳食、公寓、办公场所、办公和生活设施等进行整合，调整布局，优化结构，完善保障服务功能，提高后勤资产使用效益。

第三节　工程建设阶段的运营筹备

城市轨道交通线路的发展历程基本可分为三大时期：工程建设时期（包含规划决策、设计、施工单位工程验收与移交、综合联调及演练、试运行）、试运营时期（包含开通试运营、项目竣工验收）、正式运营时期。

本章所指的运营筹备是指从线路建设起始到运营单位“三权”接管之前，在以工程建设为主导的各个阶段中，运营单位为顺利实现工程接管所进行的相关筹备工作。这一阶段新线筹备的工作除人、财、物、规章等基础进行不间断筹备外，重点还需要开展以下几方面的工作。

①及时而又渐进地参与工程建设的各个阶段，了解、熟悉工程现场与设备安装状态，进而掌握新环境、新设备、新功能和新技术，以便在新线接管后有能力开展综合联调及演练工

作，为确保开通试运营做好准备。

②在参与工程建设各个阶段中，及时而又合理地将运营的需求、经验和教训表达到位，从运营角度及时发现并反馈工程存在的问题和需要完善的条件，并力争将其解决在工程的建设过程中。

③在参与工程建设的设计和施工过程中，及时又有效地整合运营单位的专业人力等资源，除了学习和了解新线外，还可以协助建设单位进行对工程建设的管理，以支持工程建设，确保工程进度和质量。

就其与运营筹备的相关性而言，该时期运营筹备工作依次可基本划为五个主要阶段：其一为新线工程用户需求形成与设计阶段，其二为新线工程设备招标与制造阶段，其三为新线施工现场安装调试与验收阶段，其四为开展综合联调及演练阶段，其五为新线试运行阶段。

一、工程建设阶段运营筹备的目标

工程建设时期持续的时间较长、范围大、阶段性明显，对运营筹备工作的展开而言，该时期很自然就有较大的、可伸展的时间和空间纵深。因此，该时期运营筹备工作的主要目标，即通过组织、调动运营单位相关人力等资源，及时、主动、合理地介入、参与新线建设工作，贴近工程建设的各个阶段，使运营相关人员渐进地了解、熟悉进而掌握新线，全纵深、全方位、全角度地做好开通运营的充分准备，并在建设过程中充分、合理地体现运营需求，支持工程建设，以确保顺利进行“三权”接管。

二、工程建设阶段运营筹备的工作原则

工程建设阶段，运营筹备首先应遵循“建设为运营、运营为经营、经营为效益”的原则，建立对建设和运营进行体制、机制及模式有机融合的组织管理观念，使建设单位与运营单位的最终目的和过程目标能达成科学、有效、合理的一致化与分工协作化，从工程前期的以设计、建设为主导，逐步过渡到后期的以试运营准备等相关筹备组织为主导，运营筹备的管理、组织与工作往工程设计、建设前期延伸，组织运营相关人员，渐进地了解、培训、熟悉和掌握新线的规划意图、站线走向、周边环境、技术路线、技术构成以及安装调试、运作要求、后勤保障等特性，进而随着工程各阶段进展，逐步、有条不紊地展开运营筹备工作，渐进而有效地推动、完成运营筹备。

1. 总体原则

（1）目标统一性原则

无论在建设、运营一体化模式下，还是建设、运营分离模式下，工程建设时期的阶段目标都是建设单位将建设工程和相应设备设施移交给运营单位，所以建设和运营单位在该时期具有统一的目标，因此运营单位在工程建设时期的筹备主体任务就是要围绕阶段目标来开

展相关筹备工作。针对已经初具线网规模的轨道交通企业，在建设阶段及运营筹备期，还应该集中建设单位和运营单位的技术力量，从线网的角度统筹规划某条新线的建设及日后的开通运营对既有线的冲击和影响，提前开展相关专题研究工作；运营单位还应该提炼多年运营筹备需求，并反馈给设计单位和建设单位，使运营实际需求能在设计和建设阶段予以满足。

（2）项目管理制原则

由于工程建设时期的主体还是建设单位，运营单位在此时期主要是参与、介入、了解、熟悉新线，因此运营单位在工程建设时期的筹备工作中必须遵循项目管理制的原则，在行政管理组织基础上，根据各阶段筹备具体特点和需要，辅之以项目管理形式对各阶段筹备工作进行专业化、专业或业务合成化管理。

（3）制度规范性原则

工程建设时期运营单位的主要工作就是尽可能地参与设计、施工各阶段，配合相关工程验收并完成“三权”接管、组织（或参与）综合联调及演练、组织试运行工作，因此运营单位必须制定相应的规章制度来规范系列工作行为，确保运营人员参与设计、施工的行为有益于保证建设工期与质量，保障运营人员的安全，保证运营单位接管的工程与设备质量良好。

2. 工作要求

无论是对设计、安装、调试，还是验收、接管、联调、演练、试运行，所有涉及运营筹备的活动的核心都是以如何确保今后运营行车安全、消防安全、人身安全、客运服务优质为基础，实现开通水平的最佳化，基本的规范性规则是：严格按运营需求跟踪落实设计方案，严格按设计要求跟踪落实招标，严格根据设计及相关标准跟踪落实工厂制造、安装和调试、验收和接管、综合联调和演练，严格根据国家及地方标准开展试运行工作，严格按筹备计划及时落实运营准备。

建立发现问题、汇集问题、整理问题、报出问题、备案问题的程序性渠道。规定运营筹备人员在发现问题上的职责；规定对各专业、各种问题主次的分类规则和报表格式；规定各类问题报出的有效程序；规定对问题归纳、分析、备案、存档的流程。

建立协调问题、解决问题的组织性机制。建立运营单位与建设单位之间多形式的问题解决渠道；对新线问题形成从执行层初步协调到部门进一步协调并力求解决，直至高层决策定论的定期和必要的非定期协调与沟通机制。

三、工程建设阶段运营筹备的组织

1. 行政管理组织

建设、运营分立的管理模式需要政府相关部门牵头，设立建设与运营协调工作组织，明确该组织的功能和职责，制定建设与运营相关工作协调机制及运营参与新线建设过程的安全措施和约束条件。建设、运营一体化的管理模式则是在城市轨道交通企业内部，由建设单位和运营单位联合组成工作协调组织，并制定相关协调工作机制，形成运营参与新线建设的规章制度。具体包括以下几方面。

①建立建设单位和运营单位之间的行政管理组织关系及既协作又相互约束的管理机制，使建设单位和运营单位各自经营、管理的利益和目标既统一而又相对有差异、既相对独立又相互制约。

②建设单位、运营单位双方应以按时高质量顺利开通运营为最终目的，在建设过程中通力合作，其分工不同表现在：建设单位主要工作为确保工程建设进度、成本和质量，而运营单位主要工作是为运营开通进行相关的筹备。

③建设单位和运营单位要合理界定各阶段各自对具体任务的责权主次。

④鉴于以上机制与工作特性，运营单位需要确定一名高层行政管理人员，统一负责对运营新线筹备进行规划和管理。同时，运营单位还应组成精干的新线业务行政管理组织机构，对新线相关日常事务进行归口管理，并成为对应管理层强有力的参谋部进行对应的动态分析、策划、掌控和协调。该机构还需要建立在接管前的管理方式，以最直接的行政指令组织运营单位相关人员有计划、有组织、有目的、有考核的全过程合理参与和跟踪，并调配运营单位各种资源支持和参与建设，使运营人员在一个时间相对充裕的条件下渐进地了解并掌握将来的验收、接管、联调、演练和试运营。

2. 项目管理组织

城市轨道交通是由多系统设备组成和多运作组织形成的大联动机，必须根据系统设备和运作特点建立相应项目管理组织，保障在工程建设时期对人、设备、环境资源，特别是对紧张资源的有效、优化整合与运用，保障运营筹备工作顺利进行。

应组建一个集成建设单位和运营单位核心业务的管理及决策领导层，以及高度统一的运营筹备最高项目管理组织。该最高项目管理组织在一个建设和运营的行政上级统一领导下对运营筹备的管理总体负责；被赋予为围绕运营筹备可最大程度地合理调配运营单位相关人力、财力、设备、物资及环境资源的权利；协调建设和运营间关系；组织审定运营筹备方案并组织实施；对运营单位和建设单位相关人员的过程目标进行考核。

3. 组织的人员要求

为有效达成筹备目标，无论是对筹备的行政组织和项目组织各层级的管理人员，还是对其成员，都应相应地合理设定对应的资格、资质性的基本条件要求。明确对各种筹备项目组织管理负责人及其成员的相应管理、技术、技能最低资质或条件要求，以及不同层级人员的权责，以确保不同层面工作由相应资质、资格或级别的人管理和负责，避免多头指挥。

每个项目组只设有一个掌握本专业或本业务的总负责人，在相关工作中可由其任命一名副手实施现场指挥。考虑实际精力限制，每个人不能担任跨两条线以上同时实施的同专业和业务项目的总负责人，以确保责任到位、建设与运营相关资源整合到位。

项目组总负责人对本项目组组织的方案编制与审查、信息传输、指令下达、后勤保障、指挥协调和人员组织及其结果负总责。

4. 组织管理的规章制度

工程建设时期的所有运营筹备，无论是对设计、安装、调试、验收等以建设为主导的筹备工作，还是接管、演练、试运行等以运营为主导的筹备工作，原则上都应预先制定相关规范性管理规则以及规章制度、组织程序、工作流程、工作方案或计划，即“新线筹备组织管理规则”，主要包括运营人员参与新线建设管理细则、新线验收与接管的管理细则，以及相关接管方案、联调演练实施细则、联调演练方案等。

以该规则作为一个唯一的根本大纲，对各阶段运营筹备组织与管理进行基本性规范；对规范进行充分宣传与培训，使其始终贯穿于整个新线筹备工作中，并严格按规范进行组织和管理；在新线筹备工作中及时检查、监督规范的执行情况，定期和不定期地总结完善规范，找出问题的成因和完善的举措，找出优势的原因和推广的举措，并及时组织落实，持之以恒，持续改进。

该规则还是对运营人员进行新线组织和实施控制的程序性规范，包括对涉及运营的用户需求形成、设计与设计联络、技术审查、技术澄清、资料收集、工厂监造、工厂验收、现场跟踪、安装调试、验收接管等相关活动组织和实施控制的程序性规范。

该规则还应包括建立在各阶段跟踪、参与工程建设的活动中，对所发现的问题进行汇集、报告、归纳、总结、存档的程序及其解决协调机制，建立对各阶段筹备工作进行科学、合理、及时的总结、调控、评估、考核的制度。

第四节　运营接管与综合联调演练

对整个工程而言，在新线竣工验收前工程性质还未改变的前提下，运营接管是将新线各站点的设备设施使用权、车站属地管理权、行车调度指挥权（简称“三权”）从工程建设单位移交到运营单位的过程。对运营单位而言，接管意味着离开通试运营仅有一步之隔，意味着接管前的前期所有筹备工作将要具体落地。

一、运营接管的基本原则和前提条件

新线接管是运营单位以开通试运营为目标，及时接管新线具体站点及其设备设施的管理权、指挥权、使用权，并立即按照设定的运营组织架构以及制定的相关规章制度主导新线运营管理，结合运营筹备计划组织运营调度、司机、站务、维修等人员，实际运用新线具体设备设施的功能、条件，展开开通前各种熟悉性、掌握性的行车、票务、服务、维修、应急、应变等演练和运作，是试运营开通前的最后冲刺。

1. 运营接管的基本原则

新线接管的基本原则为：以所需接管的站点、区间和设备完成单位工程验收或特设的阶段验收为接管的前提；以运营相关阶段性筹备工作目标的完成为基本条件。

2. 运营接管的主要前提条件

由于运营单位完成新线“三权”接管后即要使用相关设备设施开展系列运作和培训工作，因此运营单位对新线的“三权”接管工作具有一定的前提条件。

（1）车站与区间

所有工程和设备完成单位验收，重点是消防、装修工程与机电各专业设备、车站导向系统和配套服务设施，并经工程整改确认不存在对运营安全构成威胁的工程缺陷，各项设备设施达到设计功能，满足运营调试和运作条件。

车站机电系统设备完成单系统调试并具备设计功能，重点是消防自控系统、车站机电设备监控系统。

车站、区间给排水系统具备正常功能并与地面市政排水系统连接顺畅。

电扶梯通过市质量技术监督局的验收并取得市质量技术监督局颁发的检验合格证，满足消防迫降功能。

屏蔽门整体通过质检站的第三方检测，至少实现 PSL 控制功能。

车站公务电话、调度电话、无线手持台基本功能已实现。

轨行区线路、安全标志全部完成安装，轨行区安装的线缆、吊装设备设施必须安装牢固无松脱。

轨行区施工作业基本完毕，轨面无障碍，区间无垃圾及其他遗留物；轨行区范围内的设备设施应经限界检查，满足相关要求，移交前完成热滑。

（2）控制中心

所有工程和设备完成单位验收，并经工程整改确认不存在对运营安全构成威胁的工程缺陷，各项设备设施达到设计功能，满足运营调试和运作条件，重点是控制中心消防自控系统、全线行车调度系统、全线电力调度系统和全线机电设备监控系统。

控制中心安全保卫措施完成并具备功能。

电梯通过市质量技术监督局的验收并取得市质量技术监督局颁发的检验合格证，满足消防迫降功能。

（3）车辆段

所有工程和设备完成单位验收，并经工程整改确认不存在对运营安全构成威胁的工程缺陷，各项设备设施达到设计功能，满足运营调试和运作条件。重点是车辆段轨道系统设备具备接车条件，试车线具备设计行车速度的行车条件，车辆段信号系统及其控制系统具备功能，车辆检修配套设施具备使用条件。

设计要求运营能力所需车辆全部到位，完成相关测试（初验收）并具备上线运行条件。

所有办公与生产场所相关设施具备人员进驻办公条件，特别是段内给排水系统具备功能并与市政给排水系统连接顺畅，段内通信系统具备相应功能，物资仓库与司乘人员休班公寓具备使用条件。

电梯通过市质量技术监督局的验收并取得市质量技术监督局颁发的检验合格证，满足消防迫降功能。

（4）正线系统设备

所有正线系统设备完成单位验收，并经工程整改确认不存在对运营安全构成威胁的工程缺陷，各项设备设施达到设计功能，重点是轨道系统、信号系统（含车载）、接触网（轨）、供变电系统、通信系统（含车载）、正线与车辆段接口相关系统。

二、运营接管内容和管理措施

1. 运营接管的内容

“三权”接管的主要内容包括：对轨行区的行车调度指挥权；对全线供电系统和全线环控系统的监控权与指挥权；城市轨道交通所辖所有系统设备以及对设备的使用权；承担轨道交通运营所需区域的属地管理权。按照属地管理可分为车辆段、控制指挥中心、主变电站、车站与区间等工程交接，根据系统设备可分为土建设施、车辆和车辆段设备以及轨道、信号、接触网（轨）、供电、通信、自动化监控、自动售检票、屏蔽门（安全门）、电（扶）梯、大机电等系统设备交接。

2. 运营接管的管理

无论哪项工程或设备接管，都需要加强以下几方面的管理。

①编制的接管方案中确定一个行政或业务上级人员负责接管现场整体协调、联络、指挥。

②以行政组织为基础，建立由主体专业或设备设施维修管理部门牵头负责、相关部门派人参加的专业性接管项目组织（如对房建设施接管，其维修部门牵头、用房部门参加），辅之以建立主要功能用户部门牵头负责、相关部门派人参加的业务性接管项目组织（如对仓储、道路、绿化接管，由其今后使用管理部门牵头负责，仓储设备设施、道路维修等部门参加等），同时授权项目组长在接管期间对所有成员的调配权，未经其同意任何部门不得调人、换人。

③方案中明确运营单位具体接管项目组长与建设单位对口交接的负责人，控制指挥中心需要特别明确运营单位接管调度指挥的负责人，主变电站需要明确运营单位具体接管供变电专业的负责人，车站则要明确对应车站的站长为属地管理负责人。

④提前将接管通知发至相关单位、部门，并在接管地显著地点张贴。

⑤统一“三权”接收时间，严格按方案实施接管，对于控制指挥中心和区间接管特别重视对行车调度指挥权交接的时间，对于主变电站的接管则要重视对电力调度指挥权交接的时间，车站的接管则要重视属地管理权的交接时间。

⑥注重对接管地和接管设备设施安全、消防、保卫的接管，同步落实安防措施、责任人和进驻时间。

⑦实施接管前，运营单位应当与当地公安派出所取得联系，取得对城市轨道交通属地外围治安的联防共管。运营单位一旦接管新线，则立即对接管地全面、严格按照运营相关规章制度进行管理，防止交接阶段治安、消防事件以及设备事故的发生。

3. 运营接管的具体措施

（1）车辆段接管

车辆段主要是城市轨道交通车辆等设备检修以及相关岗位人员工作的基地，涉及的专业设备设施多而全，几乎覆盖了轨道交通工程所有专业设备设施，如车辆及车辆段设备设施、轨道、接触网（轨）、（供）变电、信号、通信、建筑与装修、给水、排水、照明、低压配电、电梯、消防、道路、屏蔽门、仓储、技防、后勤设施、检修专用设备设施等。因此，对车辆段的接管需要车辆维修、设备设施维修、调度、保卫、安全、后勤、仓管等不同的专业与岗位人员参与。

对车辆段的接管重点是做好组织工作，全面、合理地进行专业接管组与业务接管组的划分。

（2）控制指挥中心与主变电站接管

控制指挥中心是以调度指挥为中心的管理区域，主要涉及信号、环控与电力监控等专业设备，以及通信、建筑与装修、给水、排水、照明、低压配电、电梯、消防、道路、围蔽等后勤辅助设施。考虑到该中心功能的特性，其核心接管内容为调度指挥权的交接以及控制调度指挥相关专业的设备设施接管，而接管人员的组织应该考虑以调度指挥组织为基础，建立以主体设备设施维修管理部门牵头负责、相关部门派人参加的专业性接管项目组织。

主变电站是以供变电专业为主导的管理区域，主要涉及供变电等专业设备，以及通信、建筑与装修、给水、排水、照明、低压配电、消防、道路、围蔽等后勤辅助设施。接管人员的组织应该考虑以供变电专业组织为基础，建立以主体设备设施维修管理部门牵头负责、相关部门派人参加的专业性接管项目组织。

（3）车站、正线接管

车站与区间是轨道交通服务于乘客最直接的区域，主要涉及直接服务于乘客的建筑装修、导向与服务设施、通风空调、低压配电与事故照明、消防、电扶梯等专业，以及服务于运营的通信、信号、车站给排水、区间排水以及区间排风系统等。

考虑到车站主要承担服务乘客的任务，车站与区间的接管除了对相关专业进行正常接管外，还需要加强属地管理权的接管。

（4）系统设备和车辆设备接管

城市轨道交通系统设备主要有轨道、信号、接触网（轨）、通信、自动监控等，由于系统设备从布局和功能上具有不可分割的全线系统性特点，因此系统设备要单独组织进行交接，而不在车站等相关工程接管中进行。

由于运营单位在完成新线“三权”接管后要马上开展综合联调演练工作，系统设备的接管就要求在清点数量的同时对系统进行功能检测，只有在设备安装完成并通过调试达到系统功能和相关接口功能的条件下，才能进行该设备的“三权”接管工作。

车辆是城市轨道交通运营中乘客最直接面对的设备，车辆的安全运行是对其接管的最重要条件。每辆车在出厂验收（PSI）运到现场完成到货检查后需要开展系列功能调试和例行试验（包括车载信号、通信等相关功能试验），以及不少于200km的运行考核试验，车辆完成以上调试和试验后才具备上线运行条件，运营单位对具备上线运行的车辆签发预验收证（PAC）并正式接管使用。

（5）特殊情况下的接管

我国城市轨道交通正在快速发展，因城市规划需要势必形成建设工期紧张的局面，而相关专业工程实际进度往往先后不一、动态变化，运营单位如果根据正常移交条件来对新线进行整体的“三权”接管，则可能造成接管后的筹备时间非常短，开通试运营前必须进行的综合联调演练、以行车带动的设备联调和人员实操培训不能按需要全面开展，使整体管理、掌控的幅度和难度更大、更集中。特别是同时整体验收、接管长而多的线路，矛盾更为突出。因此，运营单位可以考虑分段、分站点、分区域进行验收接管。其关键是运营单位与建设单位达成试运营开通目标的统一，协商建设工期安排，合理分段、分站点、分区域地验收和接管新线，以分解矛盾，缓解整体验收及接管的紧张状况。

所谓分段、分站点、分区域的验收和接管，即在线路部分区段、站点达到能对运营围绕整体开通试运营而开展区域性的联调演练前提下，分时间阶段验收和接管其操作使用权、调度指挥权、管理权。

其核心要点是：分时间阶段、分站点或分区域；对试运营开通准备切实有用，调度人员、车站人员、司乘人员、维修人员在先期接管的范围，能尽早开展实际运作和熟悉设备、环境，及时发现和解决问题；建设与运营间管理接口能清晰可控地明文界定。

三、综合联调、演练的目的及总体原则

城市轨道交通综合联调及演练是运营管理部门对新建城市轨道线路各设备设施系统进行全面检验的过程，是运营管理部门对各设备设施系统验收过程的重要组成部分。

1.综合联调、演练的目的

通过了解系统功能，熟悉轨道交通运营的专业技术人员编制、审核综合联调和演练方案，并控制实施，进而达到以下目的。

①全面、系统地检验各系统的实际功能是否达到开通运营的策划标准，系统间是否可按设计要求协同运作。

②及时对各系统的技术参数进行调整与修改，及时协调解决暴露出的问题，使其满足运营的实际需要。

③加强运营人员对新建城市轨道线路设备系统的了解和熟悉。

④提高运营人员在新建城市轨道线路正常运营和事故情况下的应急、协调能力。

⑤深化运营维修人员对新建城市轨道线路设备系统及应急抢修机具的应用，提高运营维修人员故障应急处理的能力。

⑥对各项开通运营组织方案及应急预案的有效性和完备性进行检验，并有针对性地确定新线开通时相对最优且可行的运营组织、运作模式，提高城市轨道交通保障运营安全和处置突发事件的能力。

⑦最大限度地预防和减少突发事件及其造成的损害，保障乘客的生命财产及国家财产安全。

⑧为空载试运行、开通前的安全评估及开通试运营等工作做好充分准备。

2. 综合联调和演练的总体原则

各城市轨道交通运营单位在新线建设时因前期构建的组织架构、建设方式等的不同而有不同的特点，相应地在综合联调及演练过程中所遵循的原则也可能存在差异，在此省略差异之处，仅对综合联调和演练在方案编制、组织实施过程中均应遵循的总体原则进行介绍。

①综合联调及演练是城市轨道交通内跨系统间接口功能的检验，应区别于设备的系统内部调试工作，并应于设备系统内部调试工作完成后实施。

②应依据城市轨道交通设备系统设计文件进行方案编制，并对设备系统设计功能实现状况进行检验。

③应于新线建设初期即对设备系统的综合联调及演练工作进行规划，并能在建设工期整体策划中体现。

④应遵循先编制综合联调及演练方案，再拟订实施计划，后具体组织实施，最后进行总结评估和跟踪整改的工作程序。

⑤应组织对专业系统设备及城市轨道交通运营均有深入了解的人员编制综合联调与演练方案并监督实施，对于初建城市轨道交通线路的城市可请拥有类似设备系统并有良好运营经验的企业协助。

⑥应于各机电设备系统施工及供货合同中明确各施工单位、供货商配合综合联调及演练的责任。

⑦应充分考虑运营开通的实际需要，编制满足要求的运营组织方案，通过演练检验和完善。

⑧综合联调和演练方案应做到科学、完整、可行，兼顾所有设备系统间接口的测试、系统降级及故障情况下功能的检验，并尽可能通过接口设备模拟相关情况。

第五节　评估、试运营与验收

一、开通前评估的总体原则与内容

开通前评估的目的是对即将开通的线路设备和运营准备情况进行全面、客观的评估，通过与设计的功能指标和有关标准进行比较，确定相关系统设备是否安全可靠运行，是否具备开通运营的条件，同时根据实际情况提出相应的整改意见，最终完善整个系统在开通前的各项准备工作。

1. 开通前评估的总体原则

开通前评估的总体原则是在所有评估活动中都应当遵循的规则和准则。开通前评估主要应遵循如下几个基本原则。

（1）真实性原则

真实性原则是要求运营评估的当事人应当以真实的资料、文件和数据，本着认真负责的态度进行评估，最后得出的结论应当能够反映真实情况。

（2）合法性原则

合法性原则是指运营评估委托人、运营评估机构的工作人员等应当按照与运营评估有关的政策、法律、法规的规定开展运营评估活动。具体来说就是指：

①主体合法。

即作为受托方当事人的运营评估机构和评估参与人，必须具有法定能力与评估资格。

②程序合法。

即无论是委托方还是评估机构，都应当及时申报、立项，严格按照有关法律、法规所规定的评估程序、条件进行评估。

③行为合法。

指委托方和受托方都应当按照法律、行政法规等规范性文件的规定，约束和规范自己的行为，不能违反法律的强制性规范。

④文书合法。

主要指评估申请、评估报告等文件和文书应当符合法定的程式、结构以及内容。

合法性原则在开通前评估中是极其重要的，违法操作的评估行为及其结果，不具有法律效力；做出违法行为的当事人应当承担行政法律责任；情节特别严重、构成犯罪的，应承担刑事责任。

（3）可行性原则

可行性原则是指评估当事人，尤其是评估机构在评估过程中，应当采取科学可行的评估方法、评估手段、评估方案等，以保证评估能够得以顺利完成。评估人应当根据委托方提供的数据、资料以及设备等的实际情况，制订科学可行的评估方案，力求评估方案、方法等符合实际情况，得出符合真实状况的结果。

（4）客观性原则

客观性原则是指运营评估应当严格根据评估目的、评估程序以及事先设计的评估方案进行，不能任意偏离或者变更；同时，应当以委托方提供的相关数据、文件、资料等作为评估的客观依据，不能以主观判断代替客观评估行为。另外，评估人在评估过程中应当尽可能地排除自己主观上的偏见，更不能凭一己之见预设结论，影响评估的真实性。

（5）独立性原则

独立性原则是指评估机构以及具体操作评估事务的评估人员应当凭借自己的评估技术、知识，独立地进行评估，不受外界影响，尤其是不应当受到聘请或委托进行评估的当事人的不正当影响。例如：评估人不应接受委托方酬金之外的其他不法“馈赠”；评估人不应不加分析地以委托方所提供的资料、数据、文件等为标准进行评估，而不将资料与实际情况相对照或比较；评估人不应因外界的威胁、利诱或上级行政部门的命令等而丧失独立的立场，进行虚假评估等。

2. 开通前评估的内容

开通前运营的评估至少应包括以下内容：建筑和结构；线路状况（限界、轨道）；车站状况；设备状况（主控、信号、AFC、供电、通信、PIDS 系统、防灾报警、车站设备等）；车辆状况；客运组织（运营演练、区间疏散、客流疏导及换乘）；行车组织（调度指挥、运营前的准备、运营系统人员组织及培训的准备情况）；劳动安全与卫生等。

（1）建筑和结构评估

包括评估车站主体结构和相连接的区间隧道、联络通道、折返线隧道的建筑结构和防水工程质量是否符合设计要求，土建工程是否竣工验收合格，建筑结构是否具备开通试运营条件。

（2）线路状况（限界、轨道）评估

包括限界、轨道是否符合设计要求，是否竣工验收合格，是否具备开通试运营条件。

（3）车站基本情况评估

至少应包括各车站是否已基本具备了开通试运营的条件，如车站装修是否完成，车站售票设备、进出站闸机等是否布置到位，车站电梯能否正常运转，车站导向标志是否完全布置到位，如未布置到位，是否有临时导向措施合理组织客流等。

（4）设备状况以及设备的调试情况评估

①供电：主变、牵降变安装和调试情况，接触网的安装、调试和冷滑、热滑情况。

②信号：ATC 系统设备的安装和调试情况。

③通信：各子系统设备的安装和调试情况。

④主控：系统设备的安装和调试情况，与其他系统的接口功能实现情况。

⑤防灾报警：系统设备的安装和调试情况。

⑥自动售检票：系统设备的安装和调试情况。

⑦车辆：车辆的到位和调试情况。

⑧乘客信息系统：系统设备的安装和调试情况，与其他系统的接口功能实现情况。

⑨车站设备：车站自动扶梯、垂直电梯、屏蔽门、防淹门等系统设备的安装和调试情况，与其他系统的接口功能实现情况。

（5）规章文本的编制情况评估

包括规章制度、运营方案、人员招聘及培训计划、演练方案、物资到货计划。

（6）开通前的运营演练情况评估

包括运营演练方案的编制情况，运营演练的执行情况。

（7）开通前人员组织及培训评估

包括开通运营所需资金、物资到位情况，人员招聘及培训计划的编制情况，人员的到位情况，各岗位人员的培训情况和后勤保障情况等。

（8）劳动安全与卫生评估

包括评估各车站的平面布置、设备设施布置、通风空调、照明、防噪、减振、防坠落、防触电等措施，是否符合国家有关职业安全卫生标准的要求，是否符合了开通试运营的条件。

二、开通试运营组织方案编制

开通试运营组织方案是城市轨道新线全线开通运营组织工作的基本办法，旨在保障新线开通筹备工作稳定、有序推进，确保新线开通后运营安全有序、优质、高效地为乘客服务。

开通试运营组织方案主要以乘客需求和运营管理为中心，依据工程设计、建设文件以及筹备前期针对开通试运营组织所开展的一些专题研究成果，在原则的指导下，从行车组织、客运组织、票务组织、维修组织、车辆组织、安全管理等方面对开通日和开通后的试运营进行全面、系统、科学地筹划安排，指导、规范运营人员的组织、管理及操作行为，确保运营服务质量。

3. 编制开通试运营组织方案的总体原则

开通试运营组织方案的编制，一方面受新接管开通线路的设备功能的制约，另一方面受政府、乘客对新开通线路运营服务水平期望的影响和其他线路运营服务水平的影响。因此，编制该方案时，必须综合考虑上述诸因素，使之更加科学合理，为接管开通后的运营组织管理提供支持。编写开通试运营组织方案必须遵循的基本原则有：

（1）依法依规原则

以遵守国家、地方人民政府的法律、法规为前提。

（2）基于设计和建设的原则

以设计文件，建设、开通策划文件为基础。

（3）科学合理原则

以安全、有序、可控运送乘客为宗旨，在政府的开通目标指导下，寻求相对合理的运营组织方案。

（4）两面性原则

运营组织方案既要考虑正常情况下的组织，又要考虑设备故障或功能不完善时的后备组织方案。

（5）动态管理原则

新线开通的运营组织方案没有最好，只有更合适。根据设备功能的变化方案将有可能进行调整，即使方案通过评审，也不是一成不变的。

4. 开通试运营组织方案的主要内容

开通试运营组织方案主要以运营管理需求为中心，对运营管理的对象进行逐一描述，主要包括：方案概述、编制依据、开通试运营条件、组织原则，行车、客运、票务、施工及维修组织方案，运营安全管理方案等。

运营各部门必须严格按照集中领导、统一指挥的原则，紧密配合、协调工作，按照本方案相关的组织要求，结合新线线路、设备等实际技术特点，进行深入研究，制定各专业、各工种的运作手册和实施保障措施，确保新线各项运营组织工作顺利进行。

（1）方案概述

作为方案的文头，在方案的开头对开通试运营组织方案内容进行总体概念性描述。

（2）编制依据

列出编制时引用的各类依据，并明确其版本号或文号，使编制小组、评审专家和使用者清楚本方案的背景和要求。

（3）开通试运营条件

编写开通试运营组织方案时，首先需明确所开通线路的基础设备设施的基本情况和开通时各系统设备所达到的基本功能，并结合运营服务水平的需要，进一步提出开通时系统设备争取达到的条件。

（4）线路概况

主要描述提供运营的线路基本情况，包括：线路长度、走向，各车站名称站位设置（分别是地下站、地面站或高架站），最小曲线半径、线路允许速度，线路站场布置及主要特点，线路、信号布置示意图。

（5）开通试运营必须达到的基本条件

①线路各车站、区间及各系统完成由轨道交通企业验交委员会组织的满足策划开通条件的阶段验收，工程的“三权”移交运营部门。开通前通过市政府各有关部门的验收。

②线路通过政府有关部门的卫生、防疫以及消防验收。

③新开通的线路、变电站、接触网/轨、信号、通信、低压配电、给排水、消防和FAS、EMCS，气体灭火、环控系统、扶梯及液压电梯、屏蔽门等行车技术设备功能正常，能投入使用。

④车辆、车辆段/停车场及控制中心正式投用。

⑤运营人员招聘、培训工作全部结束，各岗位人员全部到位，相关规章完成编制、下发和学习。

（6）新线开通系统设备争取达到的条件

为提高新线开通的运营服务水平，扩大运输能力，对行车关键设备，如运营客车供车数、信号、供电和机电设备的自动控制功能提出争取达到的“最高”条件，希望建设单位和供货商通过努力实现。

（7）开通线路运营服务水平的确定

结合开通试运营时各系统设备所提供的基本功能条件、客流预测和市政府对新线开通试运营的要求，根据国家有关城市轨道交通试运营基本条件的相关标准规定、对新开通线路运营服务水平的指引，通过组织对各种可能的方案比选，确定开通运营服务的水平，主要包括运营服务时间、行车间隔和运输能力等。

（8）运营组织原则

在明确开通的基本条件和运营服务水平的情况下，需要确定运营组织原则，达到为乘客提供安全、准点、舒适、便利的交通的运营目标。

运营组织原则主要包括行车组织原则、调度指挥原则、列车运行模式和行车主要技术设备使用管理原则等，该组织原则是明确运营组织管理的基本原则，是指导编制《行车组织规则》和开通后开展运营工作管理的依据。

①行车组织原则。

A.运营行车组织工作，必须坚持安全生产的方针，贯彻落实高度集中、统一指挥、逐级负责的原则。

B.《行车组织规则》是行车组织工作的基础，凡与列车运行有关的各部门都必须根据《行车组织规则》的规定组织本部门的工作。

C.运营行车组织采用双线单方向运行、右侧行车。在一条线路上，往北（两个终点站的比较）为上行、反之为下行，环线按右侧行车外环为上行、内环为下行，以市区为起点、市郊为终点的线路以开往市中心方向为上行、反之为下行。

D.行车组织指挥在正常情况下以中央自动监控为主，故障情况下由中央调度员下放控制权到车站，实行站级控制。

E.明确开通试运营的正点率、运行图兑现率指标，以高标准、高要求不断提升运营服务水平。

F. 客车、工程车原则上停放在车辆段 / 停车场，运营客车均从车辆段 / 停车场进出。

②调度指挥原则。

A. 明确运营调度指挥机构。

B. 制定运营调度指挥层级及主要流程。

C. 对调度指挥原则进行规定，如调度首、末班车，列车运行调整，加开、停运车次和组织降级运营等工作做出具体规定。

③列车运行模式。

A. 列车车次的规定。对客车、救援列车和工程车及调试列车的车次进行明确，其中客车车次要与信号系统的车次保持一致性。

B. 列车运行模式。客车按正方向双线单向右侧行车，当开通单线运营时，则为 ×× 站—×× 站双线单向运行，往 ×× 站方向为上行，反之为下行。

C. 客车驾驶模式。客车驾驶模式有非限制人工驾驶、限制人工驾驶和自动驾驶三种。正常情况下正线客车均采用自动驾驶模式，明确司机使用各种驾驶模式的授权要求。

D. 明确客车停站的规定和首、尾班车管理的要求。

④行车主要技术设备使用管理原则。

在方案中需要对信号、通信、供电、环控、屏蔽门等主要行车技术设备的使用管理原则进行归确，主要包括技术设备正常、故障和应急等不同情况下的使用管理原则。

(9)行车组织方案

行车组织方案不但是运营组织方案的主要组成部分，而且在运营组织方案中起到龙头作用：保障乘车服务的载体——列车的安全、有序运行，同时还约束相关行车技术设备和运营人员必须围绕行车组织开展一环扣一环的工作，发挥运输联动机的功能。

行车组织方案主要包括列车运行图技术参数、正常情况下运行组织和非正常情况下的列车运行组织安排等方面。

①列车运行图技术参数。

A. 区间运行时间，根据既定的运行速度计算区间运行时间的最小值。

B. 折返时间，指列车在折返线路运行和司机换端操作的时间。

C. 停站时间。

D. 不能同时接发列车的间隔时间。

E. 最小运行周期。

F. 旅行速度和技术速度。

②正常情况下运行组织。

A. 运营交路安排。综合线路条件和供车条件，通过对不同运营交路方案的比选，确定开通初期行车组织交路设置。对于新开通运营的线路，应采用简单、有效的运营交路。

B. 运营服务时间安排。开通试运营初期，运营服务时间为 ××：OO—××：00；磨合期过后,运营服务时间将尽可能考虑与线网运营所匹配。

C. 车辆供车计划及交车安排。提供状态良好、符合上线条件的客车数量。

D. 运营前设备检查、人员准备的相关规定。

E.《运营时刻表》安排。明确采用了《运营时刻表》(版本号)和运输能力。

F. 司机的作业规定。如驾驶模式,停站、折返及进、出车辆段 / 停车场的要求。

G. 备用车停放位置及数量。

H. 运营客车晚点的调整及报点的规定。

③非正常情况下运行组织。

A. 明确非正常情况下运行组织处理原则。如必须遵循"先通后复"的故障处理原则,在保证安全的前提下,尽可能地维持最大限度的运营服务。

B. 信号故障降级运行模式。如行车组织办法、运行速度等规定。

C. 车辆故障救援组织。编写《×号线列车故障处理指南》,指导司机排除列车故障,当司机(包括经车辆检修调度电话指导司机)处理后仍无法恢复运行时,需实施列车救援的组织办法。

D. 供电、通信、线路、屏蔽门等主要行车相关设备故障处理方案。

④主要行车指标。

各城市轨道交通运营单位要对主要行车指标运行图兑现率、列车正点率进行统计分析,落实整改,并在试运行最后 1 个月满足国家相关试运营基本条件评审的指标要求。

(10)工程车运输组织方案

工程车主要承担的任务是为维修施工运输设备、材料,在接管后或开通前,还可以协助运送接管物资。为规范工程车的行车管理,更好地为设备设施的检修施工服务,必须编制工程车运输组织方案。工程车运输组织方案主要包括:

①工程车开行计划的规定;

②工程车运行组织,如在车辆段 / 停车场、正线的运行规定;

③工程车作业规定;

④工程车装卸及运行要求。

(11)行车设备维修施工组织方案

城市轨道交通运营组织的特点是:运营服务时间所有设备、工作人员必须全力确保运营的安全、有序,设备的维修保养时间只能安排在晚上非运营时间进行,通过晚上有限的维修保养时间为运营服务提供可靠的设备质量,这也是运营管理的难点。加上新线开通初期,系统设备还存在整改、尾工和功能调试完善等工作量较大的现象,施工需求与施工时间、空间的矛盾更显突出,更需要安全、科学、高效的施工组织管理方案,建立、完善行车设备维修施工管理体系。

行车设备维修施工组织方案主要包括：

①施工管理架构、施工计划管理、施工进场作业令、施工组织等管理规定；

②施工作业时间的规定；

③施工安全管理；

④列车、信号调试或试验要求；

⑤运营时间内特殊情况的施工规定；

⑥巡道方案，明确正线、车辆段／停车场线路的巡道安排。

（12）客运组织方案

客运组织是运营服务的关键所在，它直接影响到运营服务水平。车站是提供运营服务的另一重要载体，为确保客运服务水平，就要先从明确车站的组织管理着手，对车站范围内主要为乘客服务的场所，如站厅（台）和出入口通道等明确管理标准，同时为有效地指导车站，需要对典型车站及换乘站的客运组织方案进行专项研究，确定其正常和大客流及特殊情况下的客运组织方案。

客运组织方案主要包括车站运作、客运组织、站厅（台）和出入口管理、典型车站及换乘组织方案。

①车站运作。确定车站的管理架构、岗位设置及定员。

②客运组织。明确车站客运组织原则，客流组织及特殊情况下的客运组织。

③站厅（台）和出入口及通道管理。明确车站出入口及通道管理原则，如开、关站时间，明确车站紧急出入口等。

④典型车站及换乘站客运组织方案。根据车站结构特点和客流分布情况分别编写典型车站客流组织方案、换乘站的换乘组织方案。

（13）乘务组织方案

要确保列车安全、有序运行，必须依靠有效的乘务组织作保障，通过乘务组织方案规范客车和工程车司机的管理，如乘务机班的安排，客车出（入）车辆段／停车场、正线运行模式、站台作业、折返作业相关规定，工程车运行相关规定和车辆段／停车场行车运作的规定。

乘务组织方案主要包括客车运行、工程车运行和车辆段／停车场运作的定岗定员和组织管理。

（14）票务组织方案

票务组织同样是运营组织的主要组成部分，它不但直接关系到乘客服务质量，而且还影响运营票务收益安全。在政府明确票务政策后，就必须研究和制订车票管理、票务收入结算模式和审核方案，以及特殊情况下的票务应急处理方案和票务收益安全管理等内容，为下一步编制票务管理手册及早明确原则和思路。

票务组织方案主要包括票务政策、正常情况下的票务组织方案、特殊情况下的票务应急处理方案及票务收益安全管理。

①票务政策。

票价根据市政府批准的票价政策执行,明确车票使用和乘客事务的相关原则。

②正常情况下的票务组织方案。

主要有车票管理、车站票务运作(票务服务、乘客事务的处理、钱箱清点模式、车站兑零模式)、车站售票员的结算模式、车站票款的解行方式及备用金运作方式,明确车站票务管理原则和工作流程,直接指导和管理车站票务工作。

③特殊情况下的票务应急处理方案。

列车故障、信号故障或突发事件影响列车服务时的票务应急处理规定,使其在发生故障而延误的情况下,指导车站票务工作,有效降低由于设备设施故障或突发事件发生对乘客服务带来的影响。

④票务收益安全管理。

票务收益安全管理模式,如日常票务审核及特殊票务事件处理。

(15)维修组织方案

明确维修组织原则,针对新开线路的设备特点,严格落实"三定、四化、记名修"的作业检修规定,规范管理,服从大局,重视技术研究,不断提高管理水平、技术水平,最终达到确保行车安全、设备安全、人身安全的目的。维修组织方案主要包括维修组织原则、维修模式、维修管理、设备运行值班与巡检以及设备抢修组织五方面。

①维修组织原则。

要牢固树立"安全第一、质量为本"为维修组织指导思想,一手狠抓安全管理,一手狠抓设备质量。

②维修模式。

明确维修组织架构和维修组织方式、设备日常维护和检修规程以及设备故障处理和抢修程序等,从维修组织调度、技术、安全和综合(物资、后勤)四方面进行明确。

③维修管理。

包括维修计划组织、施工作业的组织管理、设备故障情况的管理、日常生产管理,"三定、四化、记名修"的作业检修规定。

④设备运行值班与巡检。

明确采用驻守值班、巡检制或采用两者相结合的形式。

⑤设备抢修组织。

包括:根据线路、设备的实际情况编写各专业设备抢修预案(含抢修工具的配备标准和放置地点),明确各专业的应急抢修点;全线开通前组织抢修应急演练;抢修物料管理。

⑥明确设备运行质量指标。

试运行最后1个月,各城市轨道交通运营单位要对主要系统设备可靠性指标进行统计,包括对车辆、信号、供电、屏蔽门等系统故障进行统计分析,及时完成整改,以满足国家相关试运营基本条件评审的指标要求。

（16）车辆组织方案

车辆组织方案紧密围绕“保供车、供好车”的方针，加强与车辆供货商的沟通联系，积极参与车辆的监造工作，配合对到货列车的接车、调试、验收，加强检修管理，完善应急预案，确保到位列车在全线开通时能正常上线运营。车辆组织方案主要包括车辆的保障、检修管理和应急预案三方面。

①车辆的保障。

配合对到货列车的接车、调试、验收，确保到位列车在全线开通时能保质、保量上线运营。

②检修管理。

完成车辆相关检修技术标准或文件的修订、补充、完善，对有关维修班组进行检修技能提升培训；根据实际的供车情况，及时调整生产计划，在全线开通前完成修程的车辆年检任务，保障交付运用的列车质量状态良好。

③应急预案。

针对各自不同的车型、地理环境和不同的救援器材，完成对新开通线路安全预案的编写、修订、完善，并于开通前组织实施应急演练，确保救援人员熟练操作救援器材，掌握安全预案实施流程。

④明确车辆设备运行质量指标。

试运行最后 1 个月，车辆故障率应低于 1.2 次 / 万列千米。

（17）运营安全管理方案

城市轨道交通是一台超级联动机，其行业特点是安全风险高，尤其是新线开通运营的初期，要确保开通后安全运营，就必须建立健全安全生产管理机制，制定行车、客运、消防和综治等安全生产措施，明确安全培训、教育制度，制订安全应急预案并实施演练，才能夯实安全基础工作。

运营安全管理方案主要包括安全工作要点，运营接管、开通各阶段安全工作措施，安全应急预案和保卫综治方案四方面。

①运营安全管理工作要点。

A. 切实落实安全生产责任制，强化各部门责任人的岗位意识、责任意识、纪律意识，并采取签订责任状等形式，将安全责任层层分解，落实到部门、落实到班组、落实到每个员工。

B. 突出抓好重点，新线安全以行车安全为核心，以设备安全为保障，以电气防火为基础，突出抓好车辆、接触网 / 轨、信号等设备的巡视、检测，针对新线新设备的投入使用，加强设备自检、互检、他检，提供良好的设备保障。

C. 抓紧建章立制，狠抓规章制度的落实和持续改进，提高规范化、制度化、专业化管理水平。

D. 积极开展安全生产宣传、教育，重点进行全员安全生产思想教育、安全知识教育、安全技能教育，加强一线作业人员的安全教育培训。

E. 结合现场深入开展有针对性的专业技能培训，抓好员工“应知应会”培训，重点是操作能力。

F. 结合新线实际情况，制定《××线开通运营安全要点》，验收质量与安全关、交接与运营接管后的安全关、设备调试关、开通前安全评估的质量关、投入运行前的检查关、运营中的安全关这六大安全关键环节即“六关”入手，来编制安全要点。

G. 利用职业健康安全管理体系的管理思路和方法，在新线范围内进行危险源识别、风险评价与控制工作。

②各阶段重点安全措施。

明确现场跟踪、设备验收、设备交接、设备调试与演练、开通前安全评估和开通运营等不同阶段的安全管理措施。

③完善安全应急预案。

结合新开通线路和技术设备的特点，必要时需补充完善应急预案，并组织好全员培训，安全应急演练。

④保卫综治方案。

A. 采取驻站守护和巡查相结合的方式，组织做好新开通线路车站设备设施及附属设备设施的安全守护和综合治理安全保卫工作。

B. 按“属地管理，分级负责”原则，共同做好保卫综治工作。

C. 技术防范措施。针对新开通线路各车站的情况，采用现代管理手段，如采用视频监控方案，从技术上做好安全防范工作。

D. 利用社会力量，与当地派出所和居(村)委会开展联防群治的综合治理工作。定期与当地派出所、居(村)委会沟通联系，了解治安情况和当地综治工作动向，共同做好沿线的保卫综治工作。

三、新线项目竣工验收的主要工作

竣工验收是城市轨道交通建设工程的最后环节。城市轨道交通新线的建设单位在经过一段时间试运营后，提请新线所在城市发改委并经国家发改委批准，组织相关单位进行竣工验收。运营单位在做好试运营组织工作的同时应积极配合新线竣工验收。新线项目只有通过竣工验收后才能从建设阶段转入正式的商业运营。

在国家发改委批复新线项目的竣工验收申请后，由所在城市政府部门制定“新线项目竣工验收工作方案”，成立竣工验收委员会全面负责竣工验收工作，委员会下设验收工作组全面组织、协调相关验收工作，并负责整体工作推进。新线建设单位根据“新线项目竣工验收工作方案”的要求，组织该项目所有的设计单位、建设单位、财务管理单位、档案管理单位、安全管理单位、质量管理单位和运营管理单位等开展相关工作,接受政府主管部门的验收。

1. 竣工验收的前提条件

新线项目在具备以下条件时,由建设单位向新线所在城市发改委提出竣工验收的申请。

①完成工程建设。

②试运营满 1 年以上。

③该项目基本能够体现设计意图和满足城市规划要求, 工程和设备功能基本能够满足设计标准和要求,运输能力和服务水平基本能够满足城市市民出行等需求。

2. 竣工验收的范围

新线项目竣工验收范围为设计文件包含的所有工程, 主要包括: 正线线路及所有车站的土建工程,所有车站机电设备安装工程,车辆段及综合基地、主变电站、集中供冷站(如设计中没有则不包含),以及车辆、轨道、供电、信号、通信、自动售检票、设备监控、消防自控等所有系统设备与控制中心安装工程。

3. 竣工验收的依据

①《建设项目(工程)竣工验收办法》(1990 年 9 月 11 日)。

②《地下铁道工程施工及验收规范》(GB50299—1999)。

③《地铁设计规范》(GB50157—2003)。

④该新线有关设计文件。

⑤有关专业验收规范。

⑥政府有关文件。

⑦城市轨道交通新线项目验收委员会制定的有关验收管理办法。

4. 城工验收的结果

①形成竣工验收文件。

②该新线由建设期正式转入商业运营。

第十二章　城市轨道交通智慧化发展的趋势

第一节　城市轨道交通公共空间成为文化体系的新趋势

轨道交通空间所具有的广泛的公共性，对于公共文化以及社会的发展都很重要。中国当下一线城市的轨道交通站点空间无疑已成为城市或者整个国家文化艺术的展示节点，因此对于公共文化服务与社会化发展政策来说，研究轨道交通空间设计中文化符号的贯彻，是重要的创新发展机会与研究突破点。或者说，该研究是通过实体实践项目，试图建立起一种新的公共服务文化系统，并希望城市中乘坐轨道交通的乘客可以通过艺术节面的互动，切身体会人文文化，感受当地的历史、人文、民俗等，最终实现服务于更多城市群众的目的。2015年，《关于加快构建现代公共文化服务体系的意见》（下简称《意见》）正式颁布，《意见》中提到，要结合我国经济发展水平、具体国情，构建现代文化传播体系，实现信息的有序传播。

《意见》指出，公共文化是社会发展中不可缺少的部分，鼓励公共文化科技创新，并开展专项规划，把我国的文化融入科技创新工程之中，借助于示范区，实现公共文化服务和先进科学技术的相互结合，同时全面推进，从而实现不同居民对公共文化多层次的需求。

《意见》中详细阐述了构建现代公共文化服务体系的具体内容、重要意义。《意见》中指出，要结合我国经济发展水平及具体国情，构建完善的现代文化传播体系，并不断地提高传播能力，推动我国信息快速、有序、安全流动，解决信息不对称的弊端。《意见》还指出，根据人民群众当前对文化消费的需求，实现公共文化产品和服务的创新，开发出更多适合百姓需求的公共文化产品，为百姓提供更优质的公共文化服务。可以设置专项规划，并把此纳入国家文化科技创新工程之中，从资金和技术等方面推动公共文化服务的进一步发展，公共文化机构、科研院校、高科技企业要加强合作，在关键技术领域实现创新，突破关键技术的限制，制定出具有国际水准的公共文化服务领域的科技标准。除此之外，还可以依托国家公共文化服务体系示范区、示范项目、实验区等，理论联系实际，把公共文化服务与科技工作转化为具体的实践应用，创造出更多的价值。

在提供公共服务的过程中，政府发挥了非常重要的作用，全面推动了公共文化服务的发展。政府部门利用公务资源，结合不同社会成员的实际需求，为其提供针对性、特色化的公共文化服务。其主要内容包括：一是公共文化服务设施，二是公共文化资源和服务内容，三是资金、人才、技术等方面的保障。

城市轨道交通网络的构建，尤其是在公共艺术以及空间设计的领域，对整个公共文化服务系统的不断推动与发展，起到了关键作用。从一定层面来讲，城市轨道交通的文化属性、公共服务属性，在不断普及过程中，也向社会传播了更加全面和高效的公共文化服务内容以及形式。

第二节　一体化设计是绿色低碳可持续发展的重要组成

绿色是永续发展的必要条件和人民对美好生活追求的重要体现，我们必须坚持节约资源以及保护环境的基本国策，始终坚持绿色可持续发展，坚定不移地走文明发展的道路，加快我国资源节约型、环境友好型社会的建设。坚持绿色富国、绿色惠民，为人民提供更多优质生态产品，推动形成绿色发展方式和生活方式，推进交通运输低碳发展，实行公共交通优先，加强轨道交通建设。

建设现代高效的城际城市交通，新增城市轨道交通运营里程约 3000 公里。结合我国国情，在我国经济、科学技术的不断推进和发展之下，城市轨道交通迎来了新的集中建设高潮，轨道交通建设进入快速有序的发展阶段。目前，我国城市轨道交通的建设规模大、投资高、速度快，但工程造价及轨道交通的文化可达性、空间整体性还存在一定的发展障碍。面对如此规模巨大的建设任务，针对轨道交通公共空间建设的标准与设计方法显得更为迫切，而一体化设计将为它们的制定提供契机与可能。一体化设计是一种行之有效的设计方法，是绿色低碳可持续发展的重要组成。

我国高度重视低碳绿色可持续发展，各个方面都在努力践行可持续发展的战略。绿色低碳可持续发展涉及我们生活的方方面面，基础建设和建筑建设上也不例外，这也为一体化设计的实施提供了新的发展机会。目前我国在该领域还处于起步阶段，随着我国生产力水平的提高，科学技术的不断进步，相信在未来可以实现一体化设计的不断发展，这也将是我国绿色低碳可持续发展的重要践行方法。一体化设计的研究，将为我国城市轨道交通的低碳绿色可持续发展提供了一种行之有效的设计方法和设计原则，它是对建筑设计、机电设备设计、室内空间设计、设备设施设计等的整合，是一项由科研单位、企业、政府共同努力才能完成的事业。轨道交通公共空间一体化设计的发展也会推动一体化设计在其他领域的发展。未来，相信这种绿色低碳可持续的设计将在我国占据更大的市场份额，其以人性化为目的，以文化为导向，以科学技术发展为基础，以绿色低碳发展为目标，能让公众享有一个功能更加完备、使用舒适、文化氛围浓烈的公共空间环境，实现我国资源节约型、环境友好型社会的建立。

第三节　轨道交通公共空间是公共文化服务的重要组成

城市轨道交通站内空间设计能非常有效地体现出我国现如今的主要社会意识形态，是未来公共文化服务中非常关键的一个组成部分。轨道交通的公共性、文化性成为当前公共文化传播的重要途径，传播内容也逐渐变得多样化与优质化。

城市轨道交通一方面极大影响了城市的格局，为城市生活带来了巨大的改变；另一方面也随着城市一同迅速成长，并影响着城市和城市居民。城内轨道交通进入城市生活，引起了人口、资源的重新聚集、调配，居民的生活方式、文化思想也产生了巨大改变。这种不容忽视的文化现象引起了相关学者的讨论，开始从更为宏观的城市文化的角度讨论轨道交通文化，并总结出轨道交通文化具有的四个层面，分别是物质、行为、制度和精神文化层面。而其中城市轨道交通空间营造、公共艺术介入相关的层面包括了物质文化层面、行为文化层面和精神文化层面，这说明了艺术设计与轨道交通建设、管理的重要性。

但就目前来说，城市轨道交通在公共艺术和空间设计中还存在着一些问题。由于缺乏规划和统一管理，一些城市的轨道交通公共艺术和空间设计在不同的线路上存在文化主题重复、艺术品设置位置不合理、线路标识设计不统一等现象，这使得部分城市轨道交通公共艺术和空间设计呈现出杂乱、无序感，并不能起到有效的公共文化服务功能。因此，城市轨道交通的公共艺术和空间设计需要进行总体规划，应从城市的整体概念出发，对总线路、重点线、重点站、普通站等进行整体、系统的安排和有针对性的方案设计，从而避免以上问题的出现。

城市轨道交通公共空间是一个复杂的巨型系统，牵扯到了规划、建筑、结构、机电、空间设计、电子系统、材料等多个复杂专业。同时需要综合功能性、经济性、文化性，人性化等需求进行整体考虑，这就必然需要多部门、多专业、多学科的协同配合。针对既有轨道交通公共空间设计的现状分析总结发现，各专业设计成一体，这导致专业之间的配合与衔接不够紧密，仍会出现诸多矛盾影响城市轨道交通，公共空间设计结果的因素错综复杂，它们既相互影响又相互制约，这就有待一种创新性的设计理念和标准引入未来城市轨道交通规划设计和建设中来，将一体化设计纳入城市轨道交通公共空间设计的全流程之中，从建筑、机电、设备设施、文化艺术、空间设计等领域着手，结合轨道交通公共空间的特征，对艺术设计、新技术、新工艺等进行研究，改变轨道交通建设各阶段、各专业各自为政的设计模式。轨道交通一体化设计研究，能为未来我国城市轨道交通发展提供一种行之有效的设计方法和设计原则，为轨道交通公共空间功能、文化、经济的跨界探讨提供新的设计思维，有利于践行我国可持续发展政策，提升城市轨道交通公共空间整体感受，使城市轨道交通公共空间成为重要的城市文化载体。

第四节　中国城市轨道交通未来十年发展趋势及政策导向

一、城市轨道交通发展现状、特点和问题

随着改革开放 40 多年来经济的积累，城镇化政策的推行带来了城市规模的不断扩张，也由于中国要建设世界制造业大国的推进带来的轿车工业的迅猛发展，小轿车进入家庭的速度不断加快，城市交通严重紧张状况由几个大都市向普遍的大城市发展，城市交通堵塞由局部地区和局部时间段上的堵塞向大部分地区和较长时间段上的堵塞发展，给人们正常出行带来了极大不便。经过痛苦的反思和学习，政府和人们普遍认识到，大力发展城市轨道交通是国内外解决城市交通拥堵最好的办法和出路。因此，新一轮城市轨道建设热潮正在展开和实施。这一时期，我国城市轨道交通发展的特点是：

1. 政府主导型为主。当前都是由政府负责规划建设城市轨道交通，资金的筹措、工程的实施和建成后的运营也是由政府组织负责的。

2. 轨道交通线路基本上是单线路方式，既没有形成网络，也未和现有的城市公交系统、大交通系统形成相互衔接、无缝连接的综合运输体系。

3. 轨道交通新技术引进多，国产化率低，轨道交通车辆和信号国产化方面没有突破性进展，关键技术和设备需要从国外进口。

4. 建设资金来自政府财政的多，从市场上融资的少。

而这一时期，对我国城市轨道交通发展产生重大影响的问题主要有：

1. 管理体制问题。当前城市轨道交通规划由建设部管理，而建设项目的审批在国家发改委，城市内的一些重要交通枢纽又分别由铁道部、交通部、城市交通运输部门管理。对城市轨道交通的规划、建设、相互衔接和一体化运输带来重大影响。

2. 城市规划以及城市轨道交通规划相对滞后。很多城市规划的不断修改从另一方面体现了规划理念、成熟度、长远、宏观发展的预见和判断往往落后于城市经济和社会发展的实际，从而对制定城市轨道交通的发展规划带来不利的影响。

3. 城市和城市轨道交通建设垄断意识太强，缺乏对社会主义市场经济的认识，也谈不上运用市场经济的规律去发展、去建设。这一点在资金筹备上、沿线土地开发上、线路经营管理上表现得尤为突出。

4. 缺乏长远的、完整的、科学的城市轨道交通发展政策和法律性文件。

二、城市轨道交通的发展趋势

最近一个时期,我国城市轨道交通的建设的发展趋势是:

1. 随着经济发展,城镇化速度不断加快,特别是东部沿海区域城镇化率不断增高,某些地区由于城市体制的改变,致使城市市区规模越来越大,城市轨道交通需求增大,城市轨道交通规划的范围、延伸的里程已覆盖了城市和乡镇的大部分区域,为城市轨道交通发展注入了新的活力。

2. 城市轨道交通不单单发展地铁,轻轨的加入加快了建设速度。科学技术的进步,使不同类型的轨道交通进入了并行发展时期,呈现多元化发展态势,并开始注重轨道交通与城市环境的协调发展。

3. 在经济特别发达的一些地区,如珠三角、长三角、京津冀经济区,城市轨道交通开始向城际轨道交通领域拓展,这 3 个地区都在以城市轨道交通的理念编制城际轨道交通的发展建设规划,为城市轨道交通发展拓展了更广阔的空间。

这些新的动向,表明我国城市轨道交通的建设总规模还会扩大,发展前景广阔,建设市场广阔。

三、城市轨道交通发展过程中的政策缺陷

从 20 世纪 80 年代我国开始注重发展城市轨道交通以来,经历了几次大起大落。回顾这 40 多年城市轨道交通发展的历程,究竟是什么原因致使我国城市交通的建设变得复杂、难以把握,影响了一些大城市的城市交通建设的速度,不能与城市经济建设发展同步,严重制约了城市的经济建设?除了城市轨道交通建设的巨大资金需求和技术上的一些困难,以及城市经济、环境的不足对发展的影响外。出于认识上的差异,近 20 多年来政府及相关部门为发展轨道交通制定的政策也存在不足和一些缺陷,对指导城市轨道交通的建设和发展产生了一定影响。

在回顾我国城市轨道交通发展历程,总结经验教训时,我们感到,受不同经济发展时期的限制,我们的政策总有一些不足和缺陷,对这一时期城市轨道交通建设产生一定的影响。

1. 未能与我国经济体制改革同步,理顺城市轨道交通管理体制,存在体制上的缺陷。

城市交通、城市道路、城市轨道交通,从建设和管理上涉及国家发改委、建设部、公安部、交通部、铁道部,以及规划管理部门,土地管理部门等等,政出多门,政策上很难协调统一。最近几年,一些大城市改革城市交通管理体制,建立“一城一交”的管理体制,推动了城市交通管理体制的改革进程,但从中央层面上,还很难由一个部门统一管理。

2. 担心“盲目建设”“过热”,动辄一刀切,存在制度上的缺陷。

在加快城市轨道交通建设中,确实有一些城市不顾自身财力和需求,追求建设高标准、

高新技术的轨道交通方式来作为自己的政绩工程，造成了建设现有的项目需求不足、资金缺乏、运营亏损、债务负担严重，这样的现象时有发生。这是一个加强管理、严格准入制度、严格监督的问题，但对此往往不分是否真正有需求，采取"一刀切"的办法处理。八十年代末、九十年代初对全国城市轨道交通建设紧急全面叫停，导致很多已具备条件、急需上马建设的项目不该停的也停了下来，好多年未能恢复，失去了一次解决城市交通问题的机会，至今回顾起来，令人可惜。对于城市轨道交通建设存在的"过热"问题，要全面分析，正确对待，要通过一定的程序来解决、处理。

3. 未能从城市实际状况、交通需求、经济实力全面考察建设城市轨道交通的条件，存在准入政策上的缺陷。

城市轨道交通投资大，运行费用高，公益性强，社会效益好。又由于是城市公共基础性建设，运行价格制定应充分考虑纳税人的利益而比较低廉，把利益让给了广大群众，因此建设城市轨道交通应从城市规划布局、居民出行方式的需求和具备的经济条件等多方面因素考虑。而不应仅仅制定相当高的经济条件提高了准入的门槛，把一些需要建设城市轨道交通，而经济条件不完全达标的城市拒之门外，使城市轨道交通成了少数"大富豪"的"俱乐部"。现在主要根据经济实力的建设条件存在准入政策上的缺陷。

4. 国产化政策缺少相关配套政策的支撑，存在配套政策上的缺陷。

国家有关部门对城市轨道交通的基础设施、设备、通信信号系统、供电系统，运载工具等一直坚持国产化的政策，制定了一系列国产化标准，并规定设备国产化率达不到70%的不予审批。这一政策制定是非常正确、非常必要的。坚持这个政策，对我国制造工业的发展具有十分重要的意义。但是，在实施国产化政策的同时，对待人才引进问题、关键技术的引进开发问题、研究开发资金投入问题、老厂设备技术更新改造问题、产品初期未达到规模化价格补偿问题等都需要资金的投入，都需要配套政策的支撑，否则，国产化只能是一句空话，实际上存在着配套政策上的缺陷。

上面仅从四个大的方面讲了现行政策存在的缺陷，也就是不足和需要完善的地方。这完全是个人观点，有不正确的地方欢迎指正。

四、发展我国城市轨道交通的政策导向

结合我国轨道交通发展所面临的问题，为准确把握我国城市轨道交通的发展机遇，使城市交通发展能适应城市社会和经济发展的需要，引导我国城市轨道交通健康有序发展，我们研究所通过研究认为应从以下几个方面入手，确定适合我国城市轨道交通发展的政策。

1. 综合发展政策

城市轨道交通发展政策的制定不能只着眼于解决城市交通问题，要统筹兼顾，把解决城市交通问题、促进城市合理布局、强化城市（区域）间协调发展、实现轨道交通的可持续发展作为制定轨道交通发展政策的首要选择。

(1)城市合理布局。建设完善的城市轨道交通系统，以解决日趋紧张的城市交通状况，同时注重轨道交通建设对城市发展的引导作用。轨道交通可以增加土地使用效益，带来沿线土地高强度的开发，成为城市或地区土地的开发轴或发展轴，因此城市轨道交通建设应结合城市总体规划，对轨道交通周边地区的用地性质及规划要作出相应的调整，为促进城市的合理布局创造条件。

(2)区域间协调发展。为了有效引导城市合理布局的形成，必须改变城市间旅客运输和城市公共交通在空间和时间上的约束，选择速度快、容量大、占地少、无污染的城际快速铁路运输和城市轨道交通作骨干，以构建城市发展的框架，扩大城市规模，最终促进区域城市带的形成，进而带动城市区域经济的发展。因此，应对城市轨道交通和其它交通发展以及区域之间的快速轨道交通(城际轨道交通)进行综合规划建设，并实现有机的衔接配合，加强轨道交通综合性枢纽的规划建设，加快大城市(区域)间文化和技术的交流，保障区域间的协调发展。

(3)可持续发展。根据城市的社会经济发展水平，确定不同时期轨道交通的建设规模和服务水平。城市轨道交通建设投资巨大，即使是经济发达国家，在策划建设地铁或轻轨项目时，也是保持极其审慎的态度。一个城市是否适合建设轨道交通或者在什么时候建设轨道交通，不仅需要必要的科学分析论证，还需要结合城市的社会经济发展水平，并将其作为建设轨道交通的基本前提条件，对轨道交通的规划建设在经济、环境等诸多方面进行详尽的战略性评估，实现轨道交通建设在社会、经济、环境上的可持续发展。

2. 以轨道交通为骨干的公交优先发展政策

针对我国大城市不同的发展时期，应制定不同的公交优先政策。根据国内外的经验，结合城市经济和社会发展的具体情况，对轨道交通系统及常规公共交通系统在城市交通发展的不同阶段中承担的作用进行合理的定位，进而制定适合城市发展的公交优先的管理措施及发展政策。

(1)在现阶段，我国城市交通仍是以常规公交为主，因而近期城市交通的发展仍以优先发展常规公共交通为主，同时加强对城市轨道交通的投入和规划建设，实现轨道交通与常规公共交通的并重发展。

(2)远期对轨道交通实施投资倾斜，加快城市轨道交通的建设步伐；尤其是大城市的轨道交通建设，应逐步确立轨道交通在公共交通中的骨干地位，最终改善公共交通系统的综合服务水平，建立多层次、立体化的城市交通体系。

3. 国产化和标准化政策

轨道交通是涉及土建、机械、电气、电子及通信业的技术密集型产业，其技术装备的水平反映了国家的工业基础水平。我国对城市轨道交通高新技术装备的国产化十分重视，并已制定了相关的国产化政策。为了促进我国轨道交通技术装备的全面国产化，其相关的国产化和标准化政策还有待进一步深化和完善。

（1）由国家有关部门统一组织领导，通过引进技术、吸收消化、合作研制、集中力量自我开发等手段，发展我国轨道交通设备产业，对相关产业予以扶持和政策倾斜，逐步实现生产当地化，设备国产化（90% 以上），从而降低了轨道交通建设投资，也为今后轨道交通运营维修降低成本创造条件。

（2）尽快制定各种轨道交通方式标准模式的政策法规，以控制轨道交通品牌繁多的发展局面。同时针对我国的具体情况，制定切实可行的轨道交通技术标准，建立和健全各项配套技术工业的标准化、国产化生产体系。

4. 轨道交通市场化政策

（1）政府主管部门按照政企分开的原则，转变政府职能，依法对轨道交通企业进行监督和管理，为企业提供服务。

（2）轨道交通企业享有充分的经营自主权，依靠现代管理手段和技术装备提供优质的服务。

（3）引入竞争机制，在统一规划和管理下，积极吸引社会参与，实行招标、有偿转让和专营权等制度，建立完善的市场经营机制。

（4）在最大限度地满足居民出行的前提下，进一步完善我国城市轨道交通良性发展的价格与价值补贴政策。

5. 经济政策与体制创新

（1）健全轨道交通建设的投融资评价体系，进一步完善轨道交通项目建设的经济政策、优惠条件、扶持政策等，对轨道交通项目的引进外资，应制定专项引资政策。

（2）建立与政策配套的投融资体制。实施发行“城市基础设施长期债券”政策；系统建立“城市轨道交通建设基金”；制定合理的票制票价，建立可行的投资、回报机制；拓宽投融资渠道，规范投融资标准，在用地、税收、政府补贴和担保等方面建立系统化和长期有效的政策法规。

6. 城市布局及用地调整政策

为适应今后城市的发展，城市轨道交通规划建设作为城市总体规划的重要组成部分，在政策制定上要充分发挥轨道交通对城市布局的宏观引导作用，促进城市合理布局；对于用地规划，应赋予轨道交通建设一定的优先权，同时要对轨道线周边用地性质进行适当调整，实现土地使用与轨道交通建设“捆绑式”的综合性开发利用。

7. 城市轨道交通一体化政策

根据未来区域和城市交通发展趋势，对城市交通和对外交通进行综合交通运输规划，重点将城市轨道交通与对外快速轨道交通及对外交通枢纽有机地衔接起来，实现轨道交通（内、外）的集约化、交通枢纽及场站布局的合理化、旅客运输高效化。以城市轨道网为基础骨架，并通过对外快速轨道网向外辐射，建设成现代化的一体化城市轨道交通网络体系。

第五节　城市轨道交通的发展趋势

《国家中长期科学和技术发展规划纲要》中提出“以提供顺畅、便捷的人性化交通运输服务为核心,加强统筹规划,发展交通系统信息化和智能化技术,安全高速的交通运输技术,提高运网能力和运输效率,实现交通信息共享和各种交通方式的有效衔接,提升交通运营管理的技术水平,发展综合交通运输工未来的城市轨道交通将向智能化、集成化、网络化、多元化发展标准化、可持续化发展”。

一、城市轨道交通智能化趋势

城市轨道交通的智能化趋势主要体现在广佛地铁的应用。广佛地铁是内地首条城际地铁线路，也是广州亚运会的重要配套线路。其车站机电安装包括综合布线系统、通风空调、给水排水消防设施、智能建筑系统、屏蔽门、电梯等。地铁采用全新的智能化综合消防安全系统,其中包括防排烟、水消防、安全导向、防灾通信、防灾报警、综合监控等多个系统。

一般地铁的综合布线系统应归属通信传输系统部分。综合布线作为传输的信息通道是智能建筑的核心基础设施,因此传输系统是通信系统中最重要的子系统,其功能是为通信系统的各子系统以及其他机电系统提供控制中心至车站(车辆段 / 停车场)、车站至车站(车辆段 / 停车场)的信息传送平台,其重要性及安全可靠性要求高。

地铁安防系统主要有视频监控、门禁和报警三大部分,都具有重要性。其中地铁监控具体包括行车监控(车辆进 / 出站、站台等)、营运环境监控(机电设备、供配电房、售票亭 / 柜等处)、公安治安监控(站内、外公共部位)、管理监控(内部监管)等。另外,用于监控列车运行状况的隧道轨道监控系统、车载监控系统随着诸多技术难题的解决，也在慢慢进入实际应用。

二、城市轨道交通集成化趋势

城市轨道交通的集成化趋势主要体现在集成化管理城市快速轨道交通系统。城市轨道交通集成化管理城市快速轨道交通系统(地下铁道、轻轨等)是属于集多工种、多专业于一身的复杂系统,只有采用快速轨道交通系统作为公共交通的骨干网络,才能有效解决城市交通问题。

从单一的线路布置,发展到采用先进技术组成的复杂而通畅的轨道交通网络,为城市交通建设引入了立体布局的概念，给城市的可持续发展提供了条件。城市轨道交通提供了资源集约利用、环保舒适、安全快捷的大容量运输服务方式,它与城市其他交通工具互不干扰,具有强大的运输能力、较高的服务水平、显著的资源环境效益，是解决特大型城市交通问题和可持续发展的根本出路。城市轨道交通工程管理的特点就是必须考虑全寿命周期集成化管理,应该面向项目涉及的各种管理单元(要素),包括项目资源、组织、技术等,按照一定的集成模式进行整合,考虑项目的全过程、全方位、全系统管理,提高项目的整体功能和管理效应。

三、城市轨道交通网络化趋势

城市轨道交通的网络化趋势主要体现在北京轨道交通网络化运营管理模式。北京轨道交通网络化运营管理模式创新与实践在建设过程中,对运营业务深入研究,提出适合北京轨道交通网络化运营管理的业务模式。例如提出了基于乘客旅行信息的“两阶段、双比例”清分方法模型,以乘客旅行时间最短作为决定出行路径的关键因素,通过各运营商承担的运营里程确定清分比例,从而实现 4h 内对 1000 万人次出行数据的清算处理。在工程设计阶段,通过多次设计联络会议,以轨道交通运营业务需求为主导,充分考虑系统的兼容性、可扩展性、资源共享性,统一与创建北京轨道交通网络化运营管理模式相关的技术标准、业务规则、服务规范,使不同制式和技术水平的业务系统得到充分衔接和整合,提高了运营管理的规范性及网络系统整体运行效率。

目前,我国轨道交通网络化建设的研究和实践还处于起步阶段,北京轨道交通网络化运营管理模式的创新与实践,将推动我国轨道交通等领域加快实现“四个转变”:①运营管理体系由单线运营管理向网络化运营管理的转变;②建设模式由传统分散建设向集约化、系统化建设的转变;③监管方式由粗放型向数字化、精细化管理的转变;④数据管理由信息孤岛向集中共享的转变,从而对加快基础设施“政府科学监管、适度竞争机制、投融资方式多元化”的格局形成,实现轨道交通路网“安全、高效、均衡”的运输提供了组织保障,奠定了技术基础。

四、城市轨道交通多元化趋势

科学技术的进步,使不同类型的轨道交通进入了并行发展时期,呈现多元化发展态势,并开始注重轨道交通与城市环境的协调发展,不同运量等级的线路,有不同形式的交通系统适应,在同一等级线路上,有多种可供选择的交通形式以满足不同地区交通的发展。

城市轨道交通建设主要着眼于解决大城市交通拥堵问题和环境污染问题。地铁建设标准规定,百万人口以上的大城市在主要客运通道上单方向高峰小时达 3.5 万人以上,远期单方向高峰小时要达 5 万人以上。允许建设地下铁道,实践证明此标准定得偏高,全世界几百条地铁线路,很少有这样大的运量。但按照城市发展的要求,迫切需要进行城市轨道交通建设。因此,有的城市规划在繁忙客运通道上,以及在居民住宅小区与主客运通道或客运枢纽间,建设轻轨系统,以形成合理的轨道交通网;有的城市正在探索建设直线电机轨道交通系统;还有的城市在旅游观光地区拟建磁悬浮试验线;上海、广州、北京建设近郊和远郊的市郊铁路，以促进城市规模效应和城市边缘和卫星城镇的发展。城市轨道交通的服务领域也将从单一走向多元，“服务就是软实力，服务就是生产力”。优质的服务是城市轨道交通相关企业塑造软实力的关键，在打造一流服务过程中，企业的品牌、文化、创新能力、团队意识等也都同步得到了加强和提高，这些都表明我国不同种类的轨道交通进入了多元化发展时期。

五、城市轨道交通标准化趋势

标准化是一项综合的技术基础工作，是组织现代化大生产、提高生产效率的重要手段，是科学管理的重要组成部分，是实现资源共享、执行国家技术政策的基础措施。通过标准设计的编制和组织实施，可以有效地保证和提高产品质量、工程质量和服务质量，提高经济效益和社会效益。

工程建设标准设计，是指不针对特定工程项目而是按通用性条件编制的、供建设中大量重复使用的设计图纸。它是工程建设标准化的重要组成部分，对贯彻国家主要技术政策、保证和提高工程质量、加快建设进度、节约建设材料、降低工程造价、推广先进技术和提高劳动生产率等，都具有重要的作用。同时，它也是科技成果和先进技术转化为生产力的桥梁和纽带；是加快勘测设计的可靠手段；是完成工程建设的有效保证；是推行设计标准化、构件厂制化、施工机械化的主要设计文件。

1. 城市轨道交通推行标准设计的必要性

（1）我国城市轨道交通快速发展的需要。

（2）避免反复设计和重复研发。

（3）有利于装备制造业的标准化和模块化。

（4）有利于网络化管理。

2. 国内城市轨道交通标准设计现状

目前，我国城市轨道交通的标准化工作有序开展，逐步建立和正在完善行业技术规范和标准体系，在促进城市轨道交通行业规范化发展、实现行业技术标准的协调统一等方面发挥了重要作用。

由于城市轨道交通的建设管理和运营管理是以城市为单元等原因，尚未开展行业层面的行业标准图设计工作。但是，为贯彻国家的技术政策和管理者意图，提高建设效率，方便运营维护，尤其是近期适应实现网络化管理的需要，标准设计工作正逐步展开，标准化分为以下 3 个层次。

第 1 层次是各城市轨道交通建设单位正在积极组织本城市的标准设计，以统一不同设计单位的设计技术标准，满足建设工程的实际需要。如上海地铁申通公司于 2006 年组织编制的上海城市轨道交通设计规范及通用图系列，已应用于上海地铁的新线设计中。北京地铁借 2007 年的 6 条新线同期开工建设的契机，以总体咨询单位为龙头，组织编制了部分专业的通用图。

第 2 层次是各设计单位将积累的设计、项目管理经验汇总进行标准化设计，编制了部分院内通用图，并已经应用于国内外的多个工程中。

第 3 层次是每个城市在轨道交通项目建设过程中，各条线路设计由总体总包设计单位牵头，编制了工程内部的技术规定和通用标准设计图纸，以统一各分包单位的技术标准，提高工效。

3. 国外及相关行业标准设计现状

国外城市轨道交通的标准化工作，主要参考国际铁路的标准化成果、设计、施工规范和产品标准编制，如 UIC、AREA、JR、DB 等，都是非常成熟和常用的。对于产品的标准设计，苏联采用的是计划经济条件下的产品开发模式，即由设计和科研单位进行产品研发，经过全部试制、试验后形成产品的标准设计，由制造商进行生产加工。其他市场经济的国家多为产品制造商进行自有品牌产品的研发和更新换代，是以市场为主导的产品开发，产品可以应用于全球。

六、轨道交通可持续化趋势

城市轨道交通建设一次性投资大、建设周期长、运营和管理成本高，这使得轨道交通建设和运营成为政府长期的财政包袱，城市轨道交通建设的融资问题，成为我国各城市地方政府和业界急需突破的瓶颈性难题。

香港制定的交通发展策略是“交通发展与土地发展一体化，并配合各卫星市镇的交通需要，优先发展铁路运输，建立以轨道交通为骨干的公共交通系统”。这是结合土地用途、运输及环境的科学化规划理念，符合现代化的工程管理策略。经过 30 多年的发展，香港地铁建立了“铁路 + 物业”（或称 R+P）综合发展的成功模式。香港的地铁系统被公认为全球首屈一指的铁路系统，以其安全、可靠、卓越的客户服务及高成本效益见长，日均载客量逾 430 万人次，港铁公司成为全球少数有盈利能力的铁路运营公司。香港成为世界上交通费用最低、交通最方便的城市之一。公共交通便利性也成为香港社会整体竞争力突出的优势，港铁公司“铁路 + 物业”综合发展的成功经营模式，实质上是港铁公司与政府密切合作、共同规划，将地铁建设、运营和沿线物业开发科学地结合起来，实现了轨道交通的可持续发展。

近年来，我国一些城市结合实际情况，借鉴香港“铁路 + 物业”综合发展的经验，探索“以地养铁”等融资模式，即通过轨道交通站点和线路周边地块的商业开发，将收益用于支付和补贴轨道建设和运营的资金成本。然而，土地开发的收入只占地铁公司收入来源的小部分，还不足以满足地铁运营的成本，大多数城市的地铁公司依然承担很高的债务。

参考文献

[1] 姜梦戈 . 城市轨道交通运营期环境监测的要点及对策研究 [J]. 黑龙江环境通报 , 2023, 36 (08): 42-44.

[2] 黄婧 , 刘小俊 . 基于岗位引领的城市轨道交通运营管理专业课程思政教学模式研究 [J]. 交通企业管理 , 2023, 38 (06): 99-102.

[3] 韩宜轩 . 城市轨道交通运营新模式背景下专业课程教学改革研究 [J]. 陕西教育 (高教), 2023, (11): 73-75.

[4] 康宇博 , 胡小敏 . 基于乘客体验的轨道交通运营服务质量评价体系研究 [J]. 交通科技与管理 , 2023, 4 (21): 175-178.

[5] 杨鑫宇 . 城市轨道交通运营管理评价指标体系探析 [J]. 中国储运 , 2023, (11): 117-118.

[6] 刘婷婷 . "1+X" 证书背景下城市轨道交通运营管理专业人才培养模式研究 [J]. 就业与保障 , 2023, (10): 187-189.

[7] 刘建委 , 张少文 , 陈朝晖 , 贾沛 . 城市轨道交通场景化运营管控研究 [J]. 现代城市轨道交通 , 2023, (10): 92-96.

[8] 王永岗 , 罗贤雨 , 陈俊先 , 马超群 . 基于三阶段 DEA-Tobit 模型的城市轨道交通运营效率测度分析 [J]. 重庆交通大学学报 (自然科学版), 1-6.

[9] 张永红 , 刘娟 , 黄灿英 , 陈玉龙 . 角色扮演教学法应用研究——以 "城市轨道交通应急处理" 课程为例 [J]. 安徽建筑 , 2023, 30 (10): 120-121+127.

[10] 付一鸣 . 大规模网络化运营下城市轨道交通通信系统设备的运营和维护 [J]. 科技创新与生产力 , 2023, 44 (10): 13-16.

[11] 张庆 . 成都轨道交通 19 号线双机场直达设计创新与实践 [J]. 交通科技与管理 , 2023, 4 (19): 40-42.

[12] 唐飞 , 朱科 , 刘亚娟 . "三教" 改革背景下《城市轨道交通运营设备》课程教学改革探讨 [J]. 交通科技与管理 , 2023, 4 (19): 183-185.

[13] 蒋春生 . 市域(郊)铁路与城市轨道交通贯通运营适应性分析 [J]. 现代城市轨道交通 , 2023, (09): 1-5.

[14] 刘连珂 . 城市轨道交通网络运营安全监控体系优化研究 [J]. 价值工程 , 2023, 42 (26): 10-12.

[15] 朱兰 , 韩智泉 , 李健波 . 城市轨道交通单线运营期影响域内出行方式选择研究——

以贵阳地铁 1 号线为例 [J]. 物流工程与管理 , 2023, 45 (09): 132-135+172.

[16] 宋佳明 , 占栋 , 陈唐龙 . 接触网巡检系统空间综合定位方法 [J]. 城市轨道交通研究 , 2023, 26 (09): 116-121.

[17] 于丁原 , 姚恩建 , 刘莎莎 , 李思慧 , 郭东博 , 刘唯伊 . 运营突发事件下城市轨道交通诱导信息发布策略研究 [J]. 交通运输系统工程与信息 , 2023, 23 (05): 227-237.

[18] 张昱敏 . 地铁信号系统站台紧急制动有效范围对比研究 [J]. 铁道通信信号 , 2023, 59 (09): 59-62.

[19] 许得杰 , 潘星 , 巩亮 , 胡晨皓 , 王雪鑫 . 基于列车开行方案的城市轨道交通多交路客流分配方法 [J]. 交通运输系统工程与信息 , 2023, 23 (05): 238-246+289.

[20] 李蒙 , 林棋 . 基于区块链技术的城市轨道交通运营安全风险自动监测报警系统研究 [J]. 土木建筑工程信息技术 , 2023, 15 (04): 127-133.

[21] 田昌民 . 城市轨道交通运营安全信息化协同激励机制研究 [D]. 福建工程学院 , 2022.

[22] 张萌 . 城市轨道交通运营突发事件知识图谱构建及推理方法研究 [D]. 北京交通大学 , 2022.

[23] 张兵建 , 裴加富 , 林立 . 面向乘客的城市轨道交通运营调度指挥系统方案研究 [J]. 城市轨道交通研究 , 2021, 24 (10): 187-191.

[24] 姜彦璘 , 万英 , 卢剑鸿 . “十四五”期间西安市轨道交通运营发展展望 [J]. 现代城市轨道交通 , 2021, (09): 1-7.

[25] 方丰 . 山地城市轨道交通运营风险评估体系与突发主要事件风险应急管控 [D]. 重庆大学 , 2021.

[26] 高健龙 , 车小波 , 王丰景 . 轨道交通运营安全隐患排查治理体系研究 [J]. 智能城市 , 2021, 7 (13): 127-128.

[27] 纪凌玫 . 城市轨道交通网络化运营管理策略探讨 [J]. 中国市场 , 2021, (21): 13-14.

[28] 方卫宁 , 王健新 . 城市轨道交通运营控制中心设计中的人因问题 [J]. 现代城市轨道交通 , 2021, (06): 69-75.

[29] 陈佳惠 . 城市轨道交通运营突发事件的事理图谱构建方法研究 [D]. 北京交通大学 , 2021.

[30] 石京杰 . 大数据背景下城市轨道交通运营管理的发展与探索 [J]. 中国新通信 , 2020, 22 (15): 102.

[31] 梁峰 . 基于结构方程的城市轨道交通运营安全评价研究 [D]. 吉林大学 , 2020.

[32] 贾崇强 . 城市轨道交通运营安全风险预测研究与应用 [D]. 天津职业技术师范大学 , 2014.

[33] 樊晓梅 . 城市轨道交通运营组织计算机辅助设计系统研究 [D]. 西南交通大学 , 2010.